Grigori Baklanow

*ex libris*
Volk und Welt

Grigori
# Baklanow
# Juli 41

Roman

Aus dem Russischen von
Werner Kaempfe

ISBN 3-353-00268-5

2. Auflage 1988 (1. Auflage ex libris Volk und Welt)

L. N. 302,410/167/88
Originalausgabe: *Ijul' 41 goda;*

Printed in the German Democratic Republic

Redakteur: Ingrid Göhringer
Einbandentwurf: Horst Hussel
Gesamtherstellung: Offizin Andersen Nexö,
Graphischer Großbetrieb, Leipzig III/18/38
LSV 7201
Bestell-Nr. 6488507

01440

# I

Der Verbindungsoffizier überbrachte die Depesche im Morgengrauen. Er war soeben einem Bombenangriff entronnen; völlig erschöpft und staubig kam er beim Stab an, sie mußten ihn stützen, damit er nicht hinfiel, aber an der Tür zum General machte er sich frei und ging mit festen Schritten ins Zimmer, krampfhaft bemüht, den schwankenden Boden unter den Füßen nicht zu verlieren.

General Stscherbatow, der Kommandeur des Korps, erhob sich hinterm Tisch und empfing ihn mit einem strengen Blick. Er wußte nicht, welche Nachricht die Depesche enthielt, aber der Mann, der sie überbrachte, sah nicht gerade verheißungsvoll aus.

Der Verbindungsoffizier berichtete, ohne seine eigene Stimme zu hören. Glühende Wellen schlugen an sein Ohr und übertönten alles. Er hörte nur das dumpfe Pochen seines Herzens. Das Gesicht und die Lippen waren taub und gefühllos. Nur nicht fallen, dachte er verzweifelt und reichte die Depesche ins Leere. Dort, wo eben noch der General gestanden hatte, flossen jetzt zwei Gestalten auseinander und hinterließen in der Mitte einen leeren Raum.

Die Ordonnanzen, die auf der sonnigen Vortreppe ihre Morgenzigarette rauchten, sahen den Verbindungsoffizier aus der Dunkelheit des Flurs treten – kalkweiß im Gesicht, die blutleeren Lippen zusammengepreßt, die Augen starr. Er blieb stehen. Plötzlich taumelte er, griff Halt suchend in die Luft und stürzte, bevor sie ihn auffangen konnten, mit einem knöchernen Aufprall zu Boden.

Bald darauf sprengten im Morgennebel, durch den schon die Sonne brach, Kuriere in alle Richtungen davon.

Die Depesche, die der Verbindungsoffizier überbracht hatte, enthielt den Angriffsbefehl für das Korps. Dieses bestand jedoch nur noch aus der 116. Schützendivision, denn es war erst vor kurzem aus einem Kessel ausgebrochen und hatte einen großen Teil seiner Artillerie und seiner Munition eingebüßt. Zu seiner Verstärkung war kürzlich eine neue Division an der Front eingetroffen. Sie war etappenweise und an verschiedenen Stellen ausgeladen worden, und erst in dieser Nacht war es gelungen, eine Verbindung zwischen den einzelnen Truppenteilen herzustellen.

Das Korps lag in einem Wald, das Kampfgeschehen verlief weiter nördlich. Dort war eine deutsche Gruppierung im Vormarsch, die stündlich weiter nach Osten vorrückte. Sie hatte einen tiefen Keil in die sowjetische Verteidigungsfront getrieben und war dem Korps gefährlich nahe gekommen. Zugleich aber bildete das Korps eine Gefahr für den rechten Flügel der Deutschen, und so war der Augenblick des Angriffs günstig gewählt.

Der Befehlshaber der Armee hatte Stscherbatow eine weitere Division unterstellt, die 98. Schützendivision unter General Golostschokow. Sie sollte irgendwo im Umkreis von 70 km ausgeladen werden oder sich schon auf dem Marsch befinden, und Stscherbatow hatte Befehl, sie ausfindig zu machen. Aber Stscherbatow wußte, was der Befehlshaber der Armee noch nicht erfahren hatte: Diese Division gab es nicht mehr. Sie hatte die Front gar nicht erreicht, denn sie war schon unterwegs durch einen Bombenangriff im Zug vernichtet worden. Das einzige Regiment, das den Zug rechtzeitig verlassen hatte, war bei Tage in Lkws weitergefahren. Die deutsche Luftwaffe hatte die Kolonne erspäht und von allen Seiten angegriffen. Nicht ein Soldat war entkommen. Stscherbatow hatte die zwei Kilometer lange Wagenkolonne gesehen. Die Wagen standen auf dem sandigen Weg, zwischen Bombentrichtern, ausgebrannt, von Splittern durchlöchert. Einige Wagen waren unversehrt. Die Soldaten lagen darin, dicht nebeneinander, in Reih und Glied, mit den Gewehren zwischen den Beinen. Sie waren mit Bordwaffen niedergemäht worden, junge kräftige Burschen mit nagelneuer Ausrüstung, mit Gasmasken und Sturmgepäck, einige hatten Stahlhelme auf. Vielleicht hatten sie die Flugzeuge vorher gesehen und sie neugierig betrachtet, es waren ja deutsche Flugzeuge, und sie sahen sie zum erstenmal. Auch links und rechts von der Wagenkolonne, weit im Feld verstreut, lagen tote Soldaten. Sie waren aus den Wagen gesprungen und hatten die Flucht ergriffen, aber die deutschen Flugzeuge hatten sie nicht entkommen lassen.

Das war die Division, die man Stscherbatow für die Offensive zur Verfügung stellte.

Gegen Mittag trafen die Divisionskommandeure zur Besprechung ein. Als erster kam Oberst Nesterenko, ein hünenhafter, grauhaariger Mann mit rotem Gesicht. Er trug eine ausgeblichene Militärbluse, aber das Koppel und der Schulterriemen waren noch neu.

Der Kommandeur der anderen Division, die jetzt zu Stscherbatows Armeekorps gehörte, war Oberst Troinikow. Dem Alter nach hätte er Nesterenkos Sohn sein können. Er kam zu spät. Eine einzelne Me 109 hatte unterwegs seinen Wagen aufs Korn genommen. Ohne den Adjutanten, der hinten im Wagen saß, hätte Troinikow die Maschine, die hinter einer Wolke hervorkam, gar nicht bemerkt.

Zweimal flog der Jäger den Wagen von hinten an. In wahnsinnigem Tempo raste alles durch die Steppe – das winzige Auto, das eine riesige Staubwolke hinter sich herzog, der ungeheure Schatten des Flugzeugs, der mit weit ausgebreiteten Schwingen über die holprige Straße glitt, und darüber das metallisch kreischende, schräg angreifende Flugzeug, glitzernd und klein im Vergleich zu seinem Schatten. Der Wagen bog jäh zur Seite ab, der Schatten sprang über ihn hinweg. Bordwaffen ratterten, MG-Garben peitschten die Erde. In der Ferne schwang sich das Flugzeug wieder zum Himmel auf, und nur die Staubwolke wand sich noch eine Zeitlang wie eine Schlange ohne Kopf über die Straße, als würde sie noch immer gejagt.

Troinikow hätte im Wald Deckung suchen können, aber dort lag der Korpsstab, und er wollte die Me 109 von ihm fernhalten.

Kaum war der Wagen wieder auf der Straße, da raste auch schon der Jäger hinter ihm her. Wieder flog ihnen der Weg entgegen. Für Sekunden hatte Troinikow das Gefühl, das Flugzeug und das Auto hingen bewegungslos im leeren Raum, so schnell fuhr er. Alle Geräusche verstummten, nur der Fahrtwind drückte aufs Trommelfell. In diese Stille hinein brach, heulend wie eine Granate, das Flugzeug. Am Horizont stieg es wieder steil zum Himmel auf.

Beim letztenmal griff die Messerschmitt von vorn an. Im Gegenlicht war ihr Schatten nicht zu sehen, er kam erst hinter den Hügeln hervor, als die MG-Garben schon den Staub vor dem Wagen aufpeitschten. Troinikow spürte sekundenlang ein scharfes erregendes Ziehen in der Herzgegend, aber sein Kopf blieb kühl, seine Hände hielten das Lenkrad sicher und fest. „Deckung!“

Troinikow lenkte den Wagen direkt auf die entgegenpeitschenden MG-Garben zu und kam durch. Ohne den Fuß vom Gaspedal zu nehmen, drehte er sich um. Er sah den Nacken des Adjutanten, sein Haar, das der Fahrtwind zauste. Der Adjutant schaute dem Flugzeug nach, das am Himmel verschwand.

Noch ganz staubig – er hatte sich nur die Hände waschen können – kam Troinikow zu der Beratung. Seine freudige Erregung hatte sich noch nicht gelegt, aber äußerlich war ihm nichts anzumerken, er war zurückhaltend und kühl, nur seine schwarzen Augen glänzten.

Der Stabschef des Korps, Generalmajor Sorokin, der die Kommandeure in ihre Aufgaben einweisen sollte, schüttelte mißbilligend den Kopf. „Wir haben auf Sie gewartet, Oberst!"

Er war aufgeregt wie ein Schüler vorm Examen und empfand Troinikows Zuspätkommen fast als persönliche Beleidigung. Alles an Troinikow reizte ihn, seine Jugend, sein gesundes Aussehen und sogar die Art, wie er seine Kartentasche trug, an einem langen Riemen nämlich, der bis zu den Knien reichte.

Troinikow errötete, sein sonnengebräuntes Gesicht wirkte dadurch noch dunkler. „Verzeihen Sie, daß ich zu spät komme", sagte er nur und setzte sich auf seinen Platz.

Sorokin erhob sich und stützte sich mit seinen knöchernen Fäusten auf den Tisch. „Haben alle die Karte vor sich?"

Er räusperte sich.

Kurz vor Ausbruch des Krieges war Sorokin völlig überraschend zum Generalmajor befördert worden. Er konnte es noch immer nicht fassen, daß er jene Hürde genommen hatte, die für viele unüberwindbar war. Nicht umsonst heißt es ja in der Armee: In Friedenszeiten sitzt der Oberst da und wartet, bis ihn der Leutnant einholt.

Bis auf den heutigen Tag empfand er eine tiefe Befriedigung, wenn er Akten zur Unterschrift entgegennahm und in der linken unteren Ecke die in Schönschrift geschriebenen Worte las: „Der Stabschef des 3. Schützenkorps, Generalmajor Sorokin". Dann sprühten seine Augen vor Entschlossenheit, mit gerunzelter Stirn zückte er den scharfgespitzten Bleistift und setzte in einem einzigen kühnen Zug seine Unterschrift unter das Dokument. Es war für ihn jedesmal ein feierlicher Akt; die Schreiber aber dachten, er sei ärgerlich und hasse es, Dokumente zu unterzeichnen.

Einen großen Teil seines Lebens hatte Sorokin dazu gebraucht, langsam, mit einigen Verzögerungen, Stufe um Stufe zu erklimmen, bis er Stabschef eines Regiments war. Er wußte, daß er keine glänzende Karriere gemacht hatte, aber was schadete das, dafür war sie solide, und er fand Vergnügen daran, sie den Jüngeren als Beispiel hinzustellen.

Und plötzlich, als er nicht mehr jung und nicht mehr ehrgeizig war, stieg er binnen drei Jahren vom Stabschef eines Regiments zum Stabschef eines Armeekorps und zum Generalmajor auf.

Jeder Mensch hält sich für begabt. Hegt er trotzdem gewisse Zweifel, so ist es nicht schwer, ihm einzureden, er sei klug (zumindest nicht dümmer als andere) und mit Fähigkeiten gesegnet, und nur die Umstände seien gegen ihn. Daran zu glauben, muß niemand besonders genötigt werden.

Sorokin erkannte natürlich, daß zwischen einem Regimentsstabschef und einem Korpsstabschef ein wesentlicher Unterschied besteht. Wenn ihn aber seine Vorgesetzten, sehr gewissenhafte Leute, für diesen Posten ausersehen hatten, dann mußten sie wohl Talente an ihm entdeckt haben, die ihm selbst bisher verborgen geblieben waren. Nun begann auch er sie zu entdecken. Sein Selbstvertrauen wuchs. Es zeigte sich in seinen Blicken, in seiner Art zu gehen, darin, wie er die Füße in den nagelneuen steifen Generalsstiefeln setzte. Und doch kamen ihm Zweifel, meist morgens, wenn er sich niedergeschlagen fühlte. Nur Kinder erwachen ja frisch, rosig und tatendurstig; in seinem Alter hat man morgens einen bitteren Geschmack im Mund, es kommen einem die verschiedensten Gedanken, und die Falten im Gesicht treten mit unbarmherziger Deutlichkeit hervor. Wenn Sorokin vor dem Spiegel stand und sich rasierte, fröstelnd trotz der Freiübungen, wenn er seine grauhaarige Brust sah und die Falten am Hals, die sich nur schwer ausrasieren ließen, wenn er seine blutleeren Finger mit den abgeflachten Kuppen betrachtete, dann dachte er: Spät, zu spät hast du das alles erreicht. Fünf Jahre jünger müßtest du sein, wenigstens fünf!

Der Krieg und die ersten schweren Niederlagen wirkten niederschmetternd auf Sorokin. Er konnte es nicht fassen, alles war ganz anders, als er es sich vorgestellt hatte. Das Schlimmste war, daß er sich außerstande fühlte, etwas zu ändern. In bitteren nächtlichen Selbstgesprächen klagte er das Schicksal dafür an, daß er diese Schmach erleben mußte.

Der heutige Tag aber war ein Festtag für ihn. Er hatte einen Angriffsplan ausgearbeitet. Während er den Divisionskommandeuren ihre Aufgaben erläuterte, versagte seine brüchige Stimme des öfteren, er mußte sich räuspern, und seine glattrasierten, geröteten Wangen zitterten.

In der großen Stube des Forsthauses mit den niedrigen Fenstern, dem frischgedielten Fußboden und den dicken Balkenwänden drängten sich die Offiziere um die Generalstabskarte. Die Morgensonne, die sich in den Doppelfenstern brach und durch die Geranien ins Zimmer fiel, brannte unbarmherzig auf ihren Rücken. Über den gebeugten Köpfen und den sonnengebräunten kahlen Nakken wogten, zwischen Sonne und Schatten hin und her wechselnd, Wolken von Tabakrauch. Der Zeigestock in Sorokins knochiger, blaugeäderter Hand glitt lautlos über die Karte, nur seine brüchige Stimme unterbrach die Stille.

Der Korpskommandeur, General Stscherbatow, saß schweigend da, den breiten Kopf leicht vorgeneigt, und sein Schweigen bekräftigte Sorokins Worte. An seinem Rock hing ein blankgewetzter Rotbannerorden aus dem Bürgerkrieg, einer der wenigen, die es noch gab, da von seinen Trägern nur wenige übriggeblieben waren.

Den Kommissar des Korps Browalski hielt es nicht auf seinem Platz. Er trat an die Wand, in den Schatten, und ließ den Blick von einem zum anderen wandern, seine Augen leuchteten vor naiver Begeisterung. Er fühlte sich wie ein Mensch, der ein Geschenk hinter seinem Rücken hält, von dem die anderen noch nichts ahnen.

An einer Ecke des Tisches saß der Chef der Sonderabteilung, Schalajew, und rauchte. Die zwei Balken auf seinen Kragenspiegeln zeigten, daß er den bescheidenen Dienstgrad eines Majors innehatte, was jedoch nicht ausschloß, daß er im NKWD einen höheren Rang einnahm. Anstatt auf die Karte zu sehen, studierte er mit verkniffenen, todernsten Augen die Gesichter der anderen. Der bläuliche Rauch seiner Zigarette löste sich langsam im Sonnenlicht auf.

Das Korps hatte die Aufgabe, den Gegner in der Ebene anzugreifen und seine Verteidigung zu durchbrechen. Die linke Flanke des Korps war durch den Wald gedeckt, die rechte blieb offen. Auf Unterstützung aus der Luft war nicht zu rechnen, denn Flugzeuge standen nicht zur Verfügung. Deshalb drohte nicht nur von rechts Gefahr, sondern auch aus der Luft. Die Deutschen waren mit ihrer Luftwaffe zweifellos im Vorteil, sie konnten bei Tageslicht ungestraft über dem Schlachtfeld wüten. Um das Gleichgewicht einigermaßen herzustellen, beschloß Stscherbatow, nicht im Morgengrauen anzugreifen, sondern zwei Stunden vor Sonnenuntergang. Das war eine unkonventionelle und kühne Lösung. In der Dunkelheit löst sich ein Kampf in unzählige Einzelgefechte auf, die der Kommandostab kaum noch beeinflussen kann. Troinikow begriff, daß seine im Kampf noch unerfahrene Division es am schwersten haben würde. Er lauschte mit angespanntem Interesse. Erst als Browalski an den Kartentisch trat, sah er auf.

Browalski stand, als das Kernstück des Planes – der Angriffszeitpunkt – erläutert wurde, hinter Sorokin und sah ihm über die Schulter. Nur mit Mühe konnte er ein freudig erregtes Zittern verbergen. Er war zwar an der Ausarbeitung des Planes nicht beteiligt, hatte aber alle Stadien seiner Entstehung genau verfolgt. Er war stolz, wie stets nicht auf seine eigenen Erfolge, sondern auf die Erfolge der Menschen, hinter denen er unsichtbar stand. Das Ergebnis seiner Arbeit als Politkommissar waren nicht Leistungen, sondern Menschen, die die Leistungen vollbrachten. Er selbst blieb im Hintergrund, zufrieden, daß die anderen ihn brauchten.

Jetzt wartete er mit wachsender Ungeduld darauf, daß Sorokin die zweite Besonderheit des Planes verkündete. Danach trat er unbemerkt wieder zurück in den Schatten. Er hatte kein Wort gesprochen, doch er hatte seine seelischen Energien auf die anderen übertragen. Nun stand er an der Wand und betrachtete liebevoll die Menschen, die seine Energien in sich aufgenommen hatten. Vielleicht wußten sie gar nichts davon; er aber freute sich für sie.

Die zweite Besonderheit des Planes bestand darin, daß der Angriff überraschend und ohne Artillerievorbereitung erfolgen sollte. Stscherbatows Munitionsvorräte waren begrenzt, mit laufendem Nachschub während des Kampfes war kaum zu rechnen; die Munition brauchte er, um eventuelle Gegenstöße der deutschen Panzer abzuwehren. Es galt, aus der Not eine Tugend zu machen.

Troinikow sah den General an. Der saß noch immer in der gleichen Haltung, die Hände, in denen das Schicksal der ganzen Operation lag, ineinander verschränkt, das Gesicht unbewegt. Während sein

Stabschef sprach, hielt er die Augen geschlossen. Und plötzlich spürte Troinikow so etwas wie Neid, Neid auf die ungeheuren Möglichkeiten, über die Stscherbatow verfügte. Wußte er sie auch zu nutzen? Sollte der bevorstehende Kampf ein unbedeutendes Ablenkungsmanöver sein oder der Anfang einer großen strategischen Operation? Und mußte man dann nicht schon jetzt das Endziel ins Auge fassen?

Stscherbatow hob den Kopf, richtete einen seltsam zerstreuten Blick auf die Anwesenden und sah auf die Uhr. „Bitte äußern Sie sich zu dem Plan!"

Dann schloß er wieder die Augen, bereit zuzuhören. Sein Gesicht nahm einen ungeduldigen Ausdruck an. Alle Pläne, alle sorgfältig ausgewählten Mittel haben den Nachteil, daß sie sich als ungeeignet erweisen können. Sie enthalten zwei Größen, die sich nie im voraus bestimmen lassen – die jeweilige Situation und die Absichten des Gegners. Nur eines hätte Stscherbatow von seinen Zweifeln erlöst – eine zusätzliche kampfstarke Division, die er im entscheidenden Augenblick in die Waagschale hätte werfen können. Aber diese Division konnte ihm keiner der anwesenden Kommandeure geben. Sie war vernichtet worden, noch bevor sie die Front erreicht hatte. Alles andere war für Stscherbatow uninteressant. Er war nicht eitel genug, um sich für jede Meinung über seine Person zu interessieren, um jeden Menschen, der ihn lobte, gleich in die Arme zu schließen, in dem erhebenden Gefühl, einen Gleichgesinnten gefunden zu haben, mit dem es zu sprechen lohnte.

Diese Eitelkeit war in ihm seit langem erloschen, zu Asche verbrannt, nicht ein Fünkchen davon regte sich mehr, obwohl es bei der Beratung seines Planes Momente gab, die ihm eigentlich ein Gefühl der Genugtuung verschaffen mußten. Er hatte die Augen geschlossen, um nicht abgelenkt zu werden, und versuchte, nur auf seine innere Stimme zu hören. Er wollte herausfinden, wie die Offiziere den Plan aufnahmen. Aus Erfahrung wußte er, daß man sich einer Idee, die man für genial gehalten hat, oftmals schämt, wenn man sie anderen Menschen zur Beurteilung unterbreitet. Nun hörte er zu und fühlte keine Scham, doch freuen konnte er sich auch nicht. „Wer noch?" fragte Stscherbatow, als Nesterenko, der zuerst das Wort ergriffen hatte, wieder Platz nahm.

„Gestatten Sie", sagte Troinikow und erhob sich. Aber in diesem Augenblick trat Browalski zum General, zeigte auf die Uhr und flüsterte ihm etwas ins Ohr. Den anderen lächelte er, um Verzeihung bittend, zu, sie sollten sich durch ihn nicht stören lassen, dann verließ er den Raum – straff, kräftig, muskulös. Draußen erwarteten ihn die Kommissare, die Partei- und Komsomolorganisatoren der Divisionen und Regimenter. Er wollte sie mit den Aufgaben des Korps bekannt machen und ihnen etwas von seiner freudigen Zuversicht mitgeben, damit sie diese Zuversicht an die Bataillone und Kompanien, an jeden einzelnen Frontsoldaten weitergaben.

Troinikow wartete. Er war hier der einzige ohne Fronterfahrung und wußte, seine Vorschläge konnten in diesem Kreise nur wenig Gewicht haben. Seine Stimme klang zögernd, als er endlich sagte: „Die Mittel zur Erreichung des Ziels sind ausgezeichnet gewählt. Aber das Ziel selbst sehe ich nicht.“

Zum erstenmal während der ganzen Besprechung sah Stscherbatow interessiert auf. Das Ziel? Leider standen ihm nicht genügend Mittel zur Verfügung, um dieses Ziel zu erreichen. Für eine ernsthafte Operation reichten weder seine Mittel noch seine Informationen über den Gegner, er bereitete den Angriff mehr oder weniger aufs Geratewohl vor, und all die taktischen Kniffe, auf die Browalski so stolz war, waren nichts als Notlösungen, Beweise seiner Ohnmacht, nicht seiner Überlegenheit. Es gab nun einmal keine Kniffe, um die Luftwaffe des Gegners außer Gefecht zu setzen.

Da meldete sich Schalajew. „Traurig“, sagte er krächzend, überzeugt, daß man seinen Worten und selbst seinem Krächzen interessiert und ohne Zwischenrufe lauschen werde, „traurig, wenn ein sowjetischer Offizier im Kampf mit dem Faschismus kein Ziel sieht!“

Er kam sich sehr geistreich vor und sah von einem zum anderen, überzeugt, auf jedem Gesicht ein zustimmendes Lächeln zu finden. Aber er begegnete keinem Blick. Alle schwiegen. Und je länger das Schweigen dauerte, desto unbehaglicher fühlte sich Schalajew. Er merkte, daß er etwas falsch gemacht hatte.

Nach geraumer Zeit sah ihn Troinikow ruhig und starr an, dann wandte er den Blick dem General zu.

„Bitte, fahren Sie fort!“ sagte Stscherbatow. Die Zornröte im Gesicht ließ sein Haar noch weißer erscheinen. Er atmete schwer. Wenn man auf einer Beratung in seiner Gegenwart einen seiner beiden Divisionskommandeure der politischen Unreife bezichtigte, wenn man es wagte, einem Oberst, einem Mitglied der Partei, eine Lektion zu erteilen wie einem dummen Jungen, so war das in erster Linie eine Beleidigung für ihn. Doch das konnte es bei Stscherbatow nicht geben, und so ging er einfach über den Zwischenfall hinweg.

Als Troinikow weitersprach, vermieden es die anderen, sich in die Augen zu sehen. Schalajew saß wachsbleich an der Ecke des Tisches und lächelte nervös, er hatte sein Gesicht nicht mehr in der Gewalt. Hätte er geahnt, daß seine Worte diese Wirkung haben würden, wären sie nie über seine Lippen gekommen. Er war einfach zu selbstsicher gewesen. Während der ganzen Besprechung hatte er weniger auf die militärischen Darlegungen geachtet, von denen er ohnehin nicht viel verstand, als vielmehr auf die Reaktionen der Kommandeure. Nesterenko reagierte richtig, so, wie er es von ihm erwartet hatte. Obwohl es in seinem Lebenslauf einige dunkle Punkte gab, die noch nicht verjährt waren, vertraute ihm Schalajew in gewissen Grenzen. Jetzt stellte er befriedigt fest, daß er sich nicht geirrt hatte.

Troinikow dagegen hatte klipp und klar erklärt, er sehe kein Ziel. Wenn jemand behauptete, er sehe kein Ziel, während gegen den Faschismus gekämpft wurde, so mußte man ihm widersprechen, zumal solche Ideen die anderen Kommandeure beeinflussen konnten. Deshalb hatte er Troinikow eine deutliche Antwort gegeben.

Obwohl Troinikow sehr klar gesprochen hatte, erkannte Schalajew erst jetzt, daß sich hinter seinen Worten ein anderer, ein militärischer Sinn verbarg, den alle außer ihm erfaßt hatten. Das hätte ihm nicht passieren dürfen. Doch vor allem hatte er jene Grenze überschritten, die zu überschreiten ihm nicht gestattet war. Das kam einem Machtmißbrauch gleich, und dafür wurde man nicht gelobt.

Von diesem Augenblick an begann er Troinikow zu hassen, so hemmungslos, daß ihm zeitweilig das Herz stockte. Immer wieder sah er zu Troinikow hinüber, um nach Eigenschaften an ihm zu suchen, die seinen Haß schüren konnten.

Gleichzeitig fühlte er mit jenem unfehlbaren Instinkt, der Tieren und Menschen, besonders unentschlossenen Menschen, in gleichem Maße eigen ist, daß Troinikow ihn nicht fürchtete. Im Gegensatz zu Stscherbatow. Der Korpskommandeur war mitunter schrecklich in seinem Zorn, aber Schalajew, der sich in solchen Dingen auskannte, wußte, daß sich Stscherbatow der unsichtbaren Macht hinter ihm beugte. Obwohl er nur Major war, benahm er sich im Beisein des Generals sehr selbstsicher. Aber diesmal war er offensichtlich zu weit gegangen.

Wie einen eisigen Windhauch spürte Schalajew den Haß des Generals in seinem Nacken, obwohl er ihn nicht ansah.

Draußen war schon Tag. Das Harz an den Fichtenstämmen schmolz in der Sonne und erfüllte den Wald mit seinem Duft. Unter dem Scheunenvordach spielten die Ordonnanzen mit einem jungen Hund. Sie rollten ihn auf den Rücken und kitzelten mit einem Strohhalm seinen dicken Bauch. Der Hund wälzte sich in Staub und trockenen Pferdeäpfeln, bleckte die kleinen Zähne, knurrte und schnappte um sich. Die Ordonnanzen lachten, rauchten, spuckten saftig aus und taten, als bemerkten sie den Förster nicht, dem das Haus gehörte. Er war ein großer sehniger Mann mit dem Bart eines Heiligen und den Augen eines Strauchdiebs; seine Glatze verbarg er unter einer dicken Mütze. Er machte sich ständig in der Nähe der Soldaten zu schaffen, bald hob er ein Stück Bindfaden auf, bald einen Nagel – wertvolles Material, das die Soldaten leichtfertig herumliegen ließen. Dabei achtete er darauf, daß sie seine Scheune mit ihren Machorkazigaretten nicht in Brand steckten.

Die Ordonnanzen und Kuriere lachten und erzählten sich allerhand Unsinn, um zu verbergen, daß sie ungeduldig auf das Ende der Beratung warteten.

Vom Stabsgebäude liefen unzählige Telefonleitungen in den Wald, um zu gegebener Stunde die chiffrierten Befehle an die Divisionen weiterzuleiten. Aber schon jetzt, wenn auch auf anderen Bahnen, teilte sich den Soldaten der Sinn des Geschehens mit. Er sprang über von Herz zu Herz.

Nachdem die Kommandeure gegangen waren, befaßten sich Stscherbatow und Sorokin noch eine

Weile mit der Karte. Dann ging auch Sorokin, er nahm die Akten und Bleistifte mit. Stscherbatow blieb allein. Und wieder meldete sich jenes unangenehme Gefühl, das er während der Arbeit zurückgedrängt, doch nicht vergessen hatte. Es hing mit Schalajew zusammen und mit dem Vorfall in der Beratung. Sicherlich hatten die anderen nicht begriffen, warum er zornrot geworden war, er aber kannte den Grund, und die alte Wunde riß wieder auf.

Das alles hatte nicht erst heute und nicht gestern begonnen, sondern lag viel weiter zurück. Er hätte nicht einmal sagen können, wie lange es zurücklag, aber er entsann sich genau an den Augenblick, da er zum erstenmal das erniedrigende Gefühl gespürt hatte, das heute wieder erwacht war.

Es war die Zeit der Versammlungen, und wer in einer Versammlung als Ankläger auftrat, wurde oft schon in der nächsten selbst angeklagt; dann hieß es: „Wie konnten wir politisch nur so kurzsichtig sein und einen Feind übersehen, der ungestraft in unserer Mitte sein schändliches Handwerk getrieben hat!“ Auf einer dieser Versammlungen hatte plötzlich ein Hauptmann, einer von Stscherbatows Kompaniechefs, ein stiller, farbloser Mensch, ums Wort gebeten. Während er gelassen auf das Rednerpult zuging und seine Uniformbluse zurechtzog, fühlten alle, daß etwas geschehen würde. Er war so klein, daß nur seine Schultern und sein kahler Kopf das Rednerpult überragten. Er räusperte sich in die Faust: „Genossen!“ Mit diesem Wort nahm er das Rednerpult endgültig in Besitz.

„Die politische Situation, die unser Land gegenwärtig durchlebt, der titanische Kampf, den unsere Partei unter Führung des treuen Kampfgenossen Lenins, des genialen Führers und Lehrers der Werktätigen Jossif Wissarionowitsch Stalin führt" – er hob demonstrativ die Hände und klatschte als erster Beifall, dann applaudierten auch die anderen im Saal und im Präsidium, viele mit Begeisterung –, „dieser Kampf, Genossen, fordert von jedem einzelnen nicht nur Wachsamkeit, sondern auch eiserne Prinzipientreue."

Seine Stimme klang dumpf und unheilschwanger. Er war nur Hauptmann, aber seine Worte erhoben ihn über alle im Saal. Und alle lauschten gespannt, was jetzt kommen würde.

„Hand aufs Herz, Genossen, sind wir der Partei gegenüber immer aufrichtig? Sind wir immer bereit, uns über alle persönlichen und freundschaftlichen Gefühle zu erheben?"

Bei diesen Worten legte der Hauptmann tatsächlich die Hand aufs Herz und schloß die Augen, als horche er in sich hinein. Dann schüttelte er entschieden den Kopf. „Nein, Genossen. Hier mitten unter uns sitzt Oberst …"

Zum erstenmal hob er den Blick und richtete ihn in den Saal. Stscherbatow sah seine Augen, die Augen seines Untergebenen, die dieser so oft vor ihm niedergeschlagen hatte. Aber jetzt gehörten sie einem Mann, der vor nichts zurückschreckte, vor nichts haltmachte, und sie suchten die Reihen ab. „… dort hinten in der Ecke sitzt Oberst Massenko."

Der ganze Saal wandte sich um, dorthin, wo der Finger über dem Rednerpult hinzeigte, und alle erkannten Oberst Massenko, ob sie ihn schon einmal gesehen hatten oder nicht: Er saß da wie festgenagelt, aschfahl im Gesicht, durch eine unsichtbare Schranke von den übrigen getrennt.

„Sie sind nicht aufrichtig gegenüber der Partei, Genosse Massenko! Sonst würden Sie von dieser Stelle aus" – in der Totenstille hörte man seinen Finger auf das Rednerpult klopfen – „den anwesenden Genossen erzählen, daß Sie 1927 an einer Trotzkistenversammlung teilgenommen haben. Warum verschweigen Sie uns diese Tatsache in Ihrem Lebenslauf, Genosse Massenko?"

Er hatte noch nicht geendet, da stürzte der betagte Oberst Massenko bereits wild gestikulierend auf das Präsidium zu. Die Totenblässe in seinem Gesicht war einer hektischen Röte gewichen, er keuchte und wischte sich den Schweiß von der Stirn. Seine Erregung bestätigte seine Schuld. Alle wandten sich von ihm ab.

„Ich werde alles erklären, alles!" schrie er schon von unten. Vor Aufregung stolperte er auf den Stufen zum Rednerpult und wäre beinahe gefallen. Endlich stand er neben dem Hauptmann. „Ich werde alles erklären!"

Aber sein Ruf ging im Lärm des Saales unter. Stscherbatow war genauso erregt wie die anderen. Wer hätte das gedacht, Massenko, dieser bescheidene, sympathische Mann, der den Bürgerkrieg mitgemacht hatte – ein Trotzkist! Es war nicht zu glauben! Noch vor einer Stunde hätte Stscherbatow seine Hand für ihn ins Feuer gelegt. Nein, so etwas!

Massenkos Gesicht zuckte unversöhnlich, allmählich drang seine Stimme drohend durch den Tumult: „Ich war dort. Jawohl. Aber man hat mich hingeschickt. Im Auftrage der Partei. Und nun zu Ihnen, mein Lieber. Wieso haben Sie mich dort gesehen? Wie kamen Sie dorthin? Aber das ist noch nicht alles. Ich wollte es schon immer sagen. Ich kann Namen nennen ..."

Geblendet von dem grellen Licht des Podiums, suchte er jemand im Saal, konnte ihn aber vor Aufregung nicht sofort finden. „Gleich werde ich sie nennen ..."

Der Lärm im Saal legte sich.

„Dort ... dort, Hauptmann Gorodezki war dabei, er war auf jener Versammlung, jawohl! Oberst Fomin auch!"

Es war totenstill. Und über der Stille, über den Köpfen der Anwesenden schwebte Massenkos hocherhobener zitternder Finger, auf der Suche nach neuen Opfern.

„Gleich ... einen Augenblick ... gleich habe ich ihn ..."

Und da zeigte der Finger auf Stscherbatow. In Sekundenschnelle drehte sich der ganze Saal nach ihm um, und in dieser Sekunde durchmaß Stscherbatow alle Tiefen des Entsetzens. Unschuldig, in nichts verwickelt, erkannte er plötzlich mit erschreckender Klarheit, wie wenig dazu gehörte, sein Leben auszulöschen. Er hätte aufspringen, etwas sagen müssen, aber er saß wie erstarrt und ließ alles willenlos über sich ergehen. Dann drehte er sich ebenso wie die anderen nach dem nächsten um, auf den Massenkos zitternder Finger wies.

Damals hatte er den Vorfall bald vergessen, um so öfter erinnerte er sich später daran. Er war nach der Versammlung mit einem beklemmenden Gefühl nach Hause gegangen, zugleich aber mit dem Trost, der damals viele Menschen aufrechterhielt: Man hatte ihn nicht weiter behelligt. Wenn man gründlich nachforschte, konnte man schließlich bei jedem etwas finden – frühere Verbindungen, einen Auslandsaufenthalt …

Das Haus, in dem Stscherbatow wohnte, sah ungewöhnlich aus. Es war ein graues, fünfstöckiges Mietshaus, das einen viereckigen Hof umschloß. Höfe dieser Art waren noch selten in der Stadt, aber es hieß, in Zukunft sollten alle Höfe so eingerichtet werden, mit Grünanlagen, Schaukeln, Sandkästen für die Kleinen und Sportplätzen für die Größeren. Im Winter wurden sie in Eisbahnen verwandelt, und bis zum späten Abend tummelten sich im Licht der elektrischen Glühbirnen fröhliche, rotwangige Kinder auf der glitzernden Fläche. Heimlich mischten sich auch die Kinder aus den Nachbarhöfen unter die fröhliche Schar.

Vor diesem Haus fuhren auch nachts Autos vor. Die Leute, die hier wohnten, kannten keinen festen Feierabend. Es waren in der Mehrzahl alte Bolschewiki, hohe Offiziere und leitende Angestellte. Viele von ihnen waren schon vor der Revolution Mitglied der Partei gewesen. Jetzt aber hielten in dem Haus Angst und Schrecken ihren

Einzug, und schon blieben in manchen Wohnungen abends die Fenster dunkel.

Eines Nachts hielten sie auch vor seinem Aufgang. Stscherbatow hörte, wie der Fahrstuhl ging, hörte Schritte auf dem Treppenabsatz und leises Reden. An wessen Tür würden sie klopfen? Gegenüber wohnte ein Professor, ein Chirurg. Stscherbatow versteckte schnell die Papiere im Schreibtisch, dort, wo die Pistole lag. Er verbrachte neuerdings seine Nächte mit der Durchsicht alter Briefe. Sein Leben hatte schließlich schon früher begonnen. Er hatte die Revolution miterlebt, den Bürgerkrieg. Die einstmals so berühmten Namen seiner Freunde, ihre Briefe konnten ihn jetzt das Leben kosten.

Lautlos trat seine Frau ins Zimmer, in Nachthemd und Morgenrock, und setzte sich ihm gegenüber auf den Rand des Sofas. Den Morgenmantel hielt sie über den Knien mit der Hand zusammen, die nackten Füße staken in seinen Pantoffeln. Sie lauschte, kreideweiß im Gesicht, mit großen erschrockenen Augen.

Sie klingelten beim Professor. Die Wohnungstür war weich gepolstert wie eine Sofalehne, der Professor legte Wert auf ein ungestörtes Familienleben. Auch jetzt fing die Tür alle Geräusche ab. Erst gegen Morgen klirrte die Vorlegekette, und auf der Treppe ertönten Schritte. Sonst war nichts zu hören, kein Weinen, kein lautes Wort, als hätten sich diejenigen, die daran interessiert waren, daß alles lautlos vor sich ging, und diejenigen, denen der Schrei der Verzweiflung in der Kehle saß, stillschweigend geeinigt. Immer leiser wurden auf der Treppe die gedämpften Schritte zahlreicher Füße.

Aus dem Hauseingang traten sie dicht gedrängt. Inmitten unbekannter Gestalten in Zivil ging der Mann, der viele Jahre hindurch ihr Nachbar gewesen war. Es war noch stockfinstere Nacht, über dem Hauseingang brannte eine gelbe Lampe. Sie gingen über den gepflasterten Hof auf das Auto zu, das schwarz im Regen glänzte. Von oben wirkten das Auto und die Menschen winzig, wie plattgedrückt auf dem Asphalt. Der Professor steckte hastig den bloßen Kopf in die dunkle Öffnung des Wagens, als wolle er den Blicken der Hausbewohner und der Schande entfliehen. Die Wagentür klappte, ihr Klappen hallte dumpf im steinernen Käfig des Hofes wider.

Mit aufheulendem Motor fuhr der Wagen davon. Wo er gestanden hatte, war ein trockener Fleck auf dem regennassen Pflaster. Drei Hausmeister standen davor, sie trugen makellos weiße Schürzen wie zu einem Fest.

Stscherbatows Frau bekam plötzlich Schüttelfrost. Sie legte sich aufs Sofa und deckte sich mit zwei Decken zu, trotzdem zitterte sie am ganzen Leib. Er wärmte ihre eiskalten Füße mit den Händen; vor seinen Augen, die auf einen Punkt starrten, stand in der dunklen Zimmerecke noch immer das Bild des Professors, der seinen unbedeckten Kopf bereitwillig in die dunkle Öffnung des Wagens steckte und demütig den Rücken beugte. Diese Demut war etwas, was Stscherbatow nicht verstand.

Sie waren nie besonders befreundet gewesen, hatten nur auf gute Nachbarschaft gehalten. Das Wohnen auf einem Treppenabsatz hatte die beiden Familien weder vereint noch getrennt. Ihre Kinder aber besuchten dieselbe Schule und halfen einander bei den Schularbeiten. Der Gedanke, daß dort hinter der Tür zwei Kinder zurückgeblieben waren, ließ Stscherbatow keine Ruhe. Wenn er sich mit seinem Sohn unterhielt, ertappte er sich dabei, daß er an die beiden Kinder dachte. Am Tisch traten seiner Frau, wenn ihr Blick auf dem Sohn ruhte, plötzlich Tränen in die Augen.

Als er eines Tages früher als sonst nach Hause kam, traf er mit der Nachbarsfrau zusammen. Seine Frau flüsterte ihm schon im Flur zu, daß die Nachbarin gekommen sei, dabei sah sie ihn ängstlich an. Stscherbatow trat ins Zimmer. Die Frau stand auf, rot vor Schreck. Sie wußte, daß ihre Anwesenheit die Stscherbatows gefährdete. Sie hatte nur zu kommen gewagt, weil er nicht zu Hause war. Für seine Frau war es weniger riskant, sie arbeitete nicht. Stscherbatow begrüßte sie herzlich. Sie wollte gehen, doch er lud sie ein zu bleiben. Sie war sorgfältig gekleidet und frisiert. Da dies in ihrer Lage unpassend erscheinen mochte, sagte sie, um einer eventuellen Frage zuvorzukommen: „Alle ziehen sich gut an, wenn sie dort hingehen, nicht teuer und nicht auffallend, aber gut. Immer steht dort eine riesige Schlange sorgfältig gekleideter Menschen, die einen guten Eindruck machen wollen, aber der Mann hinter dem Schalter sagt allen dasselbe. Ich hätte das früher nie geglaubt:

Diese Menschen haben doch alle das gleiche Schicksal, und doch will einer vom andern nichts wissen. Jede denkt: Die Männer von denen da sind wirkliche Volksfeinde, nur bei meinem Mann ist ein Irrtum unterlaufen, der sich bald aufklären wird. Neulich habe ich dort eine Kollegin getroffen, eine Ärztin aus unserer Poliklinik – sie hat sich abgewandt. Eine Stunde lang haben wir nebeneinander gestanden wie zwei Fremde. Wenn man sieht, wie viele Menschen dort hingehen in der Hoffnung, eine Auskunft zu bekommen ...“ Sie schüttelte langsam den Kopf, ihr starrer Blick schien etwas zu sehen, was nur sie wahrnahm. „Nichts kann helfen. Bloß der Zufall. Es gibt ja immer eine geringe Chance.“

Bereits im Gehen, sagte sie plötzlich: „Heute war ein Mädchen dort, etwa vierzehn Jahre alt wie meine Ira. Sie wollte gleich für drei Menschen etwas abgeben, für die Mutter, den Vater und den Bruder. Sie kommt allein von außerhalb und muß den nächsten Zug erreichen. Heute haben sie den Schalter zwanzig Minuten früher geschlossen als sonst. Was sollte sie machen? Mit den Sachen nach Hause zurückfahren oder einen ganzen Tag auf dem Bahnhof warten? Da hat sie an die Scheibe geklopft, zaghaft wie ein Mäuschen. Dann noch einmal. Plötzlich wurde das Fenster aufgerissen, und eine Faust schlug ihr ins Gesicht. Wir konnten sie gerade noch auffangen. Was sie dann gemacht hat, kann nur ein Kind machen. Wir Erwachsenen können höchstens weinen, sie aber ist auf den Schalter losgestürzt, hat mit ihren kleinen Fäusten gegen die Scheibe getrommelt und immerzu geschrien: ‚Warum haben Sie mich geschlagen, warum, warum?' Die Leute in der Schlange konnten das nicht mit ansehen, sie waren ganz aufgebracht. Und ob Sie's glauben oder nicht, dieser Mensch kam hinter dem Schalter hervor und nahm ihr vor aller Augen die Sachen ab. Er hatte keine Angst vor uns, und er tat etwas Unerlaubtes. Alles soll sich in der Stille vollziehen und Gesetzesanstrich haben. Dagegen aber hat er verstoßen."

Sie kam nicht mehr zu den Stscherbatows. Schon bald danach stand ihre älteste Tochter in der Schlange und gab die Sachen ab, für sie und den Vater. Wie das vierzehnjährige Mädchen, von dem sie an jenem Abend erzählt hatte.

## 2

Tausende von Söhnen gehörten zum 3. Schützenkorps des Generals Stscherbatow, und einer von ihnen war Leutnant Andrej Stscherbatow, sein eigener Sohn. Er war weder Adjutant beim Stab noch Funker oder Artillerist, sondern Kommandeur eines Schützenzugs. Auch Stscherbatow hatte einmal als Zugführer angefangen, nur war er damals etwas jünger gewesen als heute sein Sohn, gerade siebzehn Jahre alt. Als er nach seiner ersten Verwundung wieder an die Front ging, weinte seine Mutter und hätte sich doch freuen sollen über ihren Sohn, der da in Leder und Riemenzeug mit der Mauserpistole am Koppel vor ihr stand.

Aber die Mutter lernt man erst verstehen, wenn man selbst einen Sohn hat, der genauso dumm und unerfahren ist, wie man es selbst einmal war, und der einem von der Mutter anvertraut ist.

Mitten in der Nacht ließ Stscherbatow seinen Sohn zu sich rufen. Während er auf ihn wartete, dachte er über ihn nach.

Einmal war Andrej ganz aufgeregt aus der Schule nach Hause gekommen. Es war zu jener Zeit, da man bestimmte Bilder von der Wand nahm und andere an ihre Stelle hängte, da man Bücher beschlagnahmte und in den Schulbüchern die Namen einstmals berühmter Persönlichkeiten strich. Andrej stand als Mitglied des Komsomolkomitees mitten im Strudel der Ereignisse. An diesem Tag hatte man auf einer Komsomolversammlung den Fall seiner Klassenkameradin, der Nachbarstochter Ira, untersucht. Von den Kindern wurde bereits dasselbe verlangt wie von den Erwachsenen. Ira sollte vor der ganzen Klasse ihre Eltern als Volksfeinde verdammen und sich von ihnen lossagen.

„Verstehst du, Vater“, ereiferte sich Andrej, „wir sagen zu Ira: ‚Dich kennen wir, aber über deine Eltern mußt du ein prinzipielles Urteil abgeben. Du bist doch Komsomolzin!‘ Und sie steht da und sagt bloß immer: ‚Meine Mutti hat nichts Böses getan. Sie ist keine Volksfeindin. Sogar wie unser Vati verhaftet wurde, hat sie nur gut über den Genossen Stalin gesprochen.‘ – ‚So versteh doch‘, sagen wir zu ihr, ‚sie haben dir nicht alles erzählt.‘ Wir erklären es ihr lang und breit und denken, sie hat es endlich kapiert – da fängt sie wieder von vorn an: ‚Meine Mutti hat nichts Böses getan.' – ‚Ach, du behauptest also, die Organe des NKWD verhaften unschuldige Menschen? Wie?'"

So redete Andrej, sein Sohn.

Stscherbatow hatte vorsichtig gefragt: „Wenn sie nun *dir* sagen, dein Vater sei ein Volksfeind, und du solltest dich von mir lossagen ...?"

„Was hast denn du damit zu tun", hatte sich Andrej entrüstet. „Wie kannst du so etwas sagen! Du hast doch für die Revolution gekämpft! Ira aber hat selbst zugegeben, daß ihr Vater manchmal monatelang nicht zu Hause war, sondern auf irgendwelchen Dienstreisen. Dienstreisen! Kann sie wissen, womit er sich befaßt hat? Kann sie ihre Hand für ihn ins Feuer legen? Er war sogar zweimal im Ausland. Wer weiß, ob er sich dort nicht hat anwerben lassen, wer weiß! Heute haben sie uns in der Schule die Hefte mit dem Bild vom Großfürsten Oleg weggenommen. Stell dir vor, wenn man das Heft umdreht, sehen die Sporen aus wie ein Hakenkreuz. Und noch ein anderes Heft haben sie eingesammelt. Das mit Puschkin. Er steht da vor einem Bücherregal, und aus den Büchern kann man das Wort ‚Hitler' zusammensetzen. Ich hab's selbst versucht!"

Stscherbatow hatte seinen Sohn angesehen.

Andrej kannte die Vergangenheit nicht. Er hatte sie ja nicht selbst erlebt, sondern kannte sie nur so, wie sie jetzt dargestellt wurde. Zum Beispiel wußte er, wenn der Name Skrypnik fiel, nur, daß dieser ein Feind war. Ohne sich für Einzelheiten zu interessieren, behauptete er, dieser Skrypnik sei ein Verräter. Für Stscherbatow dagegen, der während seiner Dienstzeit in der Ukraine zwei- oder dreimal mit Skrypnik zusammengetroffen war, verbanden sich mit diesem Namen nicht nur persönliche Erinnerungen. Stscherbatow wußte, daß Skrypnik zusammen mit anderen Delegierten des 6. Parteitages Stalin in scharfer Form widersprochen hatte, als dieser 1917, während der Vorbereitungen zum bewaffneten Aufstand, nachzuweisen suchte, Lenin müsse sich dem Gericht der Bourgeoisie stellen. Und wenn Stscherbatow jetzt überall hörte und las, Lenin sei damals nur dank der entschlossenen, vom Parteitag gebilligten Haltung des Genossen Stalin dem Gericht und damit der physischen Bedrohung entgangen – wenn er das mit eigenen Augen las, so wußte er nicht, ob er sich noch auf sein Gedächtnis verlassen durfte. Immerhin war es möglich, daß er sich irrte, er hatte ja nicht selbst am Parteitag teilgenommen. Aber es gab Dinge, bei denen er sich nicht irren konnte. Für ihn waren die Namen der revolutionären Heerführer, die heute mit Schimpf und Schande bedeckt waren, keine bloßen Namen, für ihn standen dahinter Menschen aus Fleisch und Blut, Menschen, die er gekannt, unter deren Führung er so manchen Kampf bestanden hatte. In seiner Erinnerung sah auch die Verteidigung von Zarizyn etwas anders aus, als sie heute dargestellt wurde. Für Andrej dagegen war Stalin der genialste, wenn nicht gar der einzige Feldherr der Revolution. Alle Pläne zur Vernichtung der Weißen hatte Stalin erdacht und

Lenin lediglich gutgeheißen. Als Andrej bewußt zu denken anfing, war der Name Stalins bereits zum allesumfassenden Begriff geworden. Er war so unantastbar wie die Sonne, die er täglich am Himmel sah, wie die Luft, die er atmete.

Sollte Stscherbatow diesen Glauben erschüttern? Blinder Glaube ist schrecklich, aber ebenso schrecklich ist es, an nichts zu glauben. Damals hatte sich Stscherbatow zum erstenmal in Gegenwart seines Sohnes einsam gefühlt.

Stscherbatow stand am Fenster, als Andrej auf das Stabsgebäude zukam. Der Mond trat hinter den schwarzen Zacken des Kiefernwaldes hervor, und in seinem Schein sah Stscherbatow zwei Menschen. In dem einen erkannte er Andrej. Neben ihm ging eine Frau. Im Rock, mit einer Pistole am Koppel und einem Käppi auf dem Kopf. Und natürlich mit dauergewelltem Haar. Den ganzen Kopf voller Löckchen! Sie war älter als sein Sohn. Zumindest erfahrener. Das sah man auf den ersten Blick. Andrej hielt ihre Hand. Sie gingen nebeneinanderher, und Andrej erzählte etwas, er lachte und war glücklich. Da er sich aber von den Stabsordonnanzen beobachtet fühlte, benahm er sich zurückhaltend, als seien sie nur Bekannte, die zufällig denselben Weg hatten. Stscherbatow jedoch erkannte sofort mit dem Instinkt des eifersüchtigen Vaters, daß sie miteinander nicht nur bekannt waren. Ein Gefühl des Widerwillens überkam ihn. Dieser Dummkopf! So jung und so ein Dummkopf! Wirft sich einfach weg! Hat er das nötig?

Er trat vom Fenster zurück, um den Sohn zu empfangen. „Da bist du ja. Guten Abend!“

Andrej ergriff mit leuchtenden Augen die Hand des Vaters und drückte sie mit ganzer Kraft. Die Hand war breiter als seine, und es war schwer, sie zu umfassen. So ein Kindskopf! Die Spitzen seiner chromledernen Stiefel glänzten vom Tau, und die Schäfte waren staubgrau. Er hatte ja fünf Kilometer zurückgelegt. Sein Haar und die Militärbluse dufteten nach Wald, nach dem feuchten Dunst des Abends – nach Jugend.

„Wir werden zusammen essen“, sagte Stscherbatow.

Da trat Browalski ins Zimmer. „Ah!“ sagte er, als er die beiden sah. Er schüttelte Andrej freundschaftlich die Hand und schaute dabei lächelnd zu Stscherbatow hinüber, als wolle er ihm diesen prächtigen jungen Mann vorstellen. „Bleibst du hier?“ fragte er nach einer Weile. „Ich fahre jetzt.“

Dieses „Du“ war kein intimes Du, es war eher eine Sache der Pflicht. Ein Außenstehender sollte nicht denken, daß sich der Kommissar und der Kommandeur nicht einig seien.

„Ich fahr mal rüber und seh nach, was dort los ist“, sagte Browalski leichthin, als spräche er von etwas Nebensächlichem. Er lächelte und hob die Brauen.

In Wirklichkeit hielt er die Fahrt für äußerst wichtig. Zu dieser nächtlichen Stunde, in der sich die Truppen auf dem Marsch an die Front befanden, waren alle Stabsoffiziere unterwegs. Auch Sorokin und Browalski zog es dorthin, als schämten sie sich voreinander, wenn sie nicht an den Truppenbewegungen teilnahmen. Eine innere Unruhe hatte sie erfaßt und trieb sie, auf den Straßen die Rolle von Sergeanten und Zugführern zu übernehmen, Befehle aufzuheben und neue Befehle zu erteilen, die nur deshalb besser waren, weil sie von höheren Vorgesetzten kamen.

„Fahr nur", sagte Stscherbatow und bestätigte damit die Notwendigkeit der Fahrt. Vater und Sohn blieben allein.

„Vater", sagte Andrej, „stimmt es denn?" Er sah den Vater beinahe flehentlich an mit seinen strahlenden Augen, die jeden Gedanken, jeden Anflug eines Gedankens verrieten – es waren die Augen seiner Mutter. Stscherbatow runzelte die Stirn, schob sich die Serviette hinter den Rockkragen und räusperte sich. Er war ungehalten, aber nicht, weil sein Sohn kein Recht hatte, ihn zu fragen – ein Leutnant, auch wenn er der Sohn des Kommandeurs ist, bleibt ein Leutnant, er unterscheidet sich nur dadurch von den anderen, daß man mehr von ihm verlangen kann –, auch nicht, weil ihm die vorlaute Frage unmännlich erschien, sondern weil er sich unter dem fragenden Blick des Sohnes unbehaglich fühlte. Andrej errötete so heftig, daß ihm Tränen in die Augen traten. Und doch konnte er seine Freude nicht verbergen. Weil es stimmte! Weil sie angreifen würden! Der Vater hatte ihn nicht zufällig zu sich gerufen. Und als Stscherbatows Ordonnanz eine Flasche Wodka brachte – sie war in eine Serviette gewickelt, denn sie war zuvor in einem Eimer Brunnenwasser gekühlt worden und tropfte noch –, da sah Andrej auch ihn glückstrahlend an. Die Ordonnanz, ein schnurrbärtiger älterer Mann, der schon so manches im Leben gesehen hatte, deutete sich Andrejs Freude auf seine Weise. Wer nur immer Hirsebrei vorgesetzt bekommt, der muß sich ja freuen, wenn er mit seinem Vater am Tische sitzen darf. Der Hirsebrei ist gut und bekömmlich für den Soldaten, aber man ißt ihn sich über. Der Mann freute sich für Andrej; lächelnd, ohne sich anzubiedern, mit väterlicher Fürsorge schob er ihm die besten Speisen zu und schenkte ihm randvoll ein. Andrej lächelte ihm dankbar zu. Er ahnte, warum er ihn so ansah – aus Liebe und Ehrfurcht für seinen Vater. Und als Andrej mit dem Vater anstieß, hob er sein Glas noch einmal, um dem Mann zu zeigen, daß er in Gedanken auch mit ihm anstieß.

Sie alle erkannten erst heute, was für einen Vater er hatte – er aber hatte es schon immer gewußt. Nur durfte er es nicht sagen, solange sie zurückgingen. Wenn der Vater wüßte, wie schmerzlich es war, vor dem Feind zurückzuweichen! Es ging dabei nicht um ihn. Wer war er denn! Einer von Tausenden Leutnants. Wenn ein Leutnant fiel, wurde er durch einen anderen ersetzt, der nicht besser und nicht schlechter war als der erste. Der Vater dagegen ... Wie schwer mußte es ihm gefallen sein, vor den deutschen Generälen zurückzuweichen, obwohl er ihnen allen an Klugheit, Wissen und Tapferkeit überlegen war.

Als Kind war ihm jedesmal ein ehrfürchtiger Schauer über den Rücken gelaufen, wenn er sich heimlich in Vaters Arbeitszimmer schlich. Schwarze, mit Kunstleder bezogene Sessel (damals glaubte er noch, sie seien aus Leder), ein starker Tabakgeruch, der Vater, über den Schreibtisch gebeugt, und – Stille. Eine besondere Stille. An der Wand glänzten Waffen. Die Waffen aus dem Bürgerkrieg, mit denen Vater die Feinde getötet hatte. Der Brigadekommandeur! Ja, sein Vater war Brigadekommandeur gewesen. Dann Divisionskommandeur. Jetzt war er Korpskommandeur. Wie das klang: Divisionskommandeur! Auch Tschapajew war Divisionskommandeur gewesen.

Am glücklichsten war der kleine Andrej, wenn sein Vater von einem Manöver, aus einem Sommerlager zurückkehrte. Schon im Korridor nahm er den Jungen auf den Arm. Seine Feldbluse und die Stiefel waren von den langen Märschen staubig, seine rauhen Wangen rochen nach Machorka. Oder vielleicht nach Pulver und nächtlichen Lagerfeuern?

Andrejs Kameraden wußten, wann sein Vater zurückkam, und sie beneideten ihn. Manchmal, wenn der Vater nicht zu Hause war, nahm er sie heimlich mit in das Arbeitszimmer und erlaubte ihnen, die Waffen an der Wand zu berühren. Nur zu berühren; sie von der Wand zu nehmen, hätte er selbst nie gewagt. Und wenn sich die Jungen auf dem Sofa in die Höhe reckten und den kalten Stahl der ausgedienten Waffen berührten, klopften ihre Herzen vor Begeisterung.

Alles, was der Vater tat, flößte Ehrfurcht ein. Die Art, wie er sich als letzter zu Tisch setzte, und die Ausdauer, mit der er stundenlang zurückgezogen in seinem Zimmer arbeitete. Aus dem Zimmer drang stets kräftiger Tabakgeruch, und wenn Andrej auf Zehenspitzen an der Tür vorüberging, hörte er nur jene besondere Stille und ab und zu das leise Knarren des Schreibtischsessels. Für die Ehrfurcht und die Stille im Haus sorgte Andrejs Mutter. Besonders in den letzten Jahren. In diesen Jahren geschah es immer häufiger, daß Andrej mitten in der Nacht erwachte und im Arbeitszimmer des Vaters Schritte hörte. Dumpf knarrten die Stiefel, wenn der Vater von einer Ecke in die andere ging. Zwischendurch hörte man das Flüstern der Mutter. Am Tage war sie zurückhaltend, ausgeglichen und streng.

Manchmal schien der gelbe Lichtstreifen die ganze Nacht durch den Türspalt des Arbeitszimmers, und die Mutter flüsterte und flüsterte.

Das war unheimlich, und Andrej vermied es, darüber nachzudenken. In den Jahren vor dem Krieg verschwanden die besten von Vaters Kameraden. Andrej kannte sie alle, fröhliche starke Männer, die ihn früher, als er noch kleiner war, lachend auf den Knien geschaukelt hatten – hopp-hopp! war er emporgeflogen wie ein Reiter, glücklich und stolz. Sie verschwanden einer nach dem anderen, ganz plötzlich, und der Vater ging nächtelang in seinem Zimmer auf und ab, nächtelang drang der gelbe Lichtstreifen durch den unteren Türspalt in den Flur. Es geschahen furchtbare Dinge, über die niemand im Hause mit ihm sprach. Sie waren nicht zu begreifen, man durfte nicht daran denken, man konnte nur glauben. Und Andrej glaubte. Sein Glaube gründete sich auf den Vater.

Er meldete sich nicht zu den Luftstreitkräften, nicht zur Kavallerie, nicht zur Panzertruppe, sondern trat, getreu dem Vorbild seines Vaters, in eine Infanterieschule ein. Und als der Krieg begann, ging er mit seinem Vater, unter seiner Führung, an die Front. Er war auch jetzt stolz auf ihn. Nur wagte er nicht, es dem Vater zu sagen. Er sah ihn nur an, voll Liebe und Stolz. Stscherbatow runzelte die Stirn.

„Vater!“ sagte Andrej, und bei sich dachte er: Zum Teufel, das kommt wohl vom Wodka! „Vater, wenn du erlaubst, trink ich noch ein Glas.“

Stscherbatow nahm die Flasche und goß ein. Einen Augenblick verharrte seine breite Hand dicht vor Andrejs Gesicht. Die Hand des Vaters. Andrej spürte mit einemmal das heftige Verlangen, diese starke, so vertraute Hand zu küssen, ihr zu danken für alles, was sie ihm gegeben hatte, für die Freude, die er in diesem Augenblick empfand. Aber er hielt sich zurück und senkte den Kopf, damit der Vater nicht sah, daß er weinte.

Sie sprachen von der Mutter. Stscherbatow hatte gerade einen Brief von ihr erhalten, der an sie beide gerichtet war. Andrej las ihn beim Essen.

„Weißt du, Vater, unser Kompaniechef ist einen Kopf kleiner als ich. Wenn er einen Befehl gibt, zittert er vor Anstrengung. Dann stellt er sich auf die Zehenspitzen und stemmt die Arme in die Hüften – wie ein Samowar mit Henkeln sieht er aus.“

Andrej erzählte und lachte dabei so, daß man von seinen Worten nur die Hälfte verstand. So war er schon als Kind gewesen. Stscherbatow hatte versucht, ihm beizubringen, daß man nicht als erster lachen darf. Wer erzählt, muß die anderen lachen lassen. Er wollte ihn Zurückhaltung lehren. Aber vielleicht kam es darauf gar nicht an?

„Denk dir, gestern ist bei uns ein Soldat verschwunden. Er soll aus dieser Gegend sein. Nicht aus meinem Zug. Da hat unser Kompaniechef ..."

Andrej biß sich auf die Zunge und sah den Vater verlegen und schuldbewußt an. Da hatte er doch ganz vergessen, daß sein Vater General war und daß er mit seinem Geschwätz den Kompaniechef, seinen Kameraden, bei einem Vorgesetzten anschwärzte. Stscherbatow tat, als hätte er nicht zugehört. Ja, auch das hatte er seinen Sohn gelehrt. Und er hatte ihn gelehrt, daß die Verdienste des Vaters nicht die Verdienste des Sohnes sind. Alles, was Andrej im Leben zu erreichen gedachte, sollte er selbst erreichen. Schon, weil er nicht wissen konnte, wie lange er seinen Vater haben würde. Sollte er den Vater verlieren, so würde er es schwerer haben als viele seiner Kameraden. Stscherbatow konnte mit Andrej nicht darüber sprechen, aber er wollte ihn darauf vorbereiten. Sein Sohn sollte im Leben bestehen. Bestehen und Mensch bleiben.

Er lehrte ihn, aufrichtig zu sein. Vieles im Leben änderte sich, auch die Menschen, aber es gab unumstößliche menschliche Werte. Aufrichtigkeit zum Beispiel. Ehre. Er könnte Andrej vorschlagen, sein Adjutant zu werden. Warum sollte ein Fremder bei ihm Adjutant sein und nicht sein Sohn? Vater und Sohn – gehörten sie nicht gerade im Krieg zusammen? Seine Frau bat ihn in ihrem Brief darum. Aber selbst um ihretwillen brachte er es nicht über sich, Andrej diesen Vorschlag zu machen.

Stscherbatow beobachtete den Sohn beim Essen. Er war jung und schrecklich hungrig. Stscherbatow sah den gesenkten Kopf, die leicht geröteten kleinen Ohren, die er ihm früher manchmal langgezogen hatte, und die breiten Schultern, die vor Kraft strotzten – der Schulterriemen schnitt tief ein.

„Ach ja, Vater!" Andrej hörte auf zu essen und schlug sich mit der Hand vor die Stirn. „Beinahe hätte ich's vergessen! Ich habe da in meinem Zug einen Soldaten. Einen Ingenieur aus Moskau. Ich sage dir, der hat was auf dem Kasten! Ich verstehe nicht, warum solche Leute an die Front geschickt werden. Das ist doch kurzsichtig! Was kann er mit dem Gewehr in der Hand schon leisten! Er wird fallen, und dabei ist er ein so guter Ingenieur. Vater, kann man da nichts unternehmen?"

Stscherbatow lächelte müde.

„Das ist einfach kurzsichtig", sagte Andrej, „wenn er wenigstens bei der Luftwaffe wäre. Hör mal, was er sich ausgedacht hat: eine Art Flitzbogen, fast wie bei den Indianern!" Andrej lachte wieder wie früher als Kind. „Wir haben ihn ausprobiert. Damit kann man Benzinflaschen schleudern, fünfzig Meter weit! Und trifft genau! Das geht viel besser als mit der Hand. Wenn man im Schützengraben sitzt, kann man damit wunderbar Panzer knacken."

Stscherbatow mußte an sich halten. Da kamen sie in Panzern, hinter zentimeterdicken Stahlplatten, unterstützt von Flugzeugen, und sein Sohn wollte ihnen mit einem Flitzbogen entgegentreten wie ein Indianer. Und er, sein Vater, ein General, hatte diesen Kindern beigebracht, daß man sich vor Panzern nicht zu fürchten braucht, daß man sie ganz einfach mit Benzinflaschen in Brand stecken kann, wenn man sie nur nahe genug herankommen läßt.

„Vater", sagte Andrej, „ich freue mich so, daß wir zusammen sind. Du glaubst gar nicht, wie ich dich als Kind beneidet habe. Entschuldige, daß ich davon spreche, ich weiß, du magst das nicht, aber du sollst wissen: Du wirst dich meiner nicht zu schämen brauchen."

Er sah den Vater mit seinen ehrlichen Augen an, daß Stscherbatow den Blick nicht ertragen konnte.

Er stand am Fenster und sah Andrej nach, der quer über die Lichtung ging, durch das Gras, das vom Tau dampfte. Ein großer Junge, sein Sohn, den ihm die Mutter anvertraut hatte.

## 3

Die ganze Nacht hindurch zogen die Regimenter über Straßen und unwegsames Gelände an die Front, um dort Stellung zu beziehen. Aus der dicht gedrängten Menschenmasse ragten die Geschütze und die Fahrzeuge hervor. Ein Geruch von Benzin, Pferdeschweiß und Machorka schwebte über den Kolonnen. Der Mond war hinter dem Wald versunken, die Soldaten marschierten durch pechschwarze Finsternis und durch die Staubwolken, die über den Wegen lagerten. Verbindungsoffiziere sprengten heran, leiteten die einen dahin, die anderen dorthin.

Der unübersehbare Strom von Menschen und Material, der in der ersten Dämmerung aus Schützengräben und Waldstellungen geflutet war, um im Morgengrauen wieder in Schützengräben und Waldstellungen zu versickern, schien jetzt durcheinandergeraten zu sein. Er stockte und verstopfte Brücken und Knüppeldämme. Über ihm dröhnten die deutschen Bomber, die Welle auf Welle gen Osten flogen, immer gen Osten, wo der Kampf tobte. Auch im Süden und im Norden wurde gekämpft. Dort bebte die Erde unter Bombeneinschlägen, das Krachen drang in der Nacht deutlich herüber. Der Frontabschnitt aber, zu dem die Soldaten zogen, blieb stumm, er wurde nur hin und wieder von Leuchtkugeln erhellt. Sie glühten auf und verglühten hinter dem Wald.

Troinikow wurde von dem Strom erfaßt und von allen Seiten eingekeilt. Er hielt den Wagen an, ohne die Zündung auszuschalten, und beobachtete, über das Lenkrad gebeugt, die entgegenströmenden Truppen. Die Julinacht war schwül, und über dem Weg ballte sich der Staub, von unzähligen Stiefelpaaren aufgewühlt. Troinikow lauschte dem Marschtritt der Infanterie, dem dumpfen

Klappern der Gewehre und des Sturmgepäcks. Die Soldaten spürten die Nähe der Front. Sie zogen an ihm vorüber, erkannten ihn und wandten sich nach ihm um. Ihre jungen Gesichter, die aus der Dunkelheit auftauchten und wieder darin verschwanden, spiegelten dasselbe Gefühl, das auch ihn gepackt hatte. Er lauschte dem Marschtritt und den Gesprächsfetzen, die zu ihm herüberdrangen. Nicht Befehle und Kommandos waren jetzt für ihn wichtig, sondern einzig und allein das Gefühl der Kraft und der Erwartung, das ihn und die Soldaten erfaßt hatte. Wie immer, wenn er bei seiner Division war, fühlte er sich gesund und stark. Nicht einzelne Kompanien und Bataillone, sondern ein unteilbarer, gesunder, junger, warmblütiger Menschenstrom zog mit ihm in den Kampf. Troinikows Kopf blieb kühl, aber sein Herz schlug gleichmäßig und kräftig im Takt des Marschtritts.

Er fuhr weiter, und die Gesichter der Soldaten, die ihm zur Straßenmitte auswichen, schienen für Augenblicke in ihrer Bewegung zu erstarren, um ihm dann schneller als zuvor entgegenzufluten.

Als er sich der kleinen Brücke am Bach näherte, hörte er schon von weitem Stimmengewirr. Die entgegenkommenden Soldaten lachten, einige waren zurückgeblieben und suchten im Laufschritt ihre Kameraden einzuholen. Troinikow stieg aus dem Wagen. Er erkannte die Stimme des Korpsstabschefs Sorokin, diese hilflose, greisenhaft zitternde Generalsstimme. Troinikow liebte es nicht, wenn seine Soldaten und Offiziere von höheren Vorgesetzten zur Rede gestellt wurden. Das war seine Angelegenheit. Er steckte den Zündschlüssel in die Tasche und ging langsam auf die Brücke zu. Die Soldaten machten ihm Platz.

Auf der Brücke, die sogar Panzer tragen sollte, war ein leichtes Geschütz eingebrochen. Alle wunderten sich, am meisten diejenigen, die schuld daran waren. Zu allem Unglück war ausgerechnet jetzt der Wagen des Stabschefs aufgetaucht.

„Sieh sie dir an, diese Helden!" rief Sorokin, als er Troinikow erblickte. „Deine Leute und die von Nesterenko!"

Er zeigte die gekränkte Miene eines Mannes, der einen genauen Plan ersonnen hat und mit ansehen muß, wie dieser durch die Dummheit und Schlafmützigkeit anderer zusammenbricht. Die ganze Marschordnung war ins Wanken geraten. Schon drängten sich die Wagen und Geschütze und verstopften die schmale Waldstraße.

Für Sorokin war es unwichtig, wem das Geschütz gehörte. Ihm ging es nur um seinen wohldurchdachten Plan. Für Troinikow dagegen war es von entscheidender Bedeutung, ob das Geschütz ihm gehörte oder Nesterenko. In gewissem Sinne handelte es sich hier um seine Ehre. Es schien sein Geschütz zu sein. Und der unglückselige Batterieführer, ein Hauptmann, hatte nichts Besseres zu tun, als sich noch bei ihm zu beklagen: „Genosse Oberst, man hat mir einen Soldaten weggenommen!"

Eine schöne Geschichte! Nicht genug, daß die Kanone im Bach lag, jemand aus Nesterenkos Division hatte ihm auch noch einen Soldaten entführt!

Die Hände auf dem Rücken gefaltet, sah Troinikow in die Richtung, in die der Hauptmann wies. Dort stand ein Oberleutnant der Artillerie. Unter dem Blick des Divisionskommandeurs salutierte er vorschriftsmäßig, zeigte aber ansonsten keinerlei Bestürzung. Er hatte die selbstbewußte Miene eines Mannes, der seinen Wert kennt und bereit ist, für seine Taten einzustehen. Seine Uniform saß ihm wie angegossen. Ein Zivilist kann sich, wenn er eine Uniform anzieht, noch so große Mühe geben, er wird immer aussehen wie ein Pferd, das ein zu großes Halfter trägt. Dieser Mann aber schien mit dem Koppel und dem Schulterriemen verwachsen zu sein, die Uniformbluse auf seinen breiten Schultern saß, wie sie nicht besser sitzen konnte.

Troinikow erfaßte das alles mit Kennerblick. Aber was ihn unter anderen Umständen für den Oberleutnant eingenommen hätte, sprach jetzt gegen ihn, schon weil er allzusehr von dem unglückseligen Hauptmann abstach.

Troinikow betrachtete den Oberleutnant mit kühlem Interesse. Mut hatte er, das mußte man ihm lassen. Auch Troinikow ließ sich von seinen Vorgesetzten nicht einschüchtern; das bedeutete jedoch nicht, daß er seinen Untergebenen dasselbe erlaubte. Noch dazu, wenn der Untergebene aus einer anderen Division stammte.

Sorokin schrie noch immer auf den Hauptmann ein, der vor ihm strammstand und sich zu rechtfertigen suchte. Der Hauptmann war ehrlich gekränkt, weil man ihm einen Soldaten weggenommen hatte und weil sich niemand dafür zu interessieren schien. Er konnte nicht begreifen, daß er im Unrecht war, solange sein Geschütz im Bach lag. Seine gekränkte Miene ließ ihn nur noch schuldiger erscheinen.

„Bring das hier in Ordnung, Troinikow!“ befahl Sorokin streng, um seine Hilflosigkeit zu verbergen. „In zehn Minuten ist die Brücke frei! Übrigens, dieser Held hier, der den fremden Soldaten entführt hat, gehört zu deinen Leuten!“

Das änderte natürlich alles! Troinikow sah sich den Oberleutnant noch einmal an. Mut hat er! stellte er wieder fest, diesmal mit Wohlwollen. Jetzt bemerkte er auch die beiden Soldaten, die mit ihren Karabinern hinter dem Oberleutnant standen und aus demselben Holz geschnitzt waren wie er. Aber von seiner Batterie war nichts zu sehen. Er hatte sie wohl zusammen mit dem Soldaten, um den der Streit ging, vorausgeschickt. Der Oberleutnant fing an, Troinikow zu gefallen. „Ihr Name?“ fragte Troinikow streng, denn er durfte so etwas nicht gutheißen.

Der Oberleutnant salutierte wieder, und auch die beiden Soldaten nahmen Haltung an.

„Oberleutnant Gontscharow, Genosse Oberst!“ Seine Augen blitzten fröhlich. Er schien nicht dumm zu sein.

„Wieso kenne ich Sie nicht?“

Die Lippen des Oberleutnants verzogen sich zu einem kaum merklichen Lächeln. „Ich bin noch neu in Ihrer Division, Genosse Oberst!“

Er log! Seine Augen verrieten es. Aber schlagfertig war er. Troinikow betrachtete ihn genau, um sich sein Gesicht einzuprägen. „Wir müssen Oberst Nesterenko helfen", sagte er laut, damit alle es hörten. Er sah den armen Hauptmann zärtlich an. Seit sich herausgestellt hatte, daß er nicht zu seiner Division gehörte, war er ihm beinahe sympathisch. Es konnte auch nicht anders sein, in seiner Division gab es keine solchen Jammerlappen. „Wir müssen ihm aus der Klemme helfen."

Er drehte sich um, überzeugt, daß der Mann, den er jetzt brauchte, hinter ihm stand. Und wirklich erblickte er einen seiner Bataillonskommandeure.

„Zu Befehl, Genosse Oberst, wir helfen", meldete der Bataillonskommandeur, der sogleich begriffen hatte, worum es ging.

Bis jetzt hatten die Soldaten, sobald sie in die Nähe des wütenden Generals kamen, einen Schritt zugelegt, zumal er keinen Befehl erteilte, sondern alle zusammen anschrie. Niemand verspürte Lust, ihm unter die Augen zu kommen. Nun aber hatte ihr eigener Divisionskommandeur gesagt: „Wir müssen helfen", und so sprangen sie ohne Umschweife in den Bach, wo das Geschütz lag. Als Troinikow zum Wagen zurückging, hörte er schon ihr fröhliches „Hau ruck, Hau ruck!".

Gegen Morgen kehrte Troinikow zu seinem Gefechtsstand zurück. Der Wachposten mit der deutschen MPi quer vor der Brust erkannte ihn schon von weitem, nahm Haltung an und grüßte. Troinikow musterte ihn streng von den Stiefelspitzen bis zum Stern an seiner Mütze.

Der Wachposten war ein kräftiger junger Bursche, und seine Haltung vor dem Divisionskommandeur wirkte nicht gezwungen. So waren alle Soldaten in seiner Division, es war eine Freude, sie anzusehen. Troinikow dankte und ging in den Unterstand.

All die kleinen Sorgen, die ihn unterwegs beschäftigt hatten – ob das Geschütz ihm gehörte oder der anderen Division –, berührten ihn nicht mehr. Troinikow nahm die Karte aus der Kartentasche und breitete sie auf dem Tisch aus. Die gelben Flammen der Kerzen auf dem Tisch flackerten im feuchten Halbdunkel des Unterstands. Er zündete sich eine Zigarette an, stützte die Hände auf die Karte und überlegte.

Er war noch nicht lange an der Front. Die bevorstehende Operation würde sein erster Kampf sein. Aber er war gegenüber denen im Vorteil, die bereits eine Niederlage, einen Kessel und den Rückzug von der Grenze hinter sich hatten, denn solche Erfahrungen gehen an einem Menschen nicht spurlos vorüber.

So wie die meisten Menschen den dunklen Glauben hegen, das Leben auf der Erde hätte erst mit ihrer Geburt richtig begonnen und alles, was vorher war, hätte nur als Vorbereitung für diesen Augenblick gedient, so glaubte Troinikow, das Wichtigste stünde erst jetzt bevor. Er sah den kommenden Ereignissen gefaßt entgegen. Während er die Karte studierte, dachte er nicht an die verlorenen Kilometer; nicht sie waren der Maßstab des Erfolgs. Er dachte daran, daß schon bald im Krieg eine Wende eintreten würde. Je schwieriger die

Lage wurde, um so größer mußte das Risiko sein. Er glaubte zuversichtlich, daß seine Stunde bald kommen würde.

Der Adjutant riß Troinikow aus seinen Gedanken. Er meldete, daß die Regimentskommandeure zur Lagebesprechung eingetroffen seien.

Vom Hügel aus sah man das Feld, den Fluß und jenseits des Flusses das Dorf. Alles wirkte harmlos und friedlich – das weite, vom Horizont undeutlich begrenzte Feld mit dem Dörfchen im Hintergrund, der glitzernde Fluß, der Wald, das gelbe Getreide, die grüne Wiese und der hohe Sommerhimmel, dessen Wolken sich im Fluß spiegelten.

Troinikow rief als ersten den Kommandeur des 205. Schützenregiments Matwejew ans Scherenfernrohr und zeigte ihm das Dörfchen hinter dem Fluß. „Siehst du das Dorf? Du wirst es angreifen."

Matwejew war ein schwarzhaariger, stämmiger Mann, dessen breites Koppel den mächtigen Leib mit knapper Not umspannte. Er hatte feiste Wangen und melancholische Augen, die nicht zu seinem vollblütigen Gesicht paßten. Lange sah er durch das Scherenfernrohr und betrachtete ebenso lange die Karte, die er mit seinen dicken Fingern festhielt, weil der Wind daran zerrte. „Wer weiß, ob sie sich ergeben, wenn wir sie so offen angreifen", sagte er endlich, zog die Nase hoch und kratzte sich hinterm Ohr.

Troinikow betrachtete gereizt Matwejews dunkelrote, feste Lippen, die die Worte so unendlich langsam formten. In diesem kräftigen männlichen

Körper wohnte eine unmännliche Seele. Pristschemichin, der neben Matwejew wie ein Jüngling wirkte, wie ein Jüngling mit faltigem Gesicht, schmalen, verschmitzten Augen, großen abstehenden Ohren und einer Stupsnase mit Nasenlöchern, in die man tief hineinsehen konnte, Pristschemichin hatte aus unerklärlichen Gründen eine männliche Seele erhalten. Er war ein erfahrener Soldat. Obwohl von ihm und seinem Regiment noch nicht die Rede war, studierte er schon jetzt die Karte.

„Natürlich ergeben sich die Deutschen nicht, wenn wir sie so offen angreifen", sagte Troinikow. „Sie sind ja nicht blöd. Aber daß wir blöd sind, davon sind sie felsenfest überzeugt, schließlich sind wir es, die alle Niederlagen einstecken müssen. Du greifst das Dorf an, und Pristschemichin nimmt es ein. Verstanden? Du machst einen Scheinangriff, verwickelst die Deutschen in Kämpfe, inzwischen fällt ihnen Pristschemichin in den Rücken. Komm her, Pristschemichin!"

Der Fluß machte einen Bogen um das Dorf, erreichte den Wald, gewann dort zwischen flachen Ufern immer mehr an Breite und bog schließlich nach Westen ab. Er streifte die linke Flanke des Korps und die rechte Flanke der Deutschen. Im grünen Riedgras am diesseitigen Ufer funkelten kleine Tümpel wie Spiegel in der Sonne. Der Sumpf war in der Julihitze teilweise ausgetrocknet. Hinter dem Sumpf kam der Fluß, und hinter dem Fluß, auf der Wiese am anderen Ufer, lagen die Deutschen.

„Hast du einen Spähtrupp hingeschickt?" fragte Troinikow.

„Ja", antwortete Pristschemichin bescheiden, ohne zu erwähnen, daß er selbst in der Nacht mit den Kundschaftern durch den Sumpf gekrochen war und sogar das andere Ufer erreicht hatte. Er grinste, winzige Fältchen furchten sein Gesicht, die kurze Oberlippe hob sich und entblößte große kräftige Zähne. „Darf ich offen reden?"

„Na los, fang schon an!"

„Ich hab also einen Spähtrupp rübergeschickt. Es geht, man kann den Sumpf durchqueren. Aber bei Tage, unter Beschuß, kommt man schlecht vorwärts, da rutscht man von den Bülten ab. Ja, und deshalb hab ich meine Leute dort hingebracht, bevor es hell wurde."

„Wohin?" fragte Troinikow, ebenso erschrocken wie begeistert.

„Da drüben im Schilf liegen sie."

„Wo? Ich sehe nichts!" schrie Troinikow und sah aufgeregt durch den Feldstecher. „Wer sieht was? Schaut doch alle mal hin!"

Er war stolz auf seinen Pristschemichin und wollte ihn vor allen anderen auszeichnen.

Aber durch die Feldstecher war nur das glänzende Band des Flusses zu erkennen und ein undeutliches Hin und Her drüben auf der deutschen Seite. Das diesseitige Ufer war menschenleer. Dort lag der Sumpf mit seinen Bülten und Wasserlachen.

„Ihr Leben ist ihnen lieb, deshalb zeigen sie sich nicht", sagte Pristschemichin schmunzelnd. „Beim

Manöver ist das was anderes, da braucht man sich bloß mal umzudrehen, und schon streckt der eine den Kopf raus, der andere den Hintern. Aber hier ist Krieg, kein Manöver, das wissen sie genau. Seit heute früh liegen sie mit dem Bauch im Wasser. Jeder hat eine doppelte Ration Wodka bei sich, bloß rauchen dürfen sie nicht, das habe ich ihnen streng verboten. Nachher, wenn sie das Dorf genommen haben, können sie rauchen, soviel sie wollen. Meine Hauptfeldwebel haben Anweisung, die Feldküchen unter Dampf zu halten. Gleich, wenn das Dorf genommen ist, müssen die Feldküchen dort sein, noch vor der Artillerie."

Der Kommandeur des Reserveregiments, Kuropatenko, dem man trotz seines kurzen Haarschnitts ansah, daß er rotblond war wie die Sonne im Herbst, konnte sich vor Lachen nicht mehr halten. „Mensch, Pristschemichin, nun mal raus mit der Sprache: Sind deine Jungs vielleicht schon im Dorf?"

„Warum schon im Dorf?" sagte Pristschemichin bescheiden. „Im Sumpf liegen sie. Ich meine folgendes." Er breitete die Karte aus und hob den Zeigefinger.

Pristschemichin war schon im ersten Weltkrieg Soldat gewesen, hatte es vom Zugführer zum Kompaniechef und schließlich zum Regimentskommandeur gebracht und war doch innerlich Soldat geblieben. Alle Offizierslehrgänge, die er besucht hatte, vermochten nichts daran zu ändern, daß er die Lage stets vom Standpunkt des Soldaten beurteilte. „Ich meine: Die Deutschen dort drüben auf der Wiese sind dünn gesät. Ihre Gräben sind nicht tief, wegen des Grundwassers. Zum Schlafen gehen sie ins Dorf, dann halten sie uns bloß noch mit Leuchtraketen in Schach. Nun heißt es schlau sein. Von welcher Seite werden sie uns erwarten? Vom Wald. Der Wald geht bis dicht ans Wasser, dort kann man sich in aller Ruhe formieren. Darum habe ich eine Kompanie im Wald gelassen. Der Kompaniechef ist noch jung, aber tüchtig. Er macht vom Wald aus einen kleinen Scheinangriff, vorsichtig, damit es keine unnötigen Verluste gibt."

Troinikow hörte lächelnd zu. Dann sah er Matwejew an. Der schnaufte vor Neid. Zwischen seinen Brauen standen kleine Schweißperlen.

„Gut, einverstanden!" sagte Troinikow. „Mit einem Bataillon fällst du von hinten in das Dorf ein. Die beiden anderen stürmen vor bis zur Straßenkreuzung. Du besetzt die Höhe +50 und die Straßen und gräbst dich sofort ein. Das ist deine Hauptaufgabe. Auf keinen Fall gehst du weiter als bis zu der Höhe." Er drohte Pristschemichin. „Verstanden? Ich werde bei dir Abendbrot essen, mal sehen, ob deine Feldküchen wirklich so auf Draht sind."

## 4

Bei Tagesanbruch waren die Straßen leer. Alles hatte sich in die Erde verkrochen. Nur die zahllosen Stiefelabdrücke, die Radspuren und die Muster der Raupenketten waren geblieben. Auch das nächtliche Stimmengewirr schien noch in der Luft zu hängen.

Als die Sonne aufging, trocknete der Tau auf den Gräsern und den kalten Stahlplatten der im Walde verborgenen Panzer. Es saß sich gut in den frisch ausgehobenen Schützengräben. Von oben wärmte die Sonne, über die Brustwehr wehte ein trockener Landwind, und im Rücken spürte man die Kühle, die aus der Erde kam. Zwar schmerzten die ausgestreckten überanstrengten, pudschweren Beine, doch der Kopf wurde leicht, es war ein herrliches Gefühl, den erstarrten Körper zu dehnen und zu strecken.

Der Krieg hatte die Freude an diesen einfachen Genüssen nicht vermindert, sondern sogar die Sinne dafür geschärft, und es gab nichts Schöneres, als nach einer so anstrengenden Nacht im Schützengraben zu schlafen. Das Donnern der Geschütze durchdrang den Schlaf, aber man saß mit ausgestreckten Beinen und öffnete nicht einmal die Augen.

Gontscharow streckte sich, verschränkte die Arme hinterm Kopf und gähnte. Dabei sah er Litwak wohlig an. „Siehst du, Borka, da wären wir wieder zusammen."

Borka Litwak, der junge Soldat, den Gontscharow in der Nacht dem fremden Hauptmann entführt hatte, hob den Blick vom Kochgeschirr und lächelte schüchtern und gutmütig. Er war hungrig und aß, als wäre er zu Hause bei seiner Mutter. Er ließ die letzten Tropfen aus dem Kochgeschirr auf den Löffel rinnen, leckte den Löffel ab und steckte ihn nach Soldatenbrauch in den Stiefelschaft. „Was meinst du, werden sie mich hierlassen?"

„Das hängt von dir ab."

„Eure Erbsensuppe schmeckt verteufelt gut."

„Das ist ja auch unsere Spezialität."

Sie waren gleichaltrig und hatten vier Jahre lang dieselbe Schulbank gedrückt. Dennoch wirkte Gontscharow älter und kräftiger. Die Armeezeit hatte ihn verändert, wie alle jungen Menschen. Er hatte sich körperlich entwickelt, seine Schultern waren breiter geworden, und das Bewußtsein, die Verantwortung für andere Menschen zu tragen – für Gleichaltrige und für solche, die sein Vater sein könnten –, hatte seine Züge ernster und männlicher werden lassen. Litwak spürte diese Veränderung, die wie eine unsichtbare Mauer zwischen ihnen stand, und scheute sich, Gontscharow bei seinem Vornamen Jurka zu nennen.

Gontscharow seinerseits behandelte Litwak mit rauher Zärtlichkeit, wie einen jüngeren Bruder. „Hast du dir schon das Rauchen angewöhnt?"

„Jawohl, Genosse Bataillonskommandeur, auch ich bin diesem Laster verfallen", antwortete Litwak forsch, um seine Verlegenheit zu verbergen.

Gontscharow reichte ihm den Tabaksbeutel. Oho, er war aus Gummi und stammte offensichtlich von einem Deutschen. Litwak bekam glänzende Augen vor Neid und Ehrfurcht.

Gontscharow öffnete den Kragen seiner Militärbluse und ließ sich die nackte Brust vom Wind befächeln. Der Tabaksrauch kitzelte ihm die Nase; er wollte die wenigen Minuten auskosten, die er noch vor sich hin dösen durfte, bis der Beobachter das Scherenfernrohr aufgebaut und der Telefonist sein Nickerchen beendet hatte. Borka dagegen gab sich nach dem guten Mittagessen der angenehmen Täuschung hin, der Krieg sei auf unbestimmte Zeit verschoben. Schließlich muß sich der Mensch, wenn er einen Schulfreund wiedergetroffen hat und zu ihm in die Batterie gekommen ist, auch einmal aussprechen.

„Dein bisheriger Hauptfeldwebel ist wohl ein Aktiver, wie, einer auf Zeit?" fragte Gontscharow.

„Woher weißt du das?"

„Das sehe ich sofort." Gontscharow lächelte verschlafen. „Weil er dir die besten Stiefel ausgesucht hat. Ein Paar von den ausrangierten. Damit man schon von weitem sieht: Da kommt ein Intelligenzler. Diese Hauptfeldwebel auf Zeit haben nämlich eine Schwäche für Studenten. Besonders die Historiker haben es ihnen angetan."

„Wenn ich mich nicht irre, wolltest du auch mal Geschichte studieren."

„Ja, das war mal so eine Idee von mir. Doch ich habe es mir noch rechtzeitig überlegt. Wenn alle Geschichte studieren, ist niemand da, sie zu verteidigen, was auch notwendig ist, wie sich herausstellt. Aber wie bist du eigentlich zur Armee gekommen? Du hast doch Krampfadern an den Beinen und bist auf einem Auge stockblind!"

Litwak sah bescheiden zu Boden. „Ach, weißt du, ich habe dem Kriegskommissar eingeredet, daß ich Scharfschütze bin."

„Mehr aufschneiden konntest du wohl nicht?"

„Nein, warum? Er hat es mir geglaubt. Du kennst doch meine Überzeugungskraft. Bloß warum man mich dann zur Artillerie geschickt hat, verstehe ich nicht."

Gontscharow bemühte sich, ihn streng anzusehen. Aber dann hielt er es nicht mehr aus und lachte laut, seine Müdigkeit war wie weggeblasen.

Die Vergangenheit, die noch gar nicht so lange zurücklag, stand plötzlich neben ihnen. Die Zeit hatte schon einen leichten Schleier darübergebreitet und ließ sie ihnen besonders lieb und teuer erscheinen.

„Erinnerst du dich noch an Petka Moskalenko?" fragte Litwak. „Ich war damals auf ihn eifersüchtig, deinetwegen."

„Wo mag er jetzt sein?"

„Keine Ahnung, ich weiß bloß, daß er Mathe und Physik studiert hat."

Ja, Petka Moskalenko. Ein hagerer, hochaufgeschossener Bursche, der größte in der Klasse, mit kleinem Kopf, niedriger Stirn und strahlend blauen Augen. Petkas Mutter war Reinemachefrau im Studentenwohnheim. Wenn sie vor den Ferien in die Schule kam, wartete sie vorm Lehrerzimmer, weil sie sich nicht hineintraute. Und wenn man ihr sagte, daß ihr Sohn ungewöhnlich begabt sei, erschrak sie. „Seien Sie bloß nicht streng mit ihm. Er hat doch keinen Vater, und ich kann ihm nicht helfen."

Ihre Besuche in der Schule waren für Petka Moskalenko eine Qual, er bekam rote Flecken, und am besten sah man ihn dann nicht an.

Jurka Gontscharows Vater hingegen war Architekt. Auf dem Marktplatz standen rings um das Puschkindenkmal altertümliche, gußeiserne Laternen, die er entworfen hatte. Auch die Luftfahrtsschule in der Stadt hatte er gebaut. Die ganze Klasse war hingelaufen, um sich das Gebäude und die Laternen anzusehen. Sie gehörten der Klasse, denn Jurkas Vater hatte sie gebaut.

Gontscharow, der ein guter Sportler war, kam jeden Morgen sauber und adrett, mit blitzblanken Schuhen zur Schule. Er schob die Mappe unter die Bank und verfolgte mit gelangweilter Miene den Unterricht. Sein Banknachbar Petka Moskalenko kaute an seinem Bleistift und löste, die Augen starr auf einen Punkt gerichtet, Differentialgleichungen. In manchen Stunden schwatzten die beiden, bis es dem Lehrer zu bunt wurde. „Gontscharow, wiederholen Sie, was ich eben gesagt habe!"

Auf diesen Moment pflegte die ganze Klasse zu warten wie auf den Beginn einer Vorstellung. Gontscharow klappte seine Bank hoch, stand auf und ging lässig zur Tafel. Dort wandte er sich zur Klasse und wiederholte Wort für Wort, was der Lehrer gesagt hatte. Nach einer kurzen Pause sah er den Lehrer mit seinen hellen Augen erbarmungslos an und begann dann, seine Erzählung mit Einzelheiten auszuschmücken, so daß die ganze Klasse in Begeisterung geriet.

Er und Petka wußten alles, obwohl sie nie Schularbeiten machten. Das gehörte bei ihnen zum guten Ton. Die Schulkameraden versuchten, es ihnen gleichzutun, aber sie fielen damit herein. Die beiden waren nicht nur gute, sie waren ausgezeichnete Schüler, und darum sahen ihnen die Lehrer vieles nach. Und trotzdem, was Petka Moskalenko konnte, das konnte sonst niemand. Sein kurzgeschorener Kopf bewältigte spielend Logarithmen und Differentialgleichungen, die nicht im Lehrplan standen. In drei Monaten lernte er auf Grund einer Wette Englisch. Und nicht nur lesen, sondern auch sprechen.

Man sagt, Eifersucht komme nur in der Liebe vor. Aber auch in der Freundschaft ist stets einer der Erste, und ein anderer wird von Eifersucht geplagt, die wahrscheinlich kaum schwächer ist als die in der Liebe. Borka Litwak war eifersüchtig, doch völlig hoffnungslos, weil er gar nicht beachtet wurde. Gontscharow und Moskalenko waren Freunde, und in dieser Freundschaft war kein Platz für einen dritten. Die Freundschaft fand jedoch in einer Englischstunde ein jähes Ende. Wahrscheinlich hatten die beiden ihr Benehmen auf die Spitze getrieben, oder der Lehrerin war einfach die Geduld gerissen, denn plötzlich schrie sie, außer sich vor Zorn: „Moskalenko!"

Dabei hatte Petka gar nicht geschwatzt. Er hatte sich nur umgedreht und mit seinem Hintermann Schiffversenken gespielt. Er erhob sich würdevoll.

„Sie sollten sich schämen!" sagte die Lehrerin auf englisch. Er war ihr bester Schüler, und sie hoffte auf seine Unterstützung. Petka aber antwortete ihr mit vernichtender Grausamkeit, laut, damit es die ganze Klasse hörte: „Wenn Sie nicht in der Lage sind, Disziplin herzustellen, dann schieben Sie bitte die Schuld nicht auf mich, und schreien Sie mich nicht so an!"

Alle sahen, wie die Lehrerin zu zittern begann, als wolle sie losschreien, aber dann warf sie das Klassenbuch auf den Tisch und stürzte mit Tränen in den Augen hinaus. Es wurde totenstill, und in die Stille hinein sagte Gontscharow: „Was du da eben gemacht hast, war eine Gemeinheit!"

Er saß auf seiner Bank, während Moskalenko noch immer stand.

„Du wirst dich bei ihr entschuldigen!"

Aber nun traten andere Gesetze in Kraft. Die Klasse sah Moskalenko erwartungsvoll an, gespannt, wie sich ihr Idol verhalten würde. Darum brachte Moskalenko nicht den Mut auf, zu tun, was Gontscharow um ihrer Freundschaft willen von ihm verlangte. Da schlug ihn Gontscharow vor aller Augen ins Gesicht. Sie wälzten sich in dem engen Gang zwischen den Bankreihen inmitten der kreischenden Mädchen, und niemand wagte, sie zu trennen. Stärker als sie war nur Schurik Chabarow, der zweifache Sitzenbleiber. Aber Chabarow haßte die beiden abgrundtief, wie nur der Unbegabte den Begabten haßt. Seine Hefte, mit Schönschrift vollgeschrieben, wußte nur die Zeichenlehrerin zu schätzen, die übrigen Lehrer verfielen bei ihrer Durchsicht in hoffnungslose Melancholie. Er stand mit verschränkten Armen und sah zu, wie sich die beiden prügelten. Da warf sich Borka Litwak zwischen sie. Man brachte sie alle drei zum Direktor. Borka fühlte sich als Held. Er war bereit zu büßen, er wollte leiden. Aber der Direktor glaubte nicht an seine Schuld, obwohl er eine blutende Lippe vorzuweisen hatte. Mit Schimpf und Schande mußte Borka das Direktorzimmer wieder verlassen und seinen Klassenkameraden gegenübertreten, die vollzählig vor der Tür warteten.

„Ja, was waren wir doch für Dummköpfe!" sagte Gontscharow und zündete sich eine Zigarette an. „Aber wer weiß, vielleicht war es ganz richtig so."

Er hatte es sich im Schützengraben bequem gemacht, seine kräftigen Schultern waren entspannt, der Schulterriemen hing lose. Die Mütze tief in die Stirn gedrückt, saß er mit dem Rücken zu den Deutschen. Seine Augen, in denen ein Lächeln der Erinnerung lag, spiegelten die Glut der Zigarette. Nur lie zuckenden Wimpern – lange schwarze Mädchenwimpern – waren unverändert und unterstrichen jetzt die männliche Schönheit seines Gesichts.

Kaum jemand hatte ihn damals richtig gekannt. Er war der Sohn eines angesehenen Architekten. Daß er immer sauber und adrett zur Schule kam und von Kindesbeinen an englisch sprach, verwunderte niemand, denn er stammte ja aus einer wohlhabenden und glücklichen Familie. Aber als Borka ihn einmal zum Schlittschuhlaufen abholen wollte, öffnete ihm ein schüchterner, angetrunkener Mann die Tür. „Wollen Sie zu Jurka?" fragte er zuvorkommend. Das „Sie" brachte Borka in Verlegenheit. „Er ist leider nicht zu Hause."

Hinter ihm erschien eine stämmige junge Frau mit grobem Gesicht und blickte argwöhnisch und finster auf Litwak. Der Mann sah sich erschrocken nach ihr um, dann redete er auf Borka ein, als wolle er etwas wiedergutmachen, und selbst auf die Entfernung roch er nach Schnaps.

Das war Gontscharows Vater. Als Jurka erfuhr, daß Litwak bei ihm gewesen war und seinen Vater gesehen hatte, errötete er so heftig, daß ihm Tränen in die Augen traten, und noch lange danach behandelte er Litwak feindselig. Erst später, als er wieder Vertrauen zu ihm gefaßt hatte, zeigte er ihm ein Foto seiner Mutter. Eine blutjunge, sonnengebräunte Frau stand barfuß in ärmelloser Bluse und Satinrock am Strand und hielt ihren kleinen Sohn im Arm. Sie war ganz von Sonnenlicht überflutet und wirkte so glücklich, daß sich Borka Litwak das Herz zusammenkrampfte, denn er wußte, daß sie nicht mehr lebte. Sie hatte als Komsomolsekretärin in einem Werk gearbeitet und war bei einer Explosion ums Leben gekommen. Nach ihrem Tod hatte Jurkas Vater zu trinken begonnen, und die Haushälterin – die stämmige Frau mit dem groben Gesicht – hatte ganz allmählich das Haus und den Vater unter ihre Fuchtel gebracht. Jurka empfand Mitleid mit dem heruntergekommenen, willenlosen und eingeschüchterten Mann, der sein Vater war, doch gleichzeitig verachtete er ihn. Er konnte ihm den Abstieg nicht verzeihen.

Außer Petka Moskalenko und Borka Litwak wußte niemand in der Klasse, daß Jurka Gontscharow, der stets in sauberen Hemden und blanken Schuhen zur Schule kam, seine Wäsche selbst wusch, bügelte und flickte. Seit die fremde Frau die Macht im Haus an sich gerissen hatte, sorgte er für sich selbst. Er haßte sie und verachtete seinen Vater, aber er liebte seine zweijährige Schwester, ein Kind mit lockigem schwarzem Haar, pechschwarzen Augen und roten Bäckchen, eine kleine Tyrannin, die ihn um den Finger wickeln konnte. Als er sie Litwak vorstellte, strahlte er vor Stolz übers ganze Gesicht. Auch Litwak hatte eine Schwester, sie war allerdings älter als er, und er zankte sich oft mit ihr. Er hatte auch einen Bruder. Aber am meisten liebte er Jurka Gontscharow. Und da, ganz plötzlich, ohne ihm ein Wort zu sagen, bewarb sich Jurka an der Militärakademie. Borka litt schweigend an diesem Verrat.

Heute nacht waren sich die beiden Schulfreunde im Gewühl der zur Front marschierenden Truppenteile wiederbegegnet, und nun saßen sie nebeneinander im Schützengräben. An sich selbst merkt niemand, wie die Jahre vergehen. Aus dem Jungen Borka Litwak, der Raufereien und körperlichen Schmerz stets gefürchtet hatte, war ein magerer, sehniger Mann mit spitzem Adamsapfel und tiefer Baßstimme geworden. Mit dieser Baßstimme sagte er jetzt: „Übrigens, ein Wort von dir, und ich hätte damals alles im Stich gelassen und wäre auch zur Akademie gegangen."

Gontscharow sah ihn lächelnd an. Vor Jahren wollten sie beide Geschichte studieren, nicht Mathematik und nicht Physik, sondern Geschichte, wie die meisten in der Klasse. Sie alle lebten in dem Bewußtsein, Zeuge bedeutender Ereignisse zu sein. Mit Spartakus, mit den aufständischen

Sklaven und mit den Helden der Pariser Kommune fühlten sie sich zutiefst verbunden, sie fühlten sich als Erben der Menschheitsgeschichte, in der ihr Volk 1917 ein neues Kapitel aufgeschlagen hatte. Sie waren überzeugt, daß ihnen in den kommenden Klassenkämpfen große Aufgaben zufielen, ihre Kräfte waren beinahe unbegrenzt, dennoch waren sie bereit, als einfache Soldaten der Revolution zu kämpfen.

Gontscharow wußte nicht mehr genau, wie er zu der Erkenntnis gelangt war, daß die Klassenschlachten, auf die sich alle vorbereiteten, nicht in ferner Zukunft lagen, sondern schon begonnen hatten, seit der Faschismus in Deutschland zur Macht gekommen war. Er begriff, daß er noch genug Zeit haben würde, um Geschichte zu studieren; doch wenn er die Geschichte verteidigen wollte, mußte er sofort handeln. Darum war er als einziger aus der ganzen Klasse dorthin gegangen, wo nach seiner Meinung die Frontlinie verlief, zu einer Zeit, als die anderen noch die Schulbänke drückten.

Sie waren sich erst jetzt im Krieg wiederbegegnet, und jeder von ihnen hatte andere Voraussetzungen mitgebracht. Borka Litwak war nur mit seinem Patriotismus bewaffnet in den Krieg gezogen, bereit, als einer unter vielen zu kämpfen. Er hatte sich als Scharfschütze ausgegeben, das sah ihm ähnlich, aber wahrscheinlich wußte er nicht einmal, von welchem Ende der Karabiner 1891/30 geladen wurde. Trotzdem freute sich Gontscharow, daß sie jetzt im Schützengraben nebeneinandersaßen. „Hör mal, Borka", sagte er, „erinnerst du dich noch an Irinka Shdanowa? Du warst doch mal in sie verliebt, allerdings hoffnungslos, wie wir alle wußten."

„Du wirst lachen, ich bin noch immer in sie verliebt, und ob du's glaubst oder nicht, wir haben ein Töchterchen, so groß …, sie heißt auch Irinka. Guck mich nicht so entsetzt an, manchmal glaube ich es selbst nicht. Aber wir haben eine Tochter – daran ist nicht zu rütteln. Wenn ich sie auf dem Arm halte, muß ich wohl oder übel daran glauben."

„Das kommt davon, wenn die besten Männer zur Armee gehen und die hübschen Mädchen in der Heimat zurückbleiben", sagte Gontscharow beinahe feierlich und sah Litwak an, als sei der in seiner Achtung gestiegen. In diesem Augenblick rief ihn der Beobachter ans Scherenfernrohr.

„Genosse Bataillonskommandeur!"

„Wo brennt's denn?" fragte Gontscharow, ohne den Kopf zu wenden.

„Sehen Sie doch mal hier durch, ein tolles Schauspiel!" Der Beobachter verzog seine rauhen, vom Wind ausgetrockneten Lippen zu einem Grinsen.

Gontscharow tat die angerauchte Zigarette leid; mit verkniffenen Augen machte er noch ein paar Züge, trat die Kippe aus und ging zum Scherenfernrohr hinüber. Vorher knöpfte er sich sorgfältig den Rockkragen zu.

Die Beobachtungsstelle lag auf einer kleinen Anhöhe in dichtem Gras. Sie war noch zusätzlich mit Grasbüscheln getarnt, die jetzt in der Sonne welkten. Als Gontscharow das Gerät einstellte, spürte er den Geruch frischen Heus, denn auch das Scherenfernrohr war mit Grasbüscheln behängt.

Am Fuße des Hügels lag ein Weizenfeld, das weiß und seidig im Wind wogte; sanfte Wellen liefen wie Schatten darüber hin. Überall in dem Feld standen in Gräben, Erdlöchern und Mulden Granatwerfer und leichte Geschütze. Die Soldaten hatten sich brusttief eingegraben und liefen im Schutz des Weizens geduckt von Erdloch zu Erdloch. Von der Anhöhe oben sah Gontscharow ihre Rücken. Weiter vorn, nahe dem Feldrain, zogen sich Schützengräben hin – die vorderste Linie. Dort saß die Infanterie. Davor kam eine leere Fläche mit einzelnen Büschen, in denen schon Deutsche steckten. Es war sonderbar und ungewohnt, sich vorzustellen, daß der grüne Streifen hinter dem Gebüsch, der schilfige Sumpf mit den vielen Tümpeln, der Fluß, die sanft ansteigende Uferwiese und das Dörfchen jetzt den Deutschen gehörten.

Noch bevor Gontscharow diese Einzelheiten erfaßte, sah er, was der Beobachter gemeint hatte. Hinter den schwarzen Teilstrichen des Fadenkreuzes erkannte er die hellglänzende Wasserfläche und die Köpfe badender deutscher Soldaten. Andere Soldaten in Stiefeln und Turnhosen kamen aus dem Dorf zum Fluß gelaufen. Einer von ihnen wedelte im Laufen mit dem Handtuch, ein zweiter zog sich am Ufer, auf einem Bein hüpfend, die Hose aus. Im Scherenfernrohr sah Gontscharow groß, nah und deutlich ihre weißen Körper auf der grünen Wiese. Auch im Wasser planschten und hüpften nasse weiße Leiber. Es waren Deutsche, aber Gontscharow fühlte, während er ihnen zusah, keinen Haß in sich aufsteigen. Es war früh am Morgen, dort in der Niederung am Fluß war das Gras sicherlich noch naß, und sie liefen durch das nasse Gras und tollten umher wie Kinder, als gäbe es keinen Krieg, als wären sie Jungen aus dem Dorf, die vor dem Frühstück im Fluß badeten.

Als Gontscharow den Blick vom Scherenfernrohr hob, sah er, daß der Beobachter genauso empfand, denn er lächelte verlegen, fast ein wenig schuldbewußt. Gontscharow ließ seine Miene vereisen.

„Na los, gib das weiter an die Batterie!" befahl er dem Telefonisten. Er sah, daß sich Borka Litwak schnell umdrehte, als wolle er etwas entgegnen, aber da rauschte schon die erste Granate über sie hinweg, detonierte im Fluß und schleuderte eine Wassersäule empor. Sekundenlang waren die Köpfe im Schilf verschwunden, dann ging das Geplansche von neuem los. Die Deutschen spielten mit der Gefahr, als wüßten sie nicht, daß dieses Spiel schlimm enden konnte. Eine zweite Granate krepierte unmittelbar am Ufer. Da erst sprangen sie aus dem Wasser, nahmen ihre Sachen und liefen in Scharen über die Wiese zum Dorf. Wären sie dort angekommen, so hätten sie sich außer Atem und hungrig über das Frühstück gestürzt und einander lachend erzählt, wie die Russen sie beim Baden beschossen hatten – ein lustiges Kriegserlebnis.

„Batterie, drei Schuß Gruppenfeuer!“ schrie Gontscharow, von wildem Eifer gepackt, und als er sich wieder zum Scherenfernrohr hinabbeugte, hörte er schon das Rauschen der Granaten über sich.

Die grüne Wiese spritzte vor den Deutschen auf, dann hinter ihnen, dann zu beiden Seiten, bis alles in Rauch und Gedröhn unterging. Sogar hier bei der B-Stelle bebte und zitterte die Erde, und Sand rieselte in den Schützengraben.

Das Dröhnen verstummte, und der Wind, der vom Fluß kam, trug den Qualm mit sich fort. Zwischen den dunklen Granattrichtern lagen zwei Deutsche, weißschimmernd im satten Grün der Wiese; der eine hatte nichts an als seine Stiefel.

Gontscharow wandte sich vom Scherenfernrohr ab. Litwak neben ihm hatte den Feldstecher sinken lassen.

„So muß man mit ihnen umgehen!“ sagte Gontscharow, und seine Stimme klang heiser. „Oder was denkst du?“

Litwak senkte den Blick. Beide fühlten, daß etwas zwischen sie getreten war.

Als Gontscharow spät am Abend mit dem Scherenfernrohr neue Ziele suchte, wanderten seine Blicke und seine Gedanken immer wieder zu den beiden Deutschen hinüber, die im Schein der untergehenden Sonne auf der kühlen grünen Wiese lagen.

# 5

Die Sonne versank hinter dem Wald jenseits des Dorfes. Graue, vom Gegenlicht erhellte Wolken zogen ihr nach, wie Rauch einem offenen Feuerloch zustrebt. Über das Getreidefeld und die Schützengräben liefen dunkle Schatten, die den Glanz auf den Geschützrohren und den Stahlhelmen löschten. Sie zogen über die Frontlinie, über den Fluß und dann ins Hinterland des Feindes.

Jetzt waren es nicht mehr Stunden, sondern nur noch Minuten, die den Soldaten bis zum Angriffssignal blieben, und diese wenigen Minuten ihres Lebens reichten gerade aus, um eine letzte selbstgedrehte Zigarette zu genießen. Tausende Münder sogen hastig den Rauch ein, Tausende Augenpaare blickten gebannt über den Rand des Schützengrabens nach vorn, dorthin, wohin nur die Wolken ungehindert ziehen durften.

Jenseits des Flusses bewegten sich die Deutschen wie zu Hause. Aus den Schornsteinen und den Feldküchen stieg leichter Rauch auf.

Drei Messerschmitt zogen über dem Feld eine Schleife, dann bohrten sie sich mit dröhnenden Motoren in das Rot der untergehenden Sonne, drei blaßrote Streifen blieben am Himmel zurück.

Es kam der Augenblick, in dem die Soldaten alles wie mit einem letzten Atemzug in sich aufnahmen – den Abend, die verglühende Sonne, die Luft über den Feldern und die geliebte Erde, von der sie sich in wenigen Minuten losreißen mußten. Plötzlich stieg eine Leuchtkugel zum Himmel auf und machte diesem köstlichen Augenblick ein Ende. Ein Leutnant sprang aus dem Schützengraben. Seine winzige Gestalt hob sich im Widerschein der untergehenden Sonne deutlich ab, Troinikow konnte ihn von der B-Stelle aus klar erkennen. Der Leutnant wandte sich um und schrie mit erhobenem Arm Befehle, die aber auf die Entfernung nicht zu hören waren. Aus allen Schützengräben sprangen Soldaten, der Leutnant verschwand in der Menge.

Die Soldaten liefen in ihren hellen Sommeruniformen über das Feld, ihr vielstimmiger Schrei klang erst später herüber. In einer breiten, vielfach durchbrochenen Kette stürmten sie durch das flache Tal. Einzelne Soldaten, die zu spät aus den Gräben gesprungen waren, liefen ihnen nach, suchten sie einzuholen. Das eben noch leere Tal war mit einemmal voller Menschen. Sie alle strömten auf die deutschen Schützengräben zu.

Troinikow sah, wie die Deutschen halbnackt und in Turnhosen aus dem Ufergebüsch sprangen und in den Gräben verschwanden, wie sie hastig ihre Stahlhelme aufstülpten und die Uniformen auf den nackten Körper zogen. Obwohl sie überrumpelt wurden, reagierten sie wie Einzelteile eines präzise arbeitenden Mechanismus, der nur eine kurze Anlaufzeit braucht. Und schon schlugen den angreifenden Soldaten die ersten Feuerstöße eines MG entgegen.

Das Knattern des Maschinengewehrs mischte sich in den Hurraschrei der Soldaten und war anfangs kaum zu hören, doch dann schwoll es immer stärker an. Von allen Seiten setzte MG-Feuer ein, die Schützenkette begann zu wanken, als müßte sie gegen heftigen Wind anstürmen. Die Soldaten ließen sich fallen, krochen Stück für Stück weiter, und schon stiegen überall auf dem Feld kleine Staubwölkchen auf – die Infanterie grub sich ein.

Weiter rechts aber hatte die Welle der Angreifer schon die deutschen Stellungen überflutet. Dort war jetzt, unsichtbar und lautlos, ein schrecklicher Nahkampf entbrannt. In der Mitte dagegen, im Schutz der Büsche, hämmerte ununterbrochen das deutsche MG. Ein baumlanger Deutscher lief geduckt darauf zu, sein Kopf tauchte im Schützengraben auf und verschwand wieder.

Das Feld war vom MG-Feuer wie leergefegt. Die ersten Wurfgranaten krepierten. Rötliche Rauchschwaden zogen mit dem Wind davon.

Im Ausschnitt des Feldstechers tauchten vier Soldaten auf. Sie krochen durch das hohe Gras auf das deutsche MG zu. Zwei andere rannten gebückt den Hang hinunter und zogen ein Maschinengewehr hinter sich her. Noch im Laufen brachten sie es in Stellung, dann ließen sie sich mit gespreizten Beinen ins Gras fallen, und schon fuhr der erste Feuerstoß über die Rücken und Köpfe der vier angreifenden Soldaten hinweg ins Gebüsch.

„Sperrfeuer!“ schrie Troinikow dem Artilleriekommandeur zu und zeigte hinter den Fluß. Drei deutsche Artilleriegespanne rasten in vollem Galopp aus dem Dorf zum Fluß, und den Hang herunter stürmte deutsche Infanterie. „Wo hast du deine Augen!“

Der Artilleriekommandeur, ein junger Mann mit gestutztem Schnurrbart, sah gelassen durch den Feldstecher. Im selben Augenblick deckten mehrere Granaten die deutsche Infanterie ein, und ein Volltreffer schleuderte die galoppierenden Pferde beiseite.

„Saubere Arbeit!“ schrie der Artilleriekommandeur mit blitzenden Augen ins Telefon und schob sich die Mütze in den Nacken.

Aber Troinikow sah ihn streng an. „Setz lieber die MGs außer Gefecht!“

Über der Infanterie, die sich eingegraben hatte, tobte das Artilleriegefecht. Dennoch ging die Sonne wie alle Tage hinter dem Wald unter, nicht langsamer und nicht schneller. Im Gegenlicht war das Tal von rötlichem Qualm überflutet, das Gras und der Fluß glänzten, und wenn die winzigen gekrümmten Gestalten auf dem Feld aufsprangen und ein Stück weiterrannten, liefen lange schräge Schatten mit. Die Angriffswelle, deren einer Flügel die deutschen Schützengräben erreicht hatte, ging wieder vor, einzelne Soldaten stürmten ihr nach, die übrigen suchten vor dem Beschuß Deckung.

Troinikow zog gierig an seiner Zigarette und beobachtete, ohne das Glas auch nur ein einziges Mal abzusetzen, den linken Flügel. Dort fiel jetzt die Entscheidung. Pristschemichins Regiment erhob sich aus seinem Schilfversteck, um den Fluß zu überqueren. Naß und zitternd vor Kälte krochen die Soldaten aus dem Sumpf und sprangen in das ruhige, von der Abendsonne beleuchtete Wasser. Schwimmend und watend, das Gewehr überm

Kopf erhoben, kämpften sie gegen die Strömung an. Winzig und dunkel trieben ihre Köpfe und Arme schaukelnd auf der schaumbedeckten, aufgewühlten Oberfläche des Flusses. Die deutschen MGs am Wiesenufer wollten sie abschießen – das Wasser spritzte überall auf –, aber schon bald wurden sie zum Schweigen gebracht. In ihren triefenden Uniformen liefen Pristschemichins Soldaten mit Hurrarufen über die Wiese. Das Feuer der deutschen Artillerie kam zu spät. Nur vereinzelt stiegen von der Abendsonne rötlich gefärbte Rauchwolken auf. Der Wind drückte sie zu Boden und trieb sie die Anhöhe hinauf. Die Infanterie lief ihnen nach und suchte das Dorf von der Flanke her zu umgehen.

Troinikow hatte sich die Kartentasche als Schreibunterlage aufs Knie gelegt und kritzelte eine Nachricht für Pristschemichin auf einen Zettel, ab und zu schaute er durchs Fernglas. Am Horizont, unter den Strahlen der untergehenden Sonne, galoppierte ein einzelnes Artilleriegespann. Dahinter stieg lautlos eine Rauchfahne auf. Daneben! dachte Troinikow mit Bedauern. Er faltete den Zettel und übergab ihn dem Melder. „Tempo!“

Noch war die Infanterie nicht ins Dorf eingedrungen, aber der Umschwung hatte sich schon vollzogen. Pristschemichin mußte jetzt, wenn er den günstigen Augenblick nicht verpassen wollte, unverzüglich die Straßenkreuzung hinterm Dorf besetzen und die zurückflutenden Deutschen abfangen. Es genügte, wenn er für den Kampf um das Dorf ein Bataillon zurückließ.

Da geschah etwas Unvorhergesehenes. Matwejews Regiment, das vor dem Beschuß Deckung gesucht hatte, ging plötzlich zum Angriff über. Die Soldaten sprangen auf, erst Züge, dann Kompanien, stürmten unter Hurrarufen voran, fielen zu Boden und sprangen wieder auf, von einer unbegreiflichen Kraft getrieben. Troinikow war so überrascht, daß er einen Augenblick begeistert zusah, wie sie voranstürmten, aufrecht, stolz, ohne Furcht vor den Kugeln. Plötzlich aber erfaßte ihn Unruhe. Er wußte nicht, was dort vorging, doch es war schrecklich, zuzusehen, wie die Soldaten den MGs entgegenliefen.

Mit bleichem, wutverzerrtem Gesicht riß er den Telefonhörer von der Gabel, aber der Telefonist am anderen Ende der Leitung, im Regimentsgefechtsstand, sagte ihm, der Regimentskommandeur Matwejew sei unter den kämpfenden Soldaten. Während Troinikows Melder im Kugelregen dort hinliefen, ging das sinnlose Gemetzel weiter.

Was war geschehen? Von seinem Gefechtsstand aus hatte Matwejew zwar nicht gleich gesehen, daß Pristschemichins Regiment das Dorf umging, doch hatte er plötzlich gefühlt, daß die Deutschen unsicher wurden. Ihre Infanterie, die zu den Schützengräben lief, geriet ohne ersichtlichen Grund ins Wanken. Eilig drehte sie ihre Geschütze um. Aus dem Dorf sprengten einige Gespanne auf die Wiese und brachten alles durcheinander. Erst danach tauchte am Horizont hinterm Dorf die dünne Kette der Angreifer auf. Zierlich und schwarz im Licht der schrägen Sonnenstrahlen, zogen die winzigen Gestalten leicht vorgebeugt über den Hügelkamm, wie Ziele auf dem Schießstand. Sie wurden auch beschossen, aber sie bewegten sich weiter, als wären sie gegen Kugeln gefeit.

Als Matwejew das alles sah, als er fühlte, daß die Deutschen unsicher wurden, überfielen ihn brennende Freude und Angst. Angst, daß die Deutschen entkommen konnten. Dasselbe Gefühl hatte auch seine Leute ergriffen, die auf offenem Feld in Deckung gegangen waren. Nur ein Sturmangriff, und sie würden die Deutschen auf ihren Bajonetten haben. Sie alle beseelte bloß noch ein Wunsch, der Wunsch, sich zu rächen, für die Verwundeten, für die Gefallenen, für alle, die auf dem Feld liegengeblieben waren. Und Matwejew gab den Befehl, den seine Soldaten von ihm erwarteten: „Vorwärts!"

Kommissar Kornijenko packte ihn am Arm, sie standen sich gegenüber, Auge in Auge. „Wohin! Auf die MGs los? Bist du wahnsinnig?" Sein kantiges braunes Gesicht wurde bleich.

„Weg!" schrie Matwejew wutentbrannt, dabei fiel sein Blick auf seinen Adjutanten.

Der sah ihn mit fanatischer Begeisterung an. Matwejew hatte das Gefühl, daß er jetzt das Außergewöhnliche tun mußte, das alle von ihm erwarteten. Er stieß Kornijenko von sich und riß die Pistole heraus. „Ich selbst führe die Infanterie in den Kampf!"

Mit erhobener Pistole stürmte er, ein zorniger Riese, über das Feld. Er würde das Dorf nehmen! Nicht Pristschemichin, sondern er, der so viele

Leute auf diesem Feld gelassen hatte. „Vorwä-ärts!“

Die trockene Luft benahm ihm den Atem. Durch einen Tränenschleier sah er die Welt regenbogenfarben, zerhackt in Sternbilder. Und mit ihm, neben ihm, ein einziger Schrei, ein einziger Atemzug, stürmte sein Regiment über die rötlich schimmernde, nebelverhangene Ebene.

„Vorwä-ärts!“

Er lief allen voran mit weit geöffnetem Mund, doch plötzlich spürte er, daß die innere Verbindung zu seinen Leuten abgerissen war. Wütend drehte er sich um. Über das ganze Feld verstreut lagen seine Soldaten, Tote und Lebende. Nur der Adjutant lief auf ihn zu, todblaß im Gesicht, stolpernd, gekrümmt, die eine Hand an die Hüfte gepreßt.

Matwejew wollte es nicht wahrhaben, wollte die Hoffnung nicht aufgeben, aber schon fühlte er die Schande auf sich zukommen, erkannte er das Ausmaß der Katastrophe, die durch nichts wiedergutzumachen war. Er hätte schreien, schießen, um sich schlagen mögen, und so versuchte er noch einmal, die Soldaten aus ihrer Deckung hochzureißen. Ein Soldat neben ihm kratzte mit dem Stahlhelm, mit den Fingernägeln die Erde auf – er wollte sich eingraben. Matwejew gab ihm einen Fußtritt. Der Soldat sprang auf, einige andere folgten seinem Beispiel. Nur eines konnte jetzt noch die Opfer, das Blutvergießen, den Tod rechtfertigen – der Sieg. Da war das Dorf, da war es, ganz nahe … Und Matwejew trieb mit Hurraschreien, mit Signalschüssen die Soldaten in den Kampf. Aus nächster Nähe zielten die ratternden MGs auf seine Brust, auf seinen Leib.

Die völlig verstörten Deutschen, die schon ihre Stellungen verlassen und die Flucht ergreifen wollten, bevor sich der Kessel schloß, sahen plötzlich die angreifende Infanterie auf sich zukommen. Das war der Tod. Vor ihm gab es kein Entrinnen, er hätte sie im offenen Feld eingeholt. Und so taten sie das einzige, was sie noch tun konnten, was ihnen Angst und Lebenswille eingaben: Sie blieben in ihren Gräben und empfingen die Infanterie mit gezieltem MG- und MPi-Feuer.

Auf dem schmalen Streifen der Flußniederung, auf dem jedes Jahr nach dem Hochwasser die Gänse weideten, setzte die Infanterie ein drittes Mal zum Angriff an. Ein drittes Mal führte Matwejew sein Regiment zum Sturm auf die MGs. Und die Kugel, die er sich wünschte, die er flehentlich herbeisehnte, wissend, daß es für ihn weder Verzeihen noch Gnade gab, diese Kugel, die an so vielen nicht vorbeigeflogen war, hatte schließlich ein Einsehen und traf auch ihn.

## 6

Etwa dreißig deutsche Gefangene standen zusammengedrängt auf der Dorfstraße, umringt von neugierigen Rotarmisten. Immer neue kamen hinzu, um sich die Deutschen anzusehen. Die fremden Gestalten in ihren rauchgrauen Baumwolluniformen mit den mattglänzenden Aluminiumknöpfen, in ihren kurzschäftigen Stiefeln, die aussahen, als seien sie zu klein geraten, mit ihren riesigen Schirmmützen und hohen Käppis boten einen zu ungewöhnlichen Anblick. Die Deutschen blickten unruhig, einige auch ängstlich um sich und suchten krampfhaft alles zu vermeiden, was Aufmerksamkeit erregen konnte. Sie verbargen ihre Hände, in denen sie noch vor kurzem Maschinenpistolen gehalten und auf diese Rotarmisten geschossen hatten, von denen jetzt ihr Leben abhing. Gontscharow sah, wie sich der eine Deutsche bückte und heimlich das flache MPi-Magazin wegwarf, das noch immer in seinem Stiefelschaft steckte. Sein Nachbar, bei dem es niederfiel, stieß es erschrokken von sich.

Gontscharow hatte bisher nur einzelne Gefangene gesehen, die sorgfältig bewacht wurden. Vor ihrem Abtransport war ihnen genug Zeit geblieben, um sich zu besinnen, eine Zigarette zu rauchen und zu begreifen, daß ihrem Leben keine unmittelbare Gefahr drohte, und sie hatten sich dreist benommen. Diese hier dagegen kamen direkt aus dem Kampf. Außer Atem, staubig und verschwitzt, mit Augen, die noch vor Erregung glühten, standen sie auf der Dorfstraße. Ein leichter Schauer überlief Gontscharow, als er ihnen neugierig in die Gesichter sah. Ihm zunächst stand ein Offizier, klein und rund wie ein Faß, mit einer hohen Schirmmütze, knielangen Chromlederstiefeln und einem Kneifer auf der Nase. Die rechteckigen, zitternden Gläser blitzten wie Scheinwerfer. Mit seinen fröhlich-naiven Froschaugen schaute er sich um, fest überzeugt, daß es für die Russen nichts Interessanteres gab als einen deutschen Offizier. Er ließ sich gern von ihnen bewundern. Mit leicht angewinkelten Ellenbogen drehte und wendete er sich, als sollte er fotografiert werden. Das rasierte Kinn und die rasierten Schläfen unter der Mütze glänzten, und Gontscharow spürte den Geruch von Kölnischwasser und Schweiß. Nach Kölnischwasser und Schweiß roch der Feldwebel, der vor ihm stand, aber in seinem Unterbewußtsein verband sich der Geruch so sehr mit dem Bild des geschniegelten, glattrasierten Offiziers, daß ihm das harmlose Eau de Cologne, das er selbst schon öfter benutzt hatte, als ein Spezifikum der Deutschen vorkam und ihm beinahe übel wurde.

Neben dem deutschen Offizier stand ein hochaufgeschossener junger Soldat mit staubigem hellblondem Haar. Er preßte das Taschentuch an seinen blutenden Mund und betrachtete es dann mit leerem Blick. Schwer atmend leckte er sich das Blut von den Zähnen. Und noch ein Deutscher fiel Gontscharow auf. Es war der Soldat, der das MPi-Magazin mit dem Stiefel von sich gestoßen hatte. Er lächelte unsicher und nervös. Das Magazin war nicht weit genug geflogen, es lag deutlich sichtbar im Staub, und das beunruhigte ihn.

Verwirrt stellte Gontscharow fest, daß sich Mitleid in ihm regte. Alles war anders, als er es sich vorgestellt hatte. Der Deutsche hatte geschossen und vielleicht Rotarmisten getötet, und trotzdem fühlte er Mitleid mit ihm. Auf den Gesichtern der Soldaten hinter ihm zeichneten sich ähnliche Gefühle ab, eher Neugier als Haß.

Die Rotarmisten gehörten zu Pristschemichins Regiment, das das Dorf umgangen und eingenommen hatte. Sie waren so schnell vorgedrungen, daß sich die Deutschen nicht mehr verteidigen konnten. Das Regiment hatte fast keine Verluste erlitten, und die Beute und die Gefangenen gehörten ihm. Deshalb betrachteten sie die Gefangenen nicht mit Erbitterung, sondern mit der Großmut des Siegers.

„Platz da!“ rief es von weitem. Die Deutschen drängten sich noch enger zusammen, aus Furcht, es könne ihnen jetzt an den Kragen gehen.

„Platz da!“ rief ein Rotarmist. Mit noch einem Gefangenen bahnte er sich einen Weg durch die Menge. „Ich bring hier die Hauptperson. Weg da!“

Die Rotarmisten traten beiseite und sahen sich grinsend um, gespannt auf den Spaß, der da kommen sollte. Der Deutsche war alt, runzlig und trug eine Brille. Er verstand nicht, was der Russe sagte, aber er fühlte, daß man über ihn lachte. Also würde man ihn am Leben lassen. Er nahm das Lächeln auf den Gesichtern der Russen gierig in sich auf und lächelte unterwürfig zurück, bereit, den Clown zu spielen.

Inzwischen aber traten immer mehr Soldaten aus Matwejews Regiment hinzu, die den Sturmangriff auf das Dorf mitgemacht hatten, und die Stimmung änderte sich. Sie waren noch erregt vom Kampf, und ihre Wunden, die sie in der Aufregung vergessen hatten, begannen zu schmerzen. Mit blutunterlaufenen, haßerfüllten Augen starrten sie die Deutschen an, und die Witze verstummten.

Es war noch hell; aus einer Wolke, die tief über dem Dorf hing, fielen große, schwere Regentropfen, klatschten auf die Feldblusen der Russen, auf ihre erhitzten Körper, sanken tief in den Straßenstaub ein und sprenkelten die grauen Uniformen der Deutschen. In der wachsenden Menge der Rotarmisten nahm sich das eng zusammengedrängte Häufchen der deutschen Soldaten immer kleiner aus. Noch hielten sich Haß und Mitleid die Waage. Da schob ein junger Leutnant der Infanterie die vor ihm stehenden Soldaten beiseite und ging auf den Deutschen zu, der vorhin das MPi-Magazin von sich gestoßen hatte. Rot vor Verlegenheit, mit jungenhaft gerunzelter Stirn fragte er ihn auf deutsch: „Bist du Bauer?"

„Nein, nein." Der Deutsche schüttelte erschrokken den Kopf.

„Lehrer?"

„Nein!"

„Arbeiter?"

„O ja, ja!"

Da faßte der Leutnant den Deutschen am Arm, drehte ihn um und wies auf das Magazin, das halb verdeckt von den Beinen der anderen im Staub lag. „Deins?"

Der Deutsche wehrte heftig ab.

„Warum hast du, ein Arbeiter, auf die da geschossen?" Der Leutnant zeigte auf die Rotarmisten, als wollte er sie zählen. „Alles Arbeiter! Verstehn? Und du hast auf sie geschossen!"

Er sagte, was man ihm in der Schule beigebracht hatte – Worte, die er für so heilig hielt, daß sie dem Deutschen die Schamröte ins Gesicht treiben mußten. Aber seltsam, Gontscharow, der früher genauso gedacht hatte, schämte sich jetzt für den Leutnant.

„Was sagt er? Was sagt er da?" erkundigten sich die Soldaten neben Gontscharow. Allmählich erfaßten sie den Sinn der Worte, begriffen, daß der Leutnant den Deutschen beschämen wollte. Die Mauer, die zwischen ihnen und den Deutschen stand, war damit durchbrochen, sie traten näher heran, umringten die Deutschen, spalteten sie in kleine Grüppchen. Einem Deutschen boten sie Machorka an, und als er nach dem ersten Zug hustete, hielten sie sich die Seiten vor Lachen. „Der kann unseren Machorka nicht vertragen!"

Sie zwinkerten einander verständnisvoll zu und schienen zu vergessen, daß ein Teil ihrer russischen Heimat bereits den Deutschen gehörte.

„Sieh doch, jetzt kommt ihm der Rauch schon aus den Ohren! Tja, das ist nichts für ihn!"

Aus einer anderen Gruppe rief jemand: „Jungs, wer kann Deutsch? Hier erzählt einer was Spannendes!"

Nur wo der Offizier stand, war es still. Die Soldaten umringten ihn schweigend. Sie standen und starrten ihn an. Und er mit seinem Kneifer und seinen naiven Froschaugen sagte jedesmal, wenn ein neuer Soldat in den Kreis trat: „Einer eurer Soldaten hat mir meine Tasche weggenommen. Darin waren ein Paar neue Ledersohlen, ein gutes Rasiermesser, sechs Schachteln Zigaretten und Briefe von meiner Frau."

Die Rotarmisten verstanden kein Wort, trotzdem sahen sie ihn neugierig an, als sei allein die Tatsache, daß er sprach, bemerkenswert. Es belustigte sie, daß er immer wieder dasselbe sagte.

Als er in Gontscharow den Offizier erkannte, wiederholte er: „Einer Ihrer Soldaten hat mir meine Tasche weggenommen. Darin waren ein Paar neue Ledersohlen, ein gutes Rasiermesser, sechs Schachteln Zigaretten und Briefe von meiner Frau." Mit der nötigen Schärfe fügte er hinzu: „Ich verlange, daß man mir die Sachen zurückgibt und den Schuldigen exemplarisch bestraft!"

Gontscharow sah ihn schweigend an. Der Offizier wiederholte sein Gefasel, die Rotarmisten lachten. „Wie aufgezogen. Alle fünf Minuten legt er los."

Plötzlich ging ein Ruck durch die Menge, alle drehten sich um, traten beiseite, sogar die Deutschen drängten sich unwillkürlich dichter zusammen. Auf der Straße tauchte der offene Wagen des Korpskommandeurs auf. Die Soldaten machten ihm Platz, ihre Gesichter nahmen einen korrekten, militärischen Ausdruck an, der nichts weiter besagte, als daß sie ihre Vorgesetzten kannten. Sobald Vorgesetzte erschienen, wurden sie nicht an Erfolge, sondern an Versäumnisse und Unterlassungssünden erinnert.

Der Wagen hielt vor den Gefangenen. Ganz von

selbst bildete sich in der Menge ein schnurgerader Durchgang von der geöffneten Wagentür zu den Deutschen. General Stscherbatow betrachtete die Gefangenen, ohne auszusteigen, unter halbgesenkten Lidern, schweigend, ohne Neugier, ohne Anteilnahme. Sein Blick drückte etwas anderes aus. Stille trat ein, man hörte, wie in der Dämmerung die Regentropfen auf die riesigen Schirme der deutschen Militärmützen klatschten. Es störte den General nicht, daß ihn so viele Menschen ansahen. Nur der Leutnant machte eine Ausnahme. Er hielt den Blick gesenkt und stand in angstvoller Erwartung da.

„So wird es allen ergehen", sagte Stscherbatow, an die Deutschen gewandt, überzeugt, daß sie ihn auch ohne Dolmetscher verstehen würden, „so wird es jedem von euch ergehen. Und wer sich auf unserer Erde nicht ergibt, den werden wir in die Erde stampfen."

In den Rotarmisten ging eine plötzliche Wandlung vor sich. Eben noch ganz anders gestimmt, fühlten sie jetzt mit Freude und voller Verachtung für die Deutschen, daß der General aussprach, was sie alle bewegte. Auch Gontscharow fühlte das. An den Worten des Generals war nichts Besonderes, aber sie beseitigten viele seiner Zweifel. Flüchtig bemerkte er den Leutnant, der mit Begeisterung, Stolz und grenzenloser Bewunderung dem Wagen des Generals nachsah. Gontscharow wußte nicht, daß dieser Leutnant der Sohn des Generals war – Andrej Stscherbatow.

# 7

Mitten in der Nacht erwachte Gontscharow vor Kälte. Durch die Löcher im Scheunendach schien der Mond, und neblige Streifen teilten den leeren Raum. Von der Straße klangen Mädchenlachen, Gesang und Soldatenstimmen herein, begleitet von den Klängen eines Akkordeons; in weiter Ferne, hinter dem Wald, knallten vereinzelte Schüsse. Als sie dieses Dorf eroberten, war es schon dämmrig gewesen. Sie hatten es von zwei Seiten gestürmt, und die Deutschen, die noch am Leben waren, hatten die Flucht ergriffen. Einige hatten sich in Kellern, Gärten und Sonnenblumenfeldern versteckt, und als man sie abführte, waren die Dorfbewohner über sie hergefallen, hatten auf sie eingeschlagen, sie mit Erdklumpen beworfen und ihnen ins Gesicht gespien. Die Rotarmisten, ob sie wollten oder nicht, hatten die Gefangenen schützen müssen.

Gontscharow gähnte und rekelte sich im Heu.

„Hallo, ist da jemand?"

Im offenen Scheunentor, vom Mondlicht beschienen, saß auf einem Futterkasten ein Mädchen in Uniform und kämmte sich das Haar. Im ersten Augenblick glaubte Gontscharow, ihr Haar, das im Mondlicht glänzte, sei naß vom Baden. Er warf sich den Mantel über die Schultern und ging auf das Mädchen zu.

„Oh, Genosse Oberleutnant, haben Sie mich erschreckt! Es hat mir richtig die Stimme verschlagen", sagte sie kokett und rückte beiseite, um ihm Platz zu machen.

Gontscharow setzte sich auf den rauhen, von den Pferden zernagten Rand des Kastens, in dem noch Heureste lagen, und zog sich den Mantel fester um die Schultern. Er zündete sich eine Zigarette an und betrachtete das Mädchen neugierig von der Seite. Sie war stämmig und kräftig, wie alle Mädchen, die schon in früher Jugend schwere körperliche Arbeit verrichten müssen. Er war solchen Mädchen bei Erdarbeiten, auf Baustellen und beim Straßenbau begegnet. Sie ernährten sich von Brot, Zwiebeln, Kartoffeln und Milch, wenn es ein Dorf in der Nähe gab, und waren gesund, wohlgenährt und fröhlich.

Sie flocht ihre kurzen dünnen Zöpfe und steckte sie im Nacken fest. Ihre Ohren waren unbedeckt, und Gontscharow überkam bei ihrem Anblick ein Gefühl der Rührung.

Durch das schiefhängende Scheunentor schien der Mond. Sie saßen ganz von seinem Licht überflutet. Nach dem Regen war es draußen naß und frisch, und die Kriegsnacht mit ihren Gefahren lag vor ihnen. Gontscharow hatte das Gefühl, alles, was hier geschah, schon zu kennen, vielleicht aus einem Lied. Auch im Lied war es Nacht, war es still, und in der Ferne krachten Schüsse. Und neben dem Soldaten saß ein Mädchen in Uniform.

„Warum sind Sie allein? Die anderen gehen alle mit den Dorfmädchen spazieren“, sagte sie und zuckte die Schultern aus Verachtung für die Mädchen, die nicht im Krieg waren.

Sie tat ihm leid. Sanft legte er den Arm um sie.

„Was soll das, Genosse Oberleutnant, was erlauben Sie sich?“ Sie tat entrüstet und machte schwache Versuche, ihn abzuwehren.

Gontscharow schloß die Augen und streichelte ihr Gesicht. Eine grenzenlose Zärtlichkeit erfaßte ihn und raubte ihm den Atem. Er nahm sie in die Arme und wiegte sie auf den Knien wie ein Kind, in seinem Kopf drehte sich alles. Und sie lachte gepreßt, verlegen, verschämt. Ihre Lippen waren rauh, sie öffnete sie ungeschickt, und als er sie küßte, fühlte er ihre zusammengepreßten feuchten, kalten Zähne.

Doch dann auf einmal wurde ihr Gesicht mit den festgeschlossenen bebenden Augenlidern weit, blendend, unerträglich schön, so schön, daß ihm das Herz stockte. Und noch lange danach lagen sie nebeneinander im Heu. Sie ruhte in seinen Armen, alles ringsum schien zu schwanken, die Geräusche kamen aus weiter Ferne.

„Ich dachte schon, du würdest mich gar nicht beachten“, sagte sie, und ihr heißer Atem streifte seinen Hals. Er hatte die Militärbluse aufgeknöpft; sie streichelte mit ihren rauhen Fingern zärtlich seine Brust. Er versuchte angestrengt, sich an ihren Namen zu erinnern. Wie hieß sie? Anja? Ljuba? Es war ihm peinlich, und er fühlte eine noch größere Zärtlichkeit für sie.

„Du bist ja richtig in Schweiß geraten.“ Sie lachte verschämt und dankbar. Ihre Hände waren heiß. „Du hast breite, kräftige Schultern. Aber du bist nicht grob zu den Mädchen.“

Mit geschlossenen Augen streichelte er ihr Haar. Im Strohdach der Scheune raschelte der Wind, und

Gontscharow spürte von Zeit zu Zeit einen kühlen Hauch auf seinem Gesicht. Das sanfte Rauschen ihrer Worte, das Rascheln des Windes schläferten ihn ein, er lag auf dem Rücken zwischen Wachen und Träumen. Plötzlich zuckte sie zusammen. Er richtete sich wortlos auf. Im mondhellen Scheunentor stand ein großer schwarzer Schatten.

„Ein Pferd!" sagte sie und lachte über ihre eigene Schreckhaftigkeit.

Es war ein deutsches Pferd, ein schwerer Zuggaul mit gestutztem Schwanz und einem Rücken, so breit wie ein Ofen. Es war blind. Sie sahen es erst, als sie dicht herantraten. Neben seinem Maul klebte im Fell ein Gerinnsel aus Tränen, Blut und Augengallert. Das Tier fuhr zurück, als es die Nähe der Menschen spürte, stolperte über einen umgekippten Wagen, brach zitternd in die Knie und sprang wieder auf. Hilflos in seiner Blindheit, galoppierte es auf die andere Straßenseite.

„Komisch", sagte das Mädchen, „bei den Menschen gibt es Deutsche und Russen, aber ein Pferd ist immer nur ein Pferd, egal, wem es gehört. Und es tut einem immer leid. Die armen Kriegspferde! Sie verstehen doch das alles nicht. Und wenn sie verwundet werden, wissen sie nicht wofür. Aber Kinder tun mir noch mehr leid. Ich darf sie gar nicht ansehen, sonst träume ich nachts davon."

Später, als sie, an die Scheunenwand gelehnt, nebeneinandersaßen, fragte sie zutraulich: „Warum nennst du mich nicht bei meinem Namen? Gefällt er dir nicht? Erst sollte ich Olga heißen, aber dann ist meine Großmutter aufs Standesamt gegangen und hat Nadeshda eintragen lassen. Sie hieß nämlich auch Nadeshda, und ich sollte so heißen wie sie. Ein Glück, daß sie nicht auf Fjokla verfallen ist. Sie war schon fünfundachtzig und noch kerngesund. Nicht unterzukriegen. Aber mit einemmal hat sie sich in den Kopf gesetzt, daß sie sich kurieren muß. Wenn der Arzt jemand was verschrieben hat, wollte sie auch gleich einen Löffel voll haben, ohne den ist sie nicht abgezogen. ‚Jetzt ist mir gleich besser', hat sie jedesmal gesagt. Ohne die Medizin wäre sie heute noch am Leben. Doch dann sind wir in die Stadt übergesiedelt, da konnte sie Medizin kaufen, soviel sie wollte, ohne Rezept, und was soll ich dir sagen, kaum war ein Jahr rum, da lag sie schon unter der Erde."

Gontscharow hatte seinen Mantel zur Hälfte um das Mädchen gelegt, und sie genossen die gemeinsame Wärme. Auf der anderen Straßenseite lag ein toter Deutscher im Graben, mit dem Gesicht zur Erde; sein Stahlhelm und eine Schnalle auf seinem Rücken glänzten im Mondlicht.

„Überhaupt ist es sonderbar, wenn man sich daran erinnert", sagte Nadeshda und lachte leise. „Weißt du, wie sie gegessen hat? Alle sitzen am Tisch, sie aber hockt im Winkel, auf dem Bett. Sie kommt mit dem Löffel, tunkt ihn in die Suppe und trägt ihn in den Winkel, wo sie Brot dazu ißt. Dann erscheint sie erneut am Tisch. So geht das hin und her. Manchmal haben wir uns totgelacht."

Die Brände im Dorf waren erloschen. Schon mischte sich der Brandgeruch mit dem starken, reinen Duft der feuchten Erde und des Grases. Hoch oben tastete sich ein verirrtes Flugzeug in Richtung Osten. Neben ihm blitzten ab und zu krepierende Flakgeschosse am Himmel auf, und das dumpfe unterirdische Dröhnen der Artillerie klang herüber. Wenn es verebbte, wurde die Stille ringsum geradezu fühlbar. In diese Stille hinein klang Weinen und Wehklagen. Auf dem Viehhof am Rande des Dorfes lagen sechs von den Deutschen ermordete Einwohner, fünf Männer und eine Frau.

Gontscharow hatte sie gesehen, als er mit seinen Soldaten ins Dorf eindrang. Sie lagen im Stroh, schwarz verfärbt, mit gedunsenen Gesichtern und gespreizten nackten Beinen. Die Haare der Frau waren mit Stroh, Pferdemist und geronnenem Blut zu einem unlösbaren Klumpen verklebt. Etwas abseits, an die Wand des zerschossenen Pferdestalls gelehnt, saß ein elfjähriger Junge. Ein Streifen geronnenes Blut zog sich von seinem Mund zur Brust.

Das Akkordeon war verstummt. Das Wehklagen über die Toten, die erst jetzt von ihren Angehörigen beweint wurden, war besonders deutlich zu hören. Aus den Gärten jedoch kam frohes, von Küssen ersticktes Lachen. Schmerz, Gesang und Liebe, so kurz wie die Sommernacht, wohnten dicht beieinander. Morgen schon mußten die Soldaten wieder in den Kampf ziehen, das Leben aber, das sie mit sich nahmen, durfte nicht vergehen. Allen Katastrophen und Gefahren zum Trotz forderte es sein Recht. Und die Menschen unter dem Sternenhimmel der Julinacht nutzten die Zeit, genossen die Liebe, entschädigten sich im voraus für die vielen dann nicht gelebten Jahre. Damit später, wenn es keine Kriege und kein Elend mehr gab, ihre Söhne lebten und älter wurden als ihre Väter.

Neben Gontscharow saß ein Mädchen in Uniform, und er hüllte es in seinen Mantel, als habe er endlich die „Einzige" gefunden, nach der er bisher vergeblich gesucht hatte.

## 8

Oberst Troinikow kam am frühen Morgen mit seinem Adjutanten beim Korpskommandeur an. Es war ein heller, klarer Sommermorgen, die noch tiefstehende Sonne blendete die Augen. Die zwölf Kilometer von einem Flügel der Front zum anderen waren sie mit Rückenwind gefahren. Von der schnellen Fahrt, dem Wind und dem Vibrieren des starken Motors unter den Füßen floß das Blut rascher durch die Adern, und der Atem ging freier. Noch kurz vor dem Weiler hatte sie eine einzelne Wolke eingeholt und mit großen Regentropfen überschüttet. Nun glänzte alles ringsum.

Troinikow lenkte den Wagen über einen umgestürzten Zaun unter die herabhängenden Zweige regennasser Apfelbäume. Die Erde im Garten war zerwühlt, und von den Bäumen hatten die stählernen Leiber der Panzer beim Wenden die Rinde gefetzt. Die regennasse, zitternde Motorhaube des Wagens dampfte. Troinikow drehte den Zündschlüssel um, der Wagen erbebte ein letztes Mal und verstummte. Sofort wurde es still, nur das Zwitschern und Flattern der Vögel war zu hören, ab und zu unterbrochen von dem Grollen der Artillerie und dumpfem Motorengebrumm, das bald anschwoll, bald abflaute. In weiter Ferne, hinter dem Horizont, waren seit dem frühen Morgen Bomber mit ihrer Last unterwegs.

Nach der rasenden Fahrt durch Schlaglöcher und Bodenwellen kam Troinikow die Erde unter den Füßen ungewöhnlich fest vor. Mit der Kartentasche in der Hand stürmte er die Vortreppe hinauf. Dem Adjutanten, der ihn an der Tür empfing, befahl er: „Melde mich beim General!" Er blieb auf der Vortreppe stehen und sah sich um.

Drüben auf der anderen Straßenseite hockte auf einem eisernen Bettgestell eine Frau, mit dem Gesicht zur Sonne, und band sich ein Kopftuch um. Zu ihren Füßen saß, die nackten Beinchen ausgestreckt, ein kleines Mädchen und drehte den Griff einer Nähmaschine. Es war ganz versunken in den Anblick des nickelglänzenden Schwungrades. Von ihrem Haus war nichts geblieben als ein Haufen Asche und das rauchgeschwärzte Ziegelfundament. Halbverkohlte Fliederbüsche und Kirschbäume, die früher vor den Fenstern gestanden hatten, zeigten die Umrisse des Hauses an. Das Mädchen wandte plötzlich den Kopf. Einige Jungen rannten die Dorfstraße entlang, auf der Jagd nach kleinen Zetteln, die der Wind aus einem zerstörten deutschen Pkw wehte. Ohne Räder, mit dem Bauch platt auf der Erde, lag der gelbgesprenkelte Wagen am Straßenrand. Die vier Türen standen offen, und der Wind trug die roten, grünen und gelben Zettel davon. Sie klebten an Zäunen und schwammen in Pfützen.

Der Adjutant rief Troinikow. Der Oberst riß sich von dem Schauspiel los und folgte ihm. Stscherbatow saß mit Sorokin und Browalski beim Frühstück. Der blank gescheuerte Tisch war mit Eierschalen übersät, in der Mitte lag ein Brot, kein viereckiges Kommißbrot, sondern ein rundes Landbrot, und auf einem Teller ein Klumpen frische Landbutter mit glänzenden Wassertropfen. Browalski stand da und goß aus einem Tonkrug Milch in dickwandige Becher. „Setz dich zu uns!“ begrüßte er Troinikow. Er wandte keinen Blick von der weißglänzenden Milch, um nichts davon zu verschütten. „Trinkst du Milch? Sie ist noch warm, frisch von der Kuh.“

Troinikow sah die frische Butter, das Brot und die Milch, die aus dem Krug in die Becher floß, und verspürte plötzlich einen wahren Wolfshunger auf Milch und Schwarzbrot. Dennoch lehnte er ab, bemüht, nicht hinzusehen, wie die anderen aßen.

Troinikow hatte keine Kinder. Der sechsundzwanzigjährige Oberst und Divisionskommandeur war unverheiratet. Genauer gesagt, er hatte sich von seiner Frau scheiden lassen und genoß nun schon zwei Jahre sein Junggesellendasein. Aber er sehnte sich nach einem Sohn, einem kleinen Freund, mit dem er tausend Streiche aushecken konnte.

Im vergangenen Herbst, als er vom Urlaub an der See zurückkehrte, muskulös, braungebrannt und mit dem Geschmack des Meerwassers auf den Lippen, hatte er unterwegs für einige Tage seine jüngere Schwester besucht, die er sehr liebte. Sie war mit dem Buchhalter einer Molkerei verheiratet. Die beiden hatten zwei Kinder und ein Häuschen am Stadtrand mit einem kleinen Garten.

Nachdem er mit dem Schwager, einem gesetzten jungen Mann, Mittag gegessen hatte – die Schwester kam vor Arbeit nicht dazu, sich hinzusetzen –, legte er sich im Garten unter einen Kirschbaum. Ein längst vergessenes Gefühl von Ruhe und Frieden überkam ihn, und er ließ sich vom Rauschen der Blätter in den Schlaf wiegen. Als er erwachte, trat seine Schwester mit dem soeben gestillten vier Monate alten Säugling in den Garten. Das Kind war nackt bis auf ein kurzes Hemdchen, und sie legte es voller Stolz dem Bruder auf die Brust. Dann setzte sie sich zu den beiden auf die Decke. Troinikow sah, daß ihre Taille und ihre Arme voller geworden waren. Der Kittel aus Baumwollstoff krachte in allen Nähten und war an der Brust naß von Milch – sie hätte noch zwei Kinder nähren können.

Ein seltsames Gefühl erfaßte Troinikow, als sich das winzige Menschlein mit dem hilflos wackelnden Kopf und den unverständigen, glänzenden Augen auf seiner Brust bewegte, mit dem feuchten Patschhändchen an seine Lippe griff und ihm das Hemd mit Speichel benetzte. Troinikow lag da und wagte nicht zu atmen, überwältigt von einer nie gekannten Empfindung. Die Schwester sah ihnen lachend zu.

Als Troinikow heute die Frau und das Mädchen vor dem niedergebrannten Haus sah, hatte sich ihm das Herz zusammengekrampft, obwohl die beiden nicht weinten, sondern beinahe fröhlich erschienen. Er zwang sich, nicht daran zu denken. Instinktiv schob er alles von sich, was ihn aus seiner augenblicklichen Anspannung reißen konnte. Da der General sein Frühstück noch nicht beendet hatte, setzte sich Troinikow auf einen Hocker an der Wand und betrachtete aufmerksam seine Stiefelspitzen, in denen sich trotz der Staubschicht das Sonnenlicht spiegelte.

Endlich hatte die Ordonnanz den Tisch abgeräumt und das Zimmer verlassen. Stscherbatow zog die Karte zu sich heran. „Berichten Sie!"

Troinikow stand hastig auf und trat hinzu. Stscherbatows großes Gesicht mit den harten Falten um die Mundwinkel war unbewegt. Er sah Troinikow gleichmütig an, dann senkte er den Blick. Troinikow war aufgeregt. Was er zu sagen hatte, war ungeheuer wichtig, und er fürchtete, man könnte ihn nicht verstehen, seinen Worten keinen Glauben schenken.

Seit Beginn des Angriffs hatte er nicht geschlafen. Er hatte die vorgesehenen Positionen bezogen, sich dort verschanzt und dann die ganze Nacht hindurch berittene und unberittene Spähtrupps ausgeschickt, um sich über die Lage des Gegners Gewißheit zu verschaffen. Dabei hatte er eine überraschende Entdeckung gemacht – das

Hinterland der angreifenden deutschen Kräfte war leer! Es wurde nur dadurch gesichert, daß die Truppen schnell vorrückten. Troinikow fing einige Kradmelder und mehrere Transportfahrzeuge ab, die mit Waffen und Munition auf dem Weg zur Front waren. Von einem russischen Korps in ihrem Rücken wußten sie nichts, sie glaubten, einer Einheit in die Hände gefallen zu sein, die aus einem Kessel ausgebrochen war, und benahmen sich hochmütig. Noch in der Nacht gab Troinikow sie nach kurzem Verhör an den Armeestab weiter. Je mehr Faktenmaterial er sammelte, desto klarer wurde ihm: Das Kriegsglück war ihnen hold wie nie zuvor!

Nicht immer verlaufen strategische Operationen so, wie sie geplant wurden. Oftmals zeichnet sich ein Erfolg ab, wo man ihn nicht erwartet hat, irgendwo am Rande des Geschehens. Ein solcher Erfolg kann entscheidend werden, wenn man es versteht, ihn rechtzeitig zu nutzen und ihn mit allen Kräften auszuweiten.

Diese Chance bot sich heute. Man durfte sie auf keinen Fall ungenutzt lassen. Der schüchterne Vorstoß des Korps, der nur das Ziel verfolgte, einen Teil der gegnerischen Kräfte zu binden und die Armee zu entlasten, wurde von unerwarteten Erfolgen gekrönt. Nach dem Frontdurchbruch war das Korps Herr der Lage. Vor ihm lag schutzlos und nackt das Rückgrat der vorwärts stürmenden deutschen Verbände. Unter diesen Umständen wäre es unverzeihlich gewesen, sich mit Ablenkungsmanövern und Hilfsaktionen zu begnügen.

Es galt vielmehr, alle Kräfte hier zu sammeln und mit einem einzigen kühnen Schlag den weiteren Vormarsch der deutschen Verbände zu vereiteln.

„Befehlen Sie Oberst Nesterenko, meine linke Flanke zu decken", sagte Troinikow erregt, „dann kesseln wir den Gegner ein – das verspreche ich Ihnen! Wir werden ihn vernichten! Nur nicht stehenbleiben! Das wäre das Ende, das hieße, ihm den Sieg zuzuspielen!"

Troinikows Worte mußten jeden überzeugen und mitreißen. Aber er begegnete keinem Blick. Je länger er sprach, desto betretener wurde das Schweigen ringsum. Browalski ging im Zimmer auf und ab. Jedesmal trat er auf dasselbe Dielenbrett, und wenn es knarrte, verzog er das Gesicht wie vor Zahnschmerzen. Stscherbatow rauchte. Der Rauch seiner Zigarette kräuselte sich über seinem Kopf und stieg hoch, bis er den Sonnenstrahl erreichte, der schräg von oben ins Zimmer fiel. Nur Sorokin wiegte mißbilligend den Kopf.

Troinikow wußte nicht und konnte nicht wissen, daß Stscherbatow in dieser Nacht seinen Stabschef Sorokin zu General Lapschin, dem Befehlshaber der Armee, geschickt hatte, um ihm denselben Vorschlag zu unterbreiten. Er und Browalski verbrachten die ganze Nacht zwischen Hoffen und Bangen. Stscherbatow ging mehrmals vors Haus, um in der Dunkelheit dem fernen Rattern der Maschinengewehre und dem dumpfen Krachen der Granaten zu lauschen und das Wetterleuchten am Himmel zu beobachten. Wenn er zurückkam, saß Browalski noch immer vor der Petroleumlampe, er rauchte eine Zigarette nach der anderen. Dann wurde es ihm zuviel, er ließ sich von der Ordonnanz eine Feldflasche mit Wodka, zwei Gläser und eine kalte Pellkartoffel bringen, die er in zwei Hälften zerschnitt. Sie stießen an und tranken schweigend, ohne Trinkspruch. Aus dem Fenster zu sehen, wagten sie schon nicht mehr, denn der Morgen mußte bald heraufdämmern. Die Stunden, in denen es noch möglich gewesen wäre, die Truppen umzugruppieren und die Operation vorzubereiten, verrannen. Sie tranken ein weiteres Glas, und erst dann kam der Anruf. Als Stscherbatow den Hörer abnahm, stockte ihm das Herz. Warum nur? Er wußte ja, was kommen würde. Trotzdem hoffte er noch immer.

„Abenteurer!" schrie der Befehlshaber der Armee, kaum daß sich Stscherbatow gemeldet hatte. „Ich werde euch die Flausen austreiben! Hier befehle ich!"

Der Mann, der das schrie, hatte sich nicht mehr in der Gewalt; jedes noch so vernünftige Argument brachte ihn nur noch mehr in Wut. Sogar die Telefonisten in der Zentrale standen stramm vor Angst.

Gegen Morgen, es wurde schon hell, kehrte Sorokin zurück. Er hatte viele Kilometer im offenen Wagen zurückgelegt, aber der Fahrtwind hatte seine Erregung nicht abgekühlt. Als er anfing zu erzählen, zuckten seine Lippen, nur mit Mühe nahm er sich zusammen. Sorokin hatte schon vor vielen Vorgesetzten gezittert, hier aber war der Befehlshaber einer Armee in Zorn geraten.

„‚Angreifen? Seid ihr verrückt geworden?‘ Er hat gar nicht hingehört. Die Karte hat er mir vor die Füße geworfen. Der ganze Stab war in Aufbruchstimmung. Als wir ankamen, haben sie uns angestarrt wie Gespenster. Sie wollten einfach nicht glauben, daß die Straßen dorthin noch offen sind. Sie haben keinen blassen Schimmer, wo die Deutschen stecken. Sie denken, jeden Augenblick kommen sie und nehmen den ganzen Stab hoch.

Fast glaubten wir es selber schon. Er hat mich vielleicht angeschrien! Ich habe weiß Gott lange genug gedient, aber so hat mich noch keiner angeschrien, nicht mal, als ich bloß ein kleiner Zugführer war.“

Wieder begannen seine Lippen zu zittern. Stscherbatow aber saß unbeweglich am Tisch, den Kopf in die Hände gestützt. Sein Korps stand im Hinterland des Feindes und beherrschte sämtliche Verbindungswege. Er brauchte nur zuzuschlagen. Noch eine Nacht und ein Tag, und es war zu spät. Eine solche Gelegenheit würde nicht wiederkommen. Ein richtiger Gedanke erscheint oftmals gewagt. Gerade dann, wenn er gebraucht wird. Daß er richtig war, läßt sich erst hinterher beweisen, wenn nichts mehr zu ändern ist. Um einen solchen Entschluß zu fassen, bedurfte es jedoch Fähigkeiten, die Lapschin nicht besaß, die Fähigkeiten eines Feldherrn. Mut zum Risiko, die Fähigkeit, das Heft des Handelns im entscheidenden Augenblick in die Hand zu nehmen und die Krise zu überwinden, die das Risiko mit sich bringt. Diese Fähigkeiten fehlten Lapschin. Er ahnte wahrscheinlich nicht einmal, daß es sie gab. Da er zu sich selbst kein Vertrauen hatte, konnte er auch zu seinen Untergebenen keines haben, und so untersagte er ihnen das, wozu er sich selbst nie entschlossen hätte. Es ist schwer, einen Entschluß zu fassen, aber gar keinen Entschluß zu fassen ist verhängnisvoll. Ohne die Unterstützung der ganzen Front, nur auf sein Korps gestützt, konnte Stscherbatow nichts unternehmen.

Troinikow wußte das nicht und konnte es nicht wissen. Je überzeugter und erregter er sprach, um so unwiderlegbarer wurden seine Argumente. Deshalb fiel es schwer, ihm noch länger zuzuhören.

„Mein lieber Troinikow, haben Sie sich gut überlegt, was Sie da reden?" fragte Sorokin plötzlich ärgerlich, aus Mitleid für Stscherbatow. „Entweder wir schlagen den Gegner oder er uns. Einen Mittelweg gibt es nicht im Krieg. Die Initiative aus den Händen geben bedeutet, sie dem Feind überlassen, und so weiter, und so weiter. Als ob wir drei das nicht selber wüßten! Sie denken wohl, wir haben bloß gewartet, daß einer kommt, der schlauer ist als wir."

Troinikow errötete. Sein Blick fiel zufällig auf Sorokins Hände, die gerade die Karte falteten, kraftlose Greisenhände mit abgeflachten Fingerkuppen und dicken Adern, durch die langsam kaltes Blut floß. Waren das die Hände, die in dieser Stunde die Gelegenheit beim Schopfe packen und das Schicksal zwingen konnten? Er wandte sich Stscherbatow zu, ihre Blicke trafen sich. Stscherbatow sah ihm fest in die Augen, finster, feindselig.

Aber nur für einen Moment. Dann senkte er die Lider und holte tief Luft. „Fahren Sie fort!“

Troinikow schwieg. Der Ausgang einer Schlacht wird in den Herzen der Soldaten entschieden, vor allem aber im Herzen des Kommandeurs. Diese Schlacht war verloren, noch ehe sie begonnen hatte. In ihm zerbrach etwas. Ohne Hoffnung, noch etwas ändern zu können, sagte er, was ihm der Augenblick eingab: „Iwan Wassiljewitsch, wir haben nur eine Heimat. Sie kommt ohne uns aus, aber wir können ohne sie nicht leben.“

Bei diesen Worten lief ein Zucken über Browalskis Gesicht. Er sah Stscherbatows Rücken, den schweren, nach vorn geneigten Kopf, und er fühlte, daß Stscherbatow litt.

Stscherbatow aber hatte sich in der Gewalt. Er sagte nur: „Gehen Sie und tun Sie Ihre Pflicht!“

## 9

Drei Wochen vor Kriegsausbruch war Stscherbatow zum Befehlshaber der Armee gefahren, wie Troinikow heute zu ihm. Sie lagen damals dicht an der Grenze, und unter der Bevölkerung ging hartnäckig das Gerücht um, daß täglich mit dem Überfall der Deutschen zu rechnen sei. Das Gerücht wurde energisch bekämpft, aber auf dem Markt, beim Anstehen, sprachen die Leute offen davon. Eines Tages, nach einer Beratung, bat der Kommandeur einer Grenzeinheit Stscherbatow zu sich. Durch den Feldstecher zeigte er ihm die deutschen Artilleriestellungen, die nur notdürftig getarnt waren. „Ich habe alle Batterien numeriert", sagte er. „Die dort haben sie erst vor drei Tagen in Stellung gebracht."

„Hast du's nach oben weitergegeben?" fragte Stscherbatow, obwohl das vollkommen überflüssig war.

„Natürlich, wir machen immer sofort Meldung."

„Na und?"

„Wir sollen uns auf keinen Fall provozieren lassen."

Unter dem Siegel der Verschwiegenheit erzählte er Stscherbatow, daß sie vor zwei Tagen einen Überläufer festgenommen hätten, einen deutschen Kommunisten, der die Sowjetunion vor dem deutschen Überfall warnen wollte. „Wir dürfen uns nicht nach ihm erkundigen. Ich weiß nur, daß er unter starker Bewachung abgeführt wurde. Es soll ein Provokateur gewesen sein. Schon möglich, harmlos sehen sie ja alle aus. Wir fangen jetzt zwanzig- bis dreißigmal soviel Spione ab wie im Vorjahr. Alle mit Funkgerät. Wir haben unsere Erfahrungen. Aber der sah nicht so aus."

Der Kommandeur der Grenzeinheit sah Stscherbatow mit seinen ungleichen, weit auseinanderstehenden Augen ernst und aufmerksam an, ein älterer, gesetzter Mann, der wußte, worauf es ankam. „Ich darf Ihnen das gar nicht erzählen, Iwan Wassiljewitsch. Wenn's rauskommt, kostet's mich glatt den Kopf. Aber wozu hat man einen Kopf, wenn man nicht denken darf? Verstehen Sie mich nicht falsch. Ich habe meine Frau und meine Tochter hier. Meiner Frau habe ich klipp und klar gesagt, ich würde mit ihr keine Ausnahme machen, sie nicht ins Hinterland schicken. Schließlich ist sie die Frau eines Grenzoffiziers, und wenn für die Bevölkerung keine Gefahr besteht, dann hat auch für sie keine zu bestehen. Ich denke dabei also nicht an mich und meine Familie. Ich spreche zu Ihnen als Genosse. Vielleicht erreichen Sie mehr, Ihnen wird man eher glauben. Ich habe den Eindruck, daß unsere Berichte ganz bis nach oben, bis zu Stalin", er sah sich um, als gäbe er mit diesem Namen hier an der Grenze ein Geheimnis preis, „gar nicht durchdringen. Vielleicht will man ihn nicht beunruhigen."

Stscherbatow fuhr in gedrückter Stimmung zurück. An der Grenze hatte er deutlich gespürt, daß der Krieg in alarmierender Weise näher rückte. Viele Dinge, die in einiger Entfernung von der Grenze gerechtfertigt erschienen, verloren hier jeden Sinn. Alles kam ihm sonderbar vor. In der benachbarten Panzereinheit waren die alten Panzer allenfalls zu einem Drittel einsatzbereit. Die übrigen mußten überholt werden, aber es gab keine Ersatzteile, und Bestellungen wurden kaum angenommen. Alles wartete auf den neuen Panzer KW 34. Er wurde erst in einzelnen Exemplaren geliefert, und man hatte keine ausgebildeten Besatzungen. In aller Eile nahm man Soldaten aus der Reserve, aus der Infanterie und Kavallerie. Die Ausbildung war langwierig. Reichte die Zeit überhaupt noch, oder stand der Krieg schon vor der Tür?

Außerdem hatte man ganz plötzlich beschlossen, die Flugplätze mit längeren Start- und Landebahnen für die neuen Flugzeugtypen zu versehen. Obwohl erst wenige Piloten die neuen Maschinen zu Gesicht bekommen hatten, sie waren noch eine Seltenheit, wurden schon jetzt alle Flugplätze umgebaut. Die Bauarbeiten wurden von NKWD-Truppen in großem Maßstab begonnen, konnten aber erst zum Spätherbst beendet werden. Inzwischen wurde die Luftwaffe auf die wenigen zivilen Flugplätze verteilt, die es in Grenznähe gab. Dort standen die Maschinen alle auf einem Haufen und waren Bombenangriffen schutzlos preisgegeben. Was hatte man sich dabei gedacht, war man so sicher, daß mit einem Krieg in nächster Zeit nicht zu rechnen war, oder hatte man jeden Sinn für Realität verloren? Aber selbst wenn man seiner Sache sicher war, durfte man kein Risiko eingehen, das die Heimat an den Rand des Verderbens bringen konnte.

Je mehr Stscherbatow nachdachte, desto unbegreiflicher wurde ihm alles, was ihm einfiel, und ihm fiel so manches ein. Der Kommandeur eines Jagdgeschwaders hatte ihm erzählt, eines Tages sei ein deutscher Bomber auf ihrem Flugplatz gelandet. „Sie hätten sehen sollen, wie die aus ihrer Maschine stiegen. Waschechte Nazis! Schauen uns frech ins Gesicht! Der Teufel soll mich holen, wenn die wirklich die Orientierung verloren hatten. Aber was soll ich Ihnen sagen, gleich kamen ein paar hohe Tiere von uns angebraust. Die haben sich bald umgebracht vor Liebenswürdigkeit, haben die Deutschen zu einem Essen in die Offiziersmesse eingeladen. Ein Wunder, daß sie ihnen nicht noch Kuchen für den Rückweg mitgegeben haben. Alles für unsere ‚Freunde'. Wenn's nach mir gegangen wäre, ich hätte diese Freunde ..." Mit einem kräftigen Fluch machte der Kommandeur seinem Herzen Luft.

Wäre das alles irgendwo anders passiert, Stscherbatow hätte es einfach nicht geglaubt. Aber es geschah in seiner allernächsten Nähe. Was sollte man davon halten, wenn einerseits nach Spionen gesucht wurde und sämtliche Zeitungen zur Wachsamkeit aufriefen, während andererseits deutsche Piloten mit allen Ehrenbezeigungen entlassen wurden, obwohl sie einen sowjetischen Militärflugplatz ausgekundschaftet hatten? War die Angst, die Deutschen könnten sich provoziert fühlen, so groß? In unserem Jahrhundert bricht nicht gleich ein Krieg aus, wenn ein Flugzeug wegen Grenzverletzung zurückgehalten wird. Ist der Krieg aber schon beschlossen, so findet sich immer ein Vorwand.

Der Blinde hat es manchmal leichter als der Sehende. Er sieht nichts und braucht nichts zu wissen. Stscherbatow war zu seinem Unglück nicht blind. Jede seiner Divisionen hatte ein Regiment an die neue Staatsgrenze zum Bau von Befestigungsanlagen abkommandiert. Obwohl die Arbeiten erst begonnen hatten, wurden schon jetzt die Befestigungsanlagen an der alten Grenze, die nunmehr im Hinterland verlief, völlig zerstört. Die Geschütze wurden abmontiert, die Gräben zugeschüttet. Es war einfach unbegreiflich, wie man die alten Anlagen unbrauchbar machen konnte, bevor die neuen fertiggestellt waren.

Stscherbatow beschloß, zum Befehlshaber der Armee, General Lapschin, zu fahren, um ihn davon zu überzeugen, daß unbedingt etwas geschehen mußte, bevor es zu spät war. Lapschin hatte im Finnischen Krieg ein Bataillon befehligt. Bei den Kämpfen um Wyborg hatte er ein Regiment bekommen und war dann sehr rasch zum Armeeoberbefehlshaber aufgerückt. Eine solche Laufbahn war in Friedenszeiten selbst bei glänzenden Fähigkeiten selten. Die äußeren Umstände mußten schon sehr günstig sein. Stscherbatow kannte diese Umstände. Als man binnen kurzer Zeit nahezu alle höheren Offiziere zu Volksfeinden erklärte, mußten die unteren und mittleren Dienstgrade nachrücken. So wurden aus Bataillons- und Regimentskommandeuren Armeebefehlshaber. Ob sie jedoch ihren Aufgaben gewachsen waren, konnte sich erst im Krieg herausstellen. Die Männer, die einst die Rote Armee geschaffen hatten und die nach und nach spurlos verschwunden waren, so daß man ihre Namen nicht mehr erwähnen konnte, ohne sich zu gefährden, waren ebenfalls sehr schnell vom einfachen Soldaten zum Befehlshaber aufgestiegen. Aber sie hatten ihre Erfahrungen im Kampf gesammelt und nicht am Schreibtisch. Daran mußte Stscherbatow denken, als er zu Lapschin fuhr.

General Lapschin war erst vor kurzem zum Armeebefehlshaber ernannt worden. Er fühlte sich wie ein frischgebackener Leutnant, der sich in seiner neuen Montur zeigen möchte, und empfing Stscherbatow freundschaftlich, leutselig. „Du hast was auf dem Herzen? Soso!"

Lapschin ging im Zimmer auf und ab, seine Stiefelsohlen knarrten auf den Dielen, dann blieb er vor Stscherbatow stehen. Er war klein und untersetzt, die Uniformbluse verriet den leichten Fettansatz an Brust, Rücken und Schultern. Sein Nakken und der kahle Kopf waren braungebrannt, die finsteren schwarzen Augenbrauen, dicht wie ein Schnurrbart, stachen scharf von dem glattrasierten Gesicht ab. „Soso ..."

Lapschin hob die struppigen Brauen und funkelte Stscherbatow an. „Am besten, du kommst mit zu mir nach Hause." Er gebrauchte das bewußte „Du" des Vorgesetzten, das neuerdings mit einem demokratischen Unterton gesprochen wurde, was jedoch nichts daran änderte, daß der Untergebene mit „Sie" zu antworten hatte. „Heute ist Sonnabend, da bin ich Strohwitwer, und wir können uns bei mir in aller Ruhe unterhalten."

Zu Hause kochte Lapschin Tee nach einem besonderen Rezept. Dabei tischte er den alten Witz auf: „Warum kann der Mann besser Tee kochen als die Frau? Weil die Frau weiß, wieviel Tee sie nehmen muß, der Mann dagegen weiß es nicht, und darum nimmt er immer einen Löffel mehr." Lapschin hatte als Kompaniechef diesen Witz von seinem Divisionskommandeur gehört; er bemühte sich, auch in solchen Kleinigkeiten dem Vorbild seiner ehemaligen Vorgesetzten nachzueifern.

Überhaupt hatte er sich einige Marotten zugelegt. Marotten spielen keine geringe Rolle im Leben der Armee. Solange man keinen Namen hat, interessieren sie niemand, ausgenommen die Ordonnanzen. Wenn zum Beispiel ein Feldwebel starken Tee liebt, kann er den ganzen freien Sonntag in der Kantine sitzen und Tee trinken, ohne daß dies jemand interessiert. Bevorzugt dagegen ein General starken Tee, so interessiert das jeden. Was ein großer Mann tut, hat immer tiefere Bedeutung.

Stscherbatow stand selbst seit langem auf exponiertem Posten, seine Eigenheiten wurden sorgfältig registriert, jedes seiner Worte ging von Mund zu Mund. Er kannte Lapschins Vergangenheit nicht, aber er beobachtete ihn und seine häusliche Umgebung mit dem erfahrenen Blick des Soldaten, und er sah, wes Geistes Kind er war.

Es war Anfang Juni. Den ganzen Tag war es drückend heiß gewesen, und auch jetzt gegen Abend bewegte kein Lüftchen die Tüllgardine vor dem weitgeöffneten Fenster. Und in dieser stickigen Luft trank Lapschin starken Tee, ein Glas nach dem anderen, ohne in Schweiß zu geraten, nur die Glatze und der Hals glänzten dunkler als sonst. In seiner Feldbluse mit Schulterriemen und Rotbannerorden sah er den Generälen ähnlich, deren Bilder seit langem von den Wänden verschwunden waren. „Schieß los, wo brennt's denn?" sagte er schließlich.

„Ich habe in den letzten Tagen meine Truppen besucht. Die Stimmung in den Grenzgebieten ist schlecht. Die Bevölkerung hamstert Salz und

Streichhölzer, beim Anstehen wird vielerlei erzählt. Mit einem Wort, alle denken, der Krieg geht bald los. Leider gibt es auch einige alarmierende Tatsachen."

„Alarmierende Tatsachen?"

„Ich war auch ruhig, solange ich nichts wußte. Aber jetzt kann ich es nicht mehr mit ansehen, Pawel Alexejewitsch. Wir schicken ganze Güterzüge mit Getreide und Erdöl rüber, und sie fahren an unserer Grenze Kanonen auf."

Stscherbatow ahnte nicht, daß seine Artilleristen schon zwei Wochen später den letzten Erdöltransport unter Beschuß nehmen und jedesmal in Freudengeschrei ausbrechen würden, wenn wieder ein Tankwagen in die Luft ging, als wüßten sie nicht, daß sie ihr eigenes Erdöl vernichteten.

„Seit wann hast du Angst vor Kanonen? Wir sind doch schließlich Soldaten, und Soldaten lassen sich von Kanonen nicht bange machen", sagte Lapschin forsch. Er wußte aus Erfahrung, daß seine Untergebenen diesen forschen Ton sofort aufgriffen, und funkelte Stscherbatow an, überzeugt, daß auch der darauf eingehen werde.

Doch Stscherbatow starrte auf den Tisch. „Ich habe keine Angst vor Kanonen. Ich habe Angst, daß wir uns nicht trauen, der Wahrheit ins Auge zu sehen. Und die Wahrheit heißt: Der Krieg steht vor der Tür. Das läßt sich mit ziemlicher Sicherheit behaupten. Darf ich offen mit Ihnen reden?"

„Na mach schon!"

Stscherbatow nannte einige Tatsachen, die er eigens für diese Unterredung gesammelt hatte. Etwas von der Spannung, die in der Luft lag, sollte auch auf Lapschin überspringen, damit er sich schnellstens mit Moskau in Verbindung setzte. Er mußte wenigstens erreichen, daß die Luftstreitkräfte wieder aufgeteilt, die Truppen in Alarmbereitschaft versetzt und die Familien der Kommandeure evakuiert wurden. Das waren die elementarsten Maßnahmen, die es zu ergreifen galt. Aber um das zu tun, mußte man begriffen haben, daß der Krieg nicht mehr aufzuhalten war, daß sich die Faschisten nicht beschwichtigen ließen. Mit Banditen kann man nur eine Sprache sprechen – die der Macht. Man muß stärker sein als sie.

Lapschin hörte zu und zupfte gelassen an seinen langen Brauen. Schließlich lehnte er sich zurück, verschränkte die Arme hinter der Stuhllehne und sah Stscherbatow lächelnd an wie jemand, der viel mehr weiß als das, was man ihm soeben berichtet hat, aber leider nicht darüber sprechen darf und sich darauf beschränken muß, zuzuhören und sich darüber zu wundern, wie leichtfertig und naiv sein Gesprächspartner urteilt. Er selbst bezweifelte keinen Augenblick, daß man oben alles Nötige veranlaßt hatte, um den Feind, sollte es zum Krieg kommen, zu vernichten, mit einem einzigen gewaltigen Schlag, fast ohne eigene Verluste. „Mein lieber Stscherbatow, wie kann man nur politisch so unreif sein. Dabei bist du Kommandeur eines Armeekorps! ‚Die Befestigungsanlagen sind zerstört, die Geschütze demontiert.‘ Du lieber Gott, wo denn? Die lagen doch mehrere hundert Kilometer hinter der jetzigen Grenze! Willst du die Deutschen erst in unser Land lassen, willst du etwa zurückgehen und weiter hinten auf sie warten? Weißt du, wie man so was nennt? Defätismus nennt man das! Du bist ein Defätist. Reiß dich doch zusammen! Wir werden den Feind schlagen, und zwar hier an der Grenze, falls er es wagen sollte, die Hand nach unserer geliebten Heimat auszustrecken. Hier werden wir ihn schlagen!"

Sein kahler Kopf glänzte zuversichtlich, zuversichtlich blitzten auch die Augen unter den buschigen Brauen. Der ganze Mann wirkte wie die Verkörperung unerschütterlicher Zuversicht. Darauf war er sehr stolz, und er sah darin eine höhere moralische Qualität, die leider erst wenige erreicht hatten.

„Hier werden wir den Feind schlagen!" Womit aber wollte er ihn schlagen, wenn die Panzer in ihre Einzelteile zerlegt waren? Stscherbatow sagte leise: „Genosse Befehlshaber, die fortschrittlichsten Menschen mit den fortschrittlichsten Ideen können machtlos sein gegenüber bewaffneten Banditen."

„Die Ideen laß aus dem Spiel!"

„Ja, aber das hat Lenin gesagt!"

„Na bitte." Lapschin schüttelte den Kopf. Im Vollbewußtsein seiner Überlegenheit sah er auf den Mann herab, der ein Opfer blinder Panik geworden war.

Plötzlich ertönte irgendwo in der Garnison ein Trompetensignal. Stscherbatow lauschte mit geschlossenen Augen. Der Klang versetzte ihn durch Jahre und Erinnerungen zurück in eine ferne Vergangenheit, in der auch ihn eine Trompete fürs ganze Leben zu den Fahnen gerufen hatte. Noch heute rührte dieser Klang an das Heiligste, was er besaß.

Doch offenbar verstand jeder den Ruf der Trompete auf seine Weise.

„Wir sind Soldaten", sagte Lapschin und stand auf. „Unsere Pflicht ist es, Befehle auszuführen, und wenn man uns sagt: ‚Stirb', dann sterben wir!"

Auch Stscherbatow war aufgestanden, er schaute Lapschin fest in die Augen. „Unsere Pflicht als Soldaten werden wir erfüllen, sie ist einfach. Der Soldat ist nur für seine Waffe verantwortlich. Aber auch mit der Waffe in der Hand ... Als wir mit siebzehn zum erstenmal die Waffe in die Hand nahmen, wußten wir, daß wir für die ganze Menschheit in den Kampf zogen. Es gab nichts auf der Welt, wofür wir uns nicht verantwortlich gefühlt hätten. Und jetzt, da wir Tausende von Menschen befehligen, sollte unsere Verantwortung geringer sein?"

Lapschin lächelte kaum merklich und schüttelte den Kopf, als wollte er wieder sagen: Wie kann man nur politisch so unreif sein.

Ein paar Tage danach rief er Stscherbatow morgens an. Stscherbatow wollte gerade zu einem Artillerieregiment aufbrechen, da wurde er ans Telefon geholt. Er hörte Lapschins fröhliche Stimme: „Stscherbatow? Hast du schon die heutige Zeitung gelesen? Noch nicht? Dann lies sie nur recht genau. Es steht was drin, das betrifft dich. Verstanden? Wenn du's gelesen hast, trink einen Schnaps.

Ich erlaube es dir. Auf wessen Wohl du zu trinken hast, wirst du schon merken."

Stscherbatow konnte es kaum erwarten, bis die Zeitung kam. Aber noch bevor sie gebracht wurde, hörte er schon die TASS-Meldung im Radio. Später las er sie in der Zeitung mit eigenen Augen. Acht Tage vor Kriegsausbruch stand dort: „Nach den Informationen, über die die UdSSR verfügt, hält Deutschland die Bedingungen des sowjetisch-deutschen Nichtangriffspaktes ebenso strikt ein wie die Sowjetunion. Nach Meinung unterrichteter Kreise entbehren die Gerüchte über einen geplanten Vertragsbruch und einen Überfall Deutschlands auf die Sowjetunion jeder Grundlage. Die Verlegung frei gewordener deutscher Truppen vom Balkan in die östlichen und nordöstlichen Grenzgebiete Deutschlands ist, wie man annehmen muß, auf Gründe zurückzuführen, die in keinem Zusammenhang mit den sowjetisch-deutschen Beziehungen stehen."

Eine solche Meldung konnte nur verbreitet werden, wenn geprüfte Informationen vorlagen. Man mußte alles genau verfolgt haben, denn man forderte das Volk auf, Ruhe zu bewahren und den Gerüchten keinen Glauben zu schenken.

Stscherbatow klammerte sich an diesen Gedanken und verbrachte den ganzen Tag in hektischer Betriebsamkeit. Lapschin rief noch einmal an und befahl ihm, sofort zu kommen, und zwar zu einem Bankett, wie sich später herausstellte. Als Stscherbatow mit einiger Verspätung eintraf, war die feuchtfröhliche Feier schon in vollem Gange.

Durch den Zigarettenqualm sah er schweißglänzende, gerötete Gesichter. Zur Strafe für sein Zuspätkommen mußte Stscherbatow ein Glas außer der Reihe trinken, dann noch eines, und bald sah er die Gesichter vor sich in einem einzigen freundschaftlichen Lächeln erstrahlen. Man trank auf *sein* Wohl. Auf das Wohl dessen, der das Staatsschiff sicher durch alle Unbilden und politischen Stürme lenkte, der mit kühnem Adlerblick allwissend in die Ferne sah. Sie tranken auf seine unerhörte Tapferkeit und Geisteskraft, auf die beispiellose Weisheit, mit der er das Volk von Sieg zu Sieg führte, auf das Wohl des Großen Steuermanns unserer Epoche. Alle schrien durcheinander. Am Kopf der Tafel saß neben Lapschin der Divisionskommissar Maslowski, bleich vom Wodka, wic alle kränklichen Menschen. Die schwarzen Augen in dem aschfahlen Gesicht glühten leidenschaftlich, nicht jeder konnte ihrem Blick standhalten. Sein blondes Haar ließ ihn jugendlich erscheinen, und nur wenn man näher zu ihm trat, sah man, daß es fast grau war und die Stirn voller Falten. Stscherbatow fühlte, daß ihn der Kommissar anstarrte.

Später ergab sich zufällig, daß Lapschin, Maslowski und Stscherbatow zu dritt in einer Zimmerecke standen, abseits von den anderen. Sie hielten die gefüllten Gläser in der Hand und sprachen vom Allerheiligsten, von *ihm*. Sie waren nie besonders befreundet gewesen, aber jetzt fühlten sie sich wie ein Herz und eine Seele und hatten das Bedürfnis, sich auszusprechen.

„Jeder von uns kann sich irren“, beichtete

Stscherbatow, ohne daran zu denken, daß seine Worte von Lapschin als Reuebekenntnis aufgefaßt werden konnten. „Wir sind schließlich nicht allwissend."

„Aber *er* ist es!" unterbrach ihn Lapschin feierlich. Er hielt sich hier für den Mann, der *ihm* am nächsten stand, und dieses Vorrecht durfte ihm niemand streitig machen. Sein kahler Kopf glänzte, er lächelte wieder geheimnisvoll, um anzudeuten, daß er vieles wisse und nur nicht davon sprechen dürfe.

Maslowski mit den kohlschwarzen Augen im bleichen Gesicht atmete schwer, sein linkes Augenlid zuckte nervös. Sie kamen nicht dazu, ihre Gläser auszutrinken, denn sie wurden nicht müde zu wiederholen: „Ja wir ... aber *er*!" Sie genossen ihre Selbsterniedrigung. Im tiefsten Winkel seines Herzens empfand Stscherbatow zwar das Peinliche der Situation, dennoch sprach er ununterbrochen weiter, wie unter einem Zwang.

Mitten in der Nacht, als er vor Kopfschmerzen aufwachte, erinnerte er sich all dessen mit qualvoller Scham. Widerlich war das, vor allem, wie sie da in der Ecke gestanden hatten und mit ihm das Bedürfnis durchgegangen war, vor den anderen von seiner Ergebenheit zu sprechen, über etwas, was man gemeinhin für sich behält. Was hatte ihn dazu gebracht? Der Wodka? Und wozu überhaupt die Freude? Was hatte sich denn verändert? Er versuchte, die Zuversicht, die er tagsüber ausgekostet hatte, wiederzugewinnen, aber es gelang ihm nicht. Benutzten sie nicht alle die TASS-Meldung als willkommenen Vorwand, um die Augen vor der Gefahr zu verschließen? Er las sie noch einmal und stellte fest, daß sie für ihn jegliche Überzeugungskraft verloren hatte.

Er stellte das Radio an, um zu hören, was die Welt dazu sagte. Aus dem Lautsprecher kamen das dumpfe Brummen eines Flugzeugs und die hastige, sich überschlagende Stimme eines Ansagers, der deutsch sprach. Über welcher Stadt zog das Flugzeug seine Kreise? Stscherbatow suchte im Chaos der Wellenbereiche unter Pfeiftönen und Musikfetzen nach dem Sender Paris. Endlich hatte er ihn gefunden. Die harten deutschen Laute klangen so nahe, daß er das Radio leiser drehen und das Fenster schließen mußte. Der deutsche Sprecher wurde von dröhnendem Gelächter und frenetischem Beifall unterbrochen. Dann sagte er wieder etwas Komisches, und wieder folgten Gelächter und Getrampel.

Stscherbatow suchte Welle um Welle ab. Das geknechtete Europa sprach deutsch, weinte deutsch, amüsierte sich zu den Klängen deutscher Musik. In Frankreich, in Dänemark, in Holland, in Belgien, in Norwegen, in Polen und in der Tschechoslowakei, auf allen Ätherwellen wurde deutsch gesprochen. Aus Belgrad kam derselbe deutsche Tango wie aus Athen, langsam und süßlich. „Die Verlegung frei gewordener deutscher Truppen vom Balkan in die östlichen und nordöstlichen Grenzgebiete Deutschlands ist, wie man annehmen muß, auf Gründe zurückzuführen, die in keinem Zusammenhang mit den sowjetisch-deutschen Beziehungen stehen." Warum nur hatten diese Worte, die ihm am Tag so überzeugend und logisch vorgekommen waren, jetzt jede Überzeugungskraft verloren? „Wie man annehmen muß ..." Das seltsamste daran war, daß die Deutschen es gar nicht für nötig hielten, ein Dementi zu bringen, nicht sie dementierten, sondern wir!

London, das jetzt Nacht für Nacht bombardiert wurde, brachte einen Gottesdienst. Moskau hatte schon lange Sendeschluß. Die Menschen lagen in friedlichem Schlaf. Von der Westgrenze bis zum Fernen Osten schlummerte das ganze Land und wiegte sich in süßen Träumen. Gab es noch eine Möglichkeit, das Verhängnis aufzuhalten? Stscherbatow wußte, daß der Befehlshaber der benachbarten Armee sich vor kurzem mit einem Brief an Stalin gewandt hatte, um ihn zu warnen und eine Reihe von Sicherheitsmaßnahmen vorzuschlagen. Er war wegen Feigheit und Defätismus auf persönliche Anweisung Stalins abberufen worden. Lapschin hatte es ihm gestern ins Ohr geflüstert, er hatte vielsagend geblinzelt und ihm mit dem Finger gedroht: Laß dir das eine Lehre sein! Du siehst, was ich hätte tun können und dir zuliebe nicht getan habe.

Wie sollte man eine Krankheit heilen, wenn man sie nicht einmal beim Namen nennen durfte? Das sicherste war, man schloß die Augen, heuchelte Zuversicht und sagte bloß das, was die anderen hören wollten. Ob etwa der Schleier der Geheimhaltung nur dazu diente, unsere mangelhafte Vorbereitung zu verbergen? Vielleicht schirmte man sich deshalb wie mit einer Hochspannungsleitung gegen jeden Ratschlag ab?

Besonders schrecklich war, daß all der Widersinn einer inneren Logik nicht entbehrte, gegen die sich der gesunde Menschenverstand vergeblich sträubte. Die Ereignisse trieben, nachdem sie einmal ins Rollen gekommen waren, mit unerbittlicher Konsequenz der Katastrophe entgegen.

Trotzdem wartete Stscherbatow noch tagelang auf ein Dementi der Deutschen. Er wollte die Hoffnung nicht aufgeben und wünschte sich, daß er unrecht hätte. Aber die Tage vergingen, ohne daß die Deutschen etwas bestätigten oder dementierten. Und die einfachen Menschen an der Grenze, die sich, von oben gesehen, kaum voneinander unterschieden und mit Sorgen um ihre Kinder und um Alltagsdinge belastet waren, sie begriffen, was die Männer der Politik nicht begreifen wollten, und taten das, was die Menschen zu allen Zeiten tun, wenn eine Katastrophe droht – sie hamsterten Salz, Streichhölzer und Lebensmittel. Wer die Ereignisse an Ort und Stelle abzuwarten gedachte, vergrub nachts, so daß es die Nachbarn nicht sahen, seine Wertgegenstände, die anderen rüsteten zur Flucht. Und seltsam, die Klugen und Gebildeten, die über die politischen Ereignisse wohlunterrichtet waren, benahmen sich besonders dumm und hilflos. Die anderen aber, die, nur auf sich gestellt, selbst überlegen mußten, was aus ihnen und ihren Kindern werden sollte, wobei sie auf die verschiedensten, bis zur Unkenntlichkeit entstellten Gerüchte angewiesen waren, sie unternahmen bei aller scheinbaren Sinnlosigkeit ihres Tuns das einzig Richtige.

Nur die Armee tat, als hätte sich nichts geändert, und lebte nach den Regeln tiefsten Friedens. Die Artilleristen übten auf dem Exerzierplatz; die Panzer wurden überholt und in ihre Einzelteile zerlegt, und abends probten die Laienspielzirkel. Wenn sich Stscherbatow später daran erinnerte, erschien ihm das Ganze wie ein schlechter Traum, und doch war es Wirklichkeit. Noch am 22. Juni, einem Sonntag, sollten Sportwettkämpfe stattfinden, die Vorbereitungen liefen auf Hochtouren, denn die Wettkämpfe wurden sehr wichtig genommen.

In der Nacht vom Freitag zum Sonnabend kam aus dem Stab ein Anruf für Stscherbatow. Es mußte etwas Außergewöhnliches geschehen sein. Der General zog sich hastig an und trat vor die Tür. Da fuhr auch schon ein Wagen vor. Der Fahrer sprang heraus und machte sich mit nervöser Hast am Motor zu schaffen, der ausgerechnet in diesem Moment streikte. Stscherbatow hatte es eilig. „Wenn du fertig bist, kommst du nach!" rief er ihm zu und ging zu Fuß los. Es war windig und regnerisch. Stscherbatow ging, die Hände in den Manteltaschen vergraben, durch die Straßen der schlafenden Stadt und dachte: Nun ist es soweit!

Beim Stab wußte man nichts von einem Anruf. Stscherbatow sprach noch mit dem diensthabenden Telefonisten, als plötzlich das Rattern einer Maschinenpistole die nächtliche Stille unterbrach. Er riß die Pistole aus der Tasche und stürzte auf die Straße, der Telefonist rannte ihm nach. Auf dem Fahrdamm stand sein Wagen und brannte lichterloh. Stscherbatow riß den Schlag auf – der Fahrer war tot.

Noch in derselben Nacht gab Stscherbatow für das ganze Korps den Alarmbefehl. Für ihn bestand kein Zweifel mehr – jede Stunde konnte der Krieg beginnen. Er rief die Artillerieregimenter von den Übungen zurück und befahl den Divisionskommandeuren, die Truppe unauffällig durch den Wald bis an die Staatsgrenze zu führen. Nach einer Fahrt von dreißig Kilometern holte er gegen Morgen den Kommandeur der benachbarten Fliegereinheit aus dem Bett, den berühmten Flieger Bobrinjow, dessen Name damals legendär war. Stscherbatow teilte ihm seinen Entschluß mit und riet ihm, die Maschinen auf mehrere Flugplätze zu verteilen.

„Du meinst also, es geht los?“ fragte Bobrinjow und sah Stscherbatow mit weitaufgerissenen Augen erschrocken und begeistert an. „Und da hast du dir selbst einen Befehl gegeben?“

Er stand, nur mit einem blauen Trainingsanzug bekleidet, am Fenster, die Arme vor der Brust verschränkt, so daß die mächtigen Brustmuskeln hervortraten, und sah mit seinem kurzen Haarschnitt aus wie ein Boxer. Stscherbatow saß auf einem Stuhl, in Felduniform und Feldausrüstung, mit Regenmantel und lehmverschmierten Stiefeln, und roch nach Regen, Leder, Waffenöl und Benzin. Vor dem Fenster tuckerte der Wagen, mit dem er gekommen war und mit dem er wieder davonfahren würde.

„Na schön, dann will ich mir mal auch einen Befehl erteilen", sagte Bobrinjow und fuhr sich mit dem Kamm durch das kurzgeschnittene Haar.

Sie verabschiedeten sich mit einem kräftigen Händedruck und sahen einander fest in die Augen.

Für den Rest der Nacht und den ganzen Tag ließ sich Stscherbatow nicht beim Stab sehen. Er raste von Regiment zu Regiment, um sich von der Kampfbereitschaft der Truppe zu überzeugen. Er wußte, daß man ihn suchte. Zahlreiche Telefone klingelten, Scharen von Kradmeldern sausten in alle Richtungen, um ihm Befehle zu überbringen, aber er blieb unauffindbar.

Erst gegen Abend entdeckte ihn sein Stabschef Sorokin in einem Wald bei Nesterenkos Division. Er kam mit Browalski, der seinen Urlaub abgebrochen hatte und soeben mit dem Flugzeug aus Moskau eingetroffen war. Stscherbatow saß auf einem Baumstumpf und löffelte Suppe aus einem Kochgeschirr. Die Mütze hatte er neben sich ins Gras gelegt. Genußvoll biß er von dem Stück Schwarzbrot ab, das er mit derselben Hand festhielt wie das Kochgeschirr. Sein Gesicht hatte sich belebt, seine ganze Erscheinung strömte Kraft und Ruhe aus.

Sorokin betrachtete den über das Kochgeschirr geneigten Kopf mit der hohen Stirn und dem dichten, leicht ergrauten Haar voll Entsetzen, als gehöre er nicht mehr Stscherbatow. Er wußte, welche Gefahr über ihm schwebte. Stscherbatow hatte sich eines furchtbaren Vergehens schuldig gemacht, er hatte in dieser angespannten Situation den Befehl seines Vorgesetzten mißachtet. Die wutschäumende Stimme des Armeebefehlshabers am Telefon, seine Drohung, er werde Stscherbatow vors Kriegsgericht bringen, hatte Sorokin in Panik versetzt. Er war hierhergeeilt, bebend vor Angst, Stscherbatow könne durch seine überstürzten, unbedachten Maßnahmen einen Konflikt mit den Deutschen heraufbeschwören. Er war gekommen, um Stscherbatow den Befehl persönlich zu überbringen, um ihn zu überzeugen, bevor es zu spät war, bevor Maslowski und der Staatsanwalt eintrafen, die schon unterwegs waren. Aber jetzt, als er über all das Bericht erstattete, fühlte er sich vor diesem Mann schuldig, als habe er ihn verraten. Seine Hände zitterten an der Hosennaht.

Stscherbatow aß in aller Ruhe seine Suppe, während sein Stabschef und sein Kommissar vor ihm standen wie Ärzte am Bett eines Todgeweihten. Als er fertig war, stellte er das Kochgeschirr ins Gras, holte das Zigarettenetui aus der Hosentasche, rollte eine Zigarette zwischen den Fingern, klopfte mit dem Mundstück auf den Deckel und steckte sich dann die Zigarette an. „Na", fragte er und sah Browalski durch den Zigarettenrauch blinzelnd an. „Was gibt's Neues in Moskau?"

Er fragte freundlich wie jemand, der sich nach dem Mittagessen wohlig matt fühlt. Erst nach einigen tiefen Zügen wich der schläfrige Ausdruck aus seinen Augen.

Browalski ging nervös auf und ab. „Ich verstehe überhaupt nichts mehr", sagte er und sah sich um, denn er wollte nicht, daß ihn ein Außenstehender hörte. Aber außer ihnen dreien und Nesterenko war niemand in der Nähe. „Heute morgen, als ich zum Flugplatz fuhr, war halb Moskau unterwegs; mit Picknickkoffern und Hängematten, mit Kind und Kegel fuhren die Leute zu ihren Datschen. Es war glühend heiß, überall herrschte Sonntagsstimmung. Aber in dem Hotel, wo ich wohnte, sind gestern abend ganz plötzlich alle Ausländer abgereist. Unten in der Halle konnte man nicht treten vor lauter Koffern. Alles ausländische Koffer mit bunten Aufklebern drauf. Die Leute saßen auf ihren Koffern wie Flüchtlinge und warteten nervös auf das nächste Taxi. Einer nach dem anderen ist abgefahren. Nur die Deutschen sind geblieben ..."

Plötzlich wurde er rot. Da er es nicht verbergen konnte und die anderen es sahen, setzte er eine finstere Miene auf. „Ich verstehe überhaupt nichts mehr. Vor drei Tagen komme ich abends aus meinem Hotelzimmer. Plötzlich werde ich zur Seite geschoben. Im Korridor herrscht Gedränge. Die Zimmermädchen, die Kellner und noch irgendwelche Leute stehen Spalier. Die Treppe rauf kommt ein Deutscher in Zivil, der Haltung nach aber ein hoher Militär. Mit der Zahnbürste im Mund schritt er die Ehrenfront ab. Wir mußten warten, bis er vorbei war."

Über den eigentlichen Grund, der ihm die brennende Röte ins Gesicht trieb, sprach er nicht. An jenem Abend, nach dem Erlebnis mit dem Deutschen, hatte er mit einer Dame im Restaurant gesessen. Ihr Tisch stand dicht an der Tür. Zwei deutsche Luftwaffenoffiziere traten ein, sahen sich suchend um und kamen auf Browalskis Tisch zu, an dem noch zwei Plätze frei waren. Der eine lächelte der Dame galant zu, dann wandte er sich lächelnd an Browalski, als wolle er fragen, ob sie sich setzen dürften. Der Abend war verdorben, denn Browalski legte aus begreiflichen Gründen keinen Wert auf weitere Gesellschaft. Trotzdem wollte er das Lächeln des Deutschen erwidern. Schließlich waren sie Gäste und dem Pakt nach sogar Freunde, und er war der Gastgeber, ein Vertreter seines Landes. Dieses Lächeln und die Bereitwilligkeit, mit der er den Deutschen die freien Plätze hatte anbieten wollen, konnte er sich bis jetzt nicht verzeihen. Die Deutschen blieben jedoch stehen, und der eine sagte laut und deutlich: „Halt, Kurt, ein Jude, komm weg von hier!"

Sie entfernten sich. Browalski biß sich die Lippe wund, um nicht aufzuspringen und dem Deutschen ins Gesicht zu schlagen. Noch vor einigen Jahren hätte er nicht gezögert. Aber in den letzten Jahren hatte er sich daran gewöhnt, seine Handlungen bestimmten genormten Verhaltensregeln anzupassen, die nirgends festgelegt und dennoch zur Richtschnur allen Handelns geworden waren. Er hatte sich daran gewöhnt, die Dinge mit den Augen eines Unbeteiligten zu sehen. Ein Regimentskommissar verprügelt im Restaurant keinen Flieger eines befreundeten Landes. So war er sitzen geblieben, mit Schande bedeckt, obwohl er kein Feigling war, sondern ein mutiger und kräftiger Mann, ein Kommissar der Roten Armee. Die Faschisten benahmen sich in dem fremden Land, als wären sie hier zu Hause, während er, ein Bürger dieses Landes, auf sie Rücksicht nehmen mußte. Der Kellner stand in ehrerbietiger Haltung vor ihnen. Sie hatten es sich bequem gemacht, rauchten, plauderten und taxierten mit Kennermiene die Frauen an den Nebentischen.

An diesem Abend dachte er zum erstenmal über Dinge nach, die bis dahin tabu für ihn waren. Er war nicht naiv, er wußte, daß Gefühle in der hohen Politik nichts zu suchen haben und daß man Konzessionen machen muß, um bestimmte Ziele zu erreichen. Doch heute hatte er die Folgen davon am eigenen Leibe gespürt. Im eigenen Land hatte ihn ein Faschist beleidigt, ohne daß er sich wehren konnte. Zum erstenmal legte er sich die Frage vor, ob die Grenze zwischen Taktik und Prinzipientreue deutlich genug war. So notwendig, ja vielleicht sogar unumgänglich der Nichtangriffspakt war, er zeitigte doch viele unvorhergesehene Folgen, die nur schwer zu beseitigen waren.

Nicht einmal mit Stscherbatow vermochte Browalski darüber zu sprechen, es war zu beschämend für ihn. Er hatte eine Ohrfeige eingesteckt, anstatt eine auszuteilen. Diese Schmach brannte noch in ihm.

Sorokin sah mit Entsetzen, daß sich die beiden über Nebensächlichkeiten unterhielten, während jeden Augenblick etwas Furchtbares geschehen konnte. Getrieben von dem Wunsch, Stscherbatow zu retten, solange noch Zeit war, sagte er flehentlich: „Iwan Wassiljewitsch, vielleicht habe ich mich vorhin nicht deutlich genug ausgedrückt. Ein Mitglied des Kriegsrates der Armee und der Staatsanwalt sind auf dem Weg hierher. Sie können jede Minute ..."

Stscherbatow sah ihn von unten herauf an. Er verstand Sorokin, deshalb sagte er freundlich: „Fahren Sie zum Stab! Dort werden Sie jetzt gebraucht. Überprüfen Sie, ob die Telefonverbindung hergestellt wurde und ob auf dem Reservegefechtsstand alles klappt!"

Sorokin blieb unschlüssig stehen. Seine hochgezogenen Schultern und die nervös zuckenden Finger verrieten, wie sehr er mit sich kämpfte. Er mußte gehorchen, doch er kam sich vor wie ein Mensch, der einem Selbstmord beiwohnt, alles sieht und doch nicht helfen kann.

Als Sorokin abgefahren war, setzte sich Browalski neben Stscherbatow ins Gras. Sie rauchten und schwiegen. Dann legte Browalski die Hand auf Stscherbatows Knie, fest und freundschaftlich, und Stscherbatow begriff – was auch geschehen mochte, der Kommissar würde zu ihm halten.

Als sie zum Stab zurückkehrten, war es schon dunkel. Stscherbatow wurde sofort an den Apparat gerufen. Er nahm den Hörer ab. Browalski und Sorokin sahen ihn an.

„Stscherbatow?"

Lapschin war am Apparat, und alle wußten, was jetzt kommen würde. Stscherbatow hielt in der einen Hand den Hörer, mit der anderen griff er nach dem Deckel des Tintenfasses auf dem Tisch und klappte ihn mechanisch zu. Für Browalski und Sorokin hatte seine Ruhe etwas Beängstigendes. Der Offizier vom Dienst öffnete vorsichtig die Tür und verschwand sofort wieder. Stscherbatow bemerkte es nicht. Er lauschte den Atemzügen am anderen Ende der Leitung und wartete. Er war auf alles gefaßt. Nur nicht auf das, was er jetzt zu hören bekam: „Stscherbatow! Alarmbereitschaft für alle Divisionen! Halte Munition bereit. Aber denk daran, daß es sich vielleicht nur um eine Provokation handelt. Die Lage kann kompliziert werden. An die Truppe gib noch keine Munition aus!"

Browalski, der Stscherbatow wie gebannt anstarrte, sah plötzlich, wie dessen Gesicht aschfahl wurde. Stscherbatow legte den Hörer auf und nahm mechanisch die Mütze vom Kopf – er wußte gar nicht, was er tat. Es war soweit! An sich selbst dachte er nicht, er dachte nur an die schreckliche Katastrophe, die über sie alle hereingebrochen war. Er setzte sich, und die anderen wagten nicht, ihn anzusprechen. „Nun gut", sagte er und sah Browalski an. „Wir haben es kommen sehen, nun ist es soweit. Wir haben Befehl, die Truppen in Alarmbereitschaft zu versetzen."

In der Nacht, als er seine Anordnungen getroffen hatte, fuhr er noch einmal zu sich nach Hause. Er wohnte allein in einem spartanisch eingerichteten Zimmer. Ein Feldbett, auf dem eine Decke lag, ein Schreibtisch, eine Bürolampe, ein Radioapparat und mehrere Bücherregale bildeten das Mobiliar. Stscherbatow lebte sehr bescheiden, nur Bücher kaufte er, sooft er Gelegenheit hatte. Er las nachts beim Schein der Bürolampe, die er sich ans Bett holte, rauchte, trank kalten Tee und überließ sich seinen Gedanken. Mit der Zeit sammelten sich immer mehr Bücher an, je nachdem, wie lange er an einem Ort lebte.

Heute überkam Stscherbatow beim Anblick der Bücher ein seltsames Gefühl. Sie erinnerten ihn daran, wie hilflos und ohnmächtig doch der menschliche Geist ist, wie oft er unter Trümmern begraben wird, so daß die Menschen auf rauchenden Trümmerstätten wieder von neuem anfangen müssen.

Er nahm einzelne Bücher aus dem Regal, schlug sie auf und stellte sie wieder an ihren Platz. Aus einem der Bücher fiel etwas heraus. Eine Broschüre. Er bückte sich danach. Auf grobem, grauem Papier die Plakatschrift der zwanziger Jahre. Stscherbatow schlug das Heft auf. Quer über der ersten Seite stand die scherzhafte Widmung: „Dem Mann der Kusine vom Mann der Kusine. Zur Lektüre empfohlen, denn Lesen bildet." Darunter eine langgezogene Unterschrift, bei der man jeden Buchstaben entziffern konnte: F. Jemeljanow. Vor vier Jahren hatten Stscherbatow und seine Frau nach dieser Broschüre gesucht und in ihrer Wohnung das Unterste zuoberst gekehrt. Sie hatten sie gesucht, um sie zu verbrennen, aber sie war unauffindbar geblieben. Jetzt betrachtete Stscherbatow aufgeregt das kleine Heft in seiner Hand. Wenn er die Widmung las, fiel ihm so manches wieder ein. Er dachte an den Abend, an dem er Jemeljanow zum letztenmal gesehen hatte.

Es war im Sommer 1937, die Ereignisse hatten bereits erschreckende Ausmaße angenommen. Stscherbatow kam eines Abends nach Hause und mußte, da der Fahrstuhl streikte, zu Fuß zum fünften Stock hinaufsteigen, vorbei an den Wohnungen der einzelnen Mieter. So sah er in wenigen Minuten, was sich im Laufe der Zeit in ihrem Hause verändert hatte. Er erinnerte sich an die Menschen, die noch vor kurzem hinter den vielen Türen gewohnt hatten, an ihre Gesichter, ihre Stimmen. Früher durchzogen die verschiedensten Gerüche das Treppenhaus, besonders an den Feiertagen. Auf jeder Etage wurde gebacken und gebraten. Türen wurden aufgerissen und zugeschlagen, fröhlich kreischende Kinder rasten, als wäre der Teufel hinter ihnen her, die Treppe herauf und hinunter. Mütter riefen auf den Hof hinaus: „Tomotschka! Vitja! Vi-itja! Wart nur, wenn Vati kommt, dann gibt's was!" Jetzt waren die Türen versiegelt, und seine Schritte hallten dumpf auf den Steinstufen.

Im ersten Stock hatte in zwei zusammengelegten Wohnungen ein Divisionskommissar gewohnt, ein mürrischer Mann. Die Kinder auf dem Hof hatten Angst vor ihm. Er war im Bürgerkrieg durch ein Schrapnell verwundet worden, als er sein Regiment in den Kampf führte. Das Bein war schlecht verheilt, die Wunde schmerzte, und wahrscheinlich war er deshalb so mürrisch. Er wurde als erster abgeholt.

Ihm gegenüber hatten ein Militäringenieur und seine Frau gewohnt, junge, gesunde und hübsche Menschen, die wunderbar zueinander paßten. Sie erwarteten ein Kind, und es war rührend zu sehen, wie er sie abends beim Spaziergang stützte. Sie sagte oft: „Mein Gott, jetzt bekomme ich ein Kind, in diesen Zeiten!“ Er wurde ebenfalls verhaftet, kurze Zeit nach dem Divisionskommissar.

Die dritte Tür auf dieser Etage war nicht versiegelt. Hier wohnte ein Pechvogel, ein Mann, der in seinem Leben kein Glück hatte, wie seine Frau allen Nachbarn vorjammerte. Sie beklagte sich über ihr trauriges Schicksal und bedauerte, diesen Menschen geheiratet und ihm vier Kinder geboren zu haben, mit denen sie sich jetzt herumplagen mußte.

1934 hatte dieser Mann in Gegenwart einiger Kollegen gesagt: „Was wird bloß, wenn Genosse Stalin einmal stirbt?“ Er hatte sich nichts Böses dabei gedacht, sondern wollte im Gegenteil ausdrükken, wie entsetzlich es wäre, wenn Genosse Stalin stürbe. Die anderen sollten sehen, wie ergeben er dem Genossen Stalin war. Er wurde aus der Partei ausgeschlossen und fand lange keine Arbeit. Schließlich konnte er als kleiner Angestellter in einem Büro unterschlüpfen, wo er noch heute saß.

Stscherbatow stieg die hallende Steintreppe in den fünften Stock hinauf. Die Nachbarwohnung war nicht mehr verplombt. Unlängst war dort ein neuer Mieter eingezogen. Er kam im allgemeinen spät nach Hause, und morgens trieb er Gymnastik auf dem Treppenabsatz. In Unterhemd und Reithose, mit baumelnden gestreiften Hosenträgern und Turnschuhen an den bloßen Füßen machte er mit vorgestreckten Armen Kniebeugen. „Eins, zwei! Eins, zwei!“ Die Hose spannte sich in den

Knien. Einatmen, ausatmen. „Guten Tag, Oberst!" grüßte er Stscherbatow. „Bei mir wird renoviert", er lächelte vieldeutig und machte eine Kopfbewegung in Richtung seiner Wohnungstür. „Sie haben doch nichts dagegen, daß ich hier meine Gymnastik mache?"

Er war freundlich und zeigte unaufdringlich die Sympathie, die er für seinen Nachbarn hegte.

Stscherbatow klingelte an seiner Wohnungstür und lauschte in die Stille. Dann hörte er die schnellen, frohen Schritte seiner Frau. Im Flur legte er den Mantel ab und hängte ihn an den Haken, seine Frau stand neben ihm. Er kam nicht aus dem Krieg, nicht einmal aus einem Manöver, sondern ganz einfach von seinem täglichen Dienst. Aber die Menschen hatten das Selbstverständliche schätzengelernt. Er strich ihr wortlos übers Haar und gab ihr einen Kuß, weil sie auf ihn gewartet hatte.

Dieser Abend brachte für ihn eine freudige Überraschung. Sein alter Freund Fjodor Jemeljanow kam zu Besuch. Sie waren weitläufig miteinander verwandt, denn sie hatten zwei Kusinen geheiratet. Aber Jemeljanow bekleidete einen hohen Dienstgrad, und Stscherbatow vermied es, sich als Verwandter in Erinnerung zu bringen. Er besuchte ihn allenfalls zum Geburtstag, wenn es gar nicht zu umgehen war. Jemeljanow war auf Grund seiner Stellung gut informiert, und schon deshalb freute sich Stscherbatow über seinen Besuch. Jemeljanow kam mit seiner Frau, er war heiter und unbeschwert und holte zwei Flaschen Kognak aus den

Manteltaschen. „Nimm, aus meinem privaten Weinkeller!“ Stscherbatow schöpfte neue Hoffnung. Vielleicht hatte sich etwas geändert? Seine Frau Anja rumorte freudig erregt in der Küche – überraschender Besuch war jetzt eine Seltenheit. Und noch dazu solcher! Sie hatte Jemeljanow gern. Der hünenhafte Mann mit dem kühlen und scharfen Intellekt gehörte zu jenen Menschen, die nur an den Brennpunkten der Geschichte in Erscheinung treten. In solchen Augenblicken kommen sie mit ihrem Wissen, ihrem Geschick und ihrer Zuversicht und nehmen, ohne lange zu fragen, die schwerste Last auf ihre mächtigen Schultern. Die Revolution hatte viele solche Männer hervorgebracht.

Jemeljanow lebte intensiv und arbeitete intensiv. Wenn er nach langer Trennung wieder einmal zu Hause war, trug er seine Frau auf Händen und verwöhnte auf Männerart seine beiden Söhne. Sie reinigten und ölten die Gewehre und gingen zu dritt auf die Jagd, der jüngste Jemeljanow, der mittlere, der schon die Schule besuchte, und der Vater. Die Gespräche kreisten um das, was Jungen interessiert – Judo, Boxen, Schießsport. Sonntags, wenn die Mutter noch schlief, wurden Skiausflüge gemacht. Zum Frühstück waren sie wieder zurück – der ältere Sohn auf seinen eigenen Beinen, der jüngste mitsamt den Skiern auf den Schultern des Vaters. Ihre dicken Wollpullover dampften.

Jemeljanow war sehr großzügig, besaß aber eine kleine Schwäche, mit der ihn seine Freunde immer wieder aufzogen. Er verborgte niemals ein Buch aus seiner Bibliothek, denn er war fest überzeugt, daß kein normaler Mensch ein Buch, das ihm gefallen hat, freiwillig zurückgibt. In seiner Jugend hatte er nicht die Möglichkeit zu studieren, deshalb kaufte er später Unmengen von Büchern und las nächtelang.

An jenem Abend kam er mit seiner Frau zum Familienbesuch, fröhlich und unbeschwert wie je. Aber als sie bei Tisch saßen, sah Stscherbatow, daß seine Fröhlichkeit nicht ganz echt war. Seine Frau blickte ihn einigemal besorgt an, doch er schien es nicht zu bemerken. Er saß neben Stscherbatows kleinem Andrej und überhäufte ihn mit Fragen; wenn er ihn aus dem Konzept gebracht hatte, lachte er schallend. Doch plötzlich hörte er auf zu lachen und sagte zu Stscherbatow: „Komm, zeig mir mal deine Bibliothek!"

Stscherbatow begriff sofort – Jemeljanow wollte etwas mit ihm besprechen. Sie setzten sich in Stscherbatows Arbeitszimmer und rauchten.

„Du willst wissen, was es Neues gibt?" fragte Jemeljanow unumwunden. „Die Leute sind heute mehr an Neuigkeiten interessiert als an der Wahrheit." Er lachte bitter. „Jeder sitzt in seiner Ecke und denkt: Vielleicht erwischt's mich nicht. Wie sagen wir immer zu unseren Soldaten? Nur nicht liegenbleiben, wenn's kracht, vorwärts! Die anderen kommen schon nach! Ja, im Kampf ist alles einfach und klar. Wenn der Tapfere fällt, erwartet ihn Ruhm. Uns erwartet nur die Schande. Geh auf die Straße und versuch mal, die Wahrheit zu sagen!

Schon am nächsten Tag würden alle deine Bekannten zittern, wenn sie bloß deinen Namen hören."

Er drückte seine Zigarette im Aschenbecher aus und ging, die Hände auf dem Rücken gefaltet, im Zimmer auf und ab. Seine Finger knackten. „Du bist Kommunist, aber wenn du eines Tages spurlos verschwindest, halten dich alle für einen Volksfeind. Das ist das schrecklichste."

Er stand am Fenster und blickte auf die Straße. Seine breiten Schultern hingen herab. Durch das kurze Nackenhaar schimmerte die braungebrannte Haut. Stscherbatow hörte ihm zu, und ihn quälte der Gedanke, daß die Ofenklappe offenstand. Er wußte auch, wie dünn die Wände waren. Er mußte die ganze Zeit daran denken, es war ihm schon in Fleisch und Blut übergegangen. Er schämte sich seiner Gedanken, aber sie waren stärker als er.

„Schreckliche Opfer werden verlangt", sagte Stscherbatow. „Unschuldige müssen leiden. Doch wenn man bedenkt, wie viele Feinde wir haben, wie unser Land von allen Seiten umzingelt ist ... Aber darum geht es gar nicht. Ich finde nur, es ist nicht so furchtbar, wenn wir uns für unsere Idee opfern müssen."

Plötzlich wurde ihm klar, daß seine Worte nicht für Jemeljanow bestimmt waren, daß er auch nicht mit sich selbst sprach. Er hatte alles nur gesagt, weil man sie hören konnte. Es lief ihm kalt über den Rücken bei dem Gedanken, Jemeljanow könnte ihn durchschauen, denn er hatte ihn eben so gut wie verraten, ganz heimlich, im stillen, ohne daß ihn besondere Umstände dazu gezwungen hätten. Im Kampf würde er ohne Zögern sein Leben für Jemeljanow opfern. Wie konnte er ihn dann an jene unsichtbare Macht verraten, die neuerdings von seinem Denken und Fühlen Besitz ergriffen hatte?

Aber Jemeljanow durchschaute ihn nicht. Ein solcher Gedanke lag ihm einfach fern. Er wandte sich vom Fenster ab, sah Stscherbatow scharf an und drohte mit dem Finger. „Das glaubst du ja selber nicht. Nicht einmal dieser Trost ist uns geblieben. Unsere Idee bedarf seit langem keiner Opfer mehr, sie verlangt nach Schutz. Die Menschheit ist ja nicht erst heute auf die Welt gekommen, sie hat bereits einiges erlebt und darüber nachgedacht."

Er trat an den Bücherschrank und zeigte auf einen Band. „Du hast hier Anatole France. Heute nacht hab ich ihn zufällig zur Hand genommen und die ganze Nacht darin gelesen. Es gibt da eine Rede von ihm aus dem Jahre 1905: ‚Für das russische Volk'. Darin kommt er auch auf die Dreyfusaffäre zu sprechen. Man kann nur staunen, wenn man das liest. Nicht Tausende sind da vom Zuchthaus bedroht, sondern ein einziger Mann, und deswegen solch ein Lärm. Einen Augenblick, ich hab's gleich. Wie das klingt: ‚Der unschuldige Dulder'. Solche Worte haben wir uns längst abgewöhnt." Er suchte im Inhaltsverzeichnis.

„Hier ist es schon, hör dir das an! Er wendet sich an die Jugend: ‚Als wir einen unschuldigen Dulder gegen die Mächte der Gewalt und der öffentlichen Meinung verteidigten, lehrten wir euch, daß man seine Denkungsart nicht ihrer Denkungsart unterwerfen darf. Wir lehrten euch, der Stimme des Gewissens zu folgen. Wir lehrten euch, einem gewaltigen Verbrechen die Stirn zu bieten. Wir lehrten euch, die Wahrheit so zu verkünden, daß ihre Stimme das Säbelrasseln und das Geschrei der Menge übertönt. Wir lehrten euch, wie tapfere Männer zu handeln, wenn Richter schweigen und Minister lügen ...' Siehst du!"

Jemeljanow sah Stscherbatow eine Weile unverwandt an. „Es ist furchtbar, daß wir selbst mitgeholfen haben, den blinden Glauben an *ihn* zu festigen", fuhr er dann fort. „Jetzt sind wir machtlos gegenüber diesem Glauben. Die Wahrheit erscheint den Menschen als Lüge, wenn sie ihren heutigen Vorstellungen nicht entspricht. Stell dir vor, es würde jemand den Mut aufbringen und vor das ganze Volk hintreten, in einer Rundfunkansprache zum Beispiel, und die Wahrheit verkünden, über Stalin, über alles. Von diesem Augenblick an würden auch diejenigen, die bis dahin noch Zweifel hatten, glauben, daß es überall von Feinden wimmelt, sie würden überhaupt alles glauben und jede Art von Grausamkeit als gerecht empfinden! Zu unserem Unglück wirken sich die Folgen großer Ereignisse erst später aus, erst nach Jahren werden sich die Menschen der Leiden bewußt."

Plötzlich hörten sie, wie im Treppenhaus auf ihrer Etage der Fahrstuhl aufsetzte. Schweigend lauschten sie, bis sich die Schritte entfernt hatten.

Jemeljanow lachte als erster, über Stscherbatow und über sich selbst. „So sieht unser Leben jetzt aus", sagte er und stellte das Buch wieder in den Schrank. „Wenn man darüber nachdenkt, zweifelt man an seinem eigenen Verstand. Wir sind beide Kommunisten, es gibt nichts Teureres für uns als die Sowjetmacht. Trotzdem haben wir Angst, den Mund aufzumachen, und werden uns bald vor unseren eigenen Gedanken fürchten. Kennst du den neuesten Witz? Also, es ist Abend. Die Familie sitzt bei Tisch. Plötzlich", er zeigte in die Richtung, aus der das Liftgeräusch gekommen war, „klingelt es. Alle sehen sich an: Wer soll hingehen und öffnen? Schließlich schicken sie den alten Großvater. Er braucht eine Ewigkeit, um bis zur Tür zu kommen. Aber zurück kommt er im Galopp gelaufen. ‚Die ganze Aufregung war umsonst!' ruft er schon von weitem. ‚Das Haus brennt bloß!'"

Sie konnten nur unfroh lächeln.

Beim Abschied, er hatte schon die Türklinke in der Hand, zögerte Jemeljanow. Er sah Stscherbatow an, traurig, zärtlich und freundschaftlich, lange Zeit, als wolle er für immer Abschied nehmen. Dann wurde sein Blick wieder streng, und er sagte: „Es wird Krieg geben, aber eine Niederlage erleiden wir schon jetzt. Und es wird gefallene namenlose Helden geben, die nicht hätten zu sein brauchen."

Er ging und hinterließ im Haus das drückende Vorgefühl eines kommenden Unglücks. Es verfolgte Stscherbatow Tag und Nacht, selbst im Schlaf. Als ihn seine Frau eines Nachts weckte, war er sofort hellwach, als habe er überhaupt nicht geschlafen. Es war noch dunkel, und die Fenster waren kaum heller als die Wand. Er sah ihr bleiches Gesicht und hörte ihre flüsternde Stimme: „Jemeljanow hat sich erschossen."

Er spürte, wie ihm übel wurde. Mit zitternder Hand tastete er nach einer Zigarette und begann zu rauchen. Aus dem Korridor drang Schluchzen, aber er empfand weder Mitleid noch Schmerz. Er war wie betäubt und starrte mit leerem Blick auf den Fußboden. Jemeljanow hatte sich entschieden. Ob richtig, ob falsch – jetzt war er bereits im Recht. Kein Gewissen, nichts quälte ihn mehr.

Die folgenden Tage lasteten schwer auf Stscherbatow. Sie ließen nicht einmal Angst aufkommen. Bei Jemeljanow wurde noch in derselben Nacht eine Haussuchung durchgeführt, neugierig durchwühlte man seine Papiere und Briefschaften, dann wurde der Tote abgeholt, als werde er noch nach dem Tode verhaftet. Bei der Beerdigung war die Öffentlichkeit ausgeschlossen. Als Stscherbatow Tage später das Haus der Jemeljanows betrat, fühlte er deutlich, welch ein Abgrund diese Familie von den anderen Menschen trennte. Lange saß er bei den verwaisten Kindern und erzählte ihnen allerlei Geschichten, meist vom Krieg. Am liebsten wäre er in Jemeljanows Arbeitszimmer gegangen, um eine Weile über alles nachzudenken, aber das Zimmer war versiegelt. Nur ein Stückchen gelbes Wachs hing an der Tür, doch es war mächtig und unerbittlich wie das Gesetz. Deutlich gab es den Menschen zu verstehen, daß sie hier unter Aufsicht standen und nur geduldet waren, bis man alles aufgeklärt hatte. Die Frau und die Kinder schlichen wie verloren durch die Räume und vermieden es, die Möbel zu berühren, als gehörten sie nicht mehr ihnen. Sie sprachen flüsternd in der unheimlichen Stille, und Stscherbatow wußte zeitweise nicht mehr, ob das alles hier geschah oder bei ihm zu Hause.

Ihm war klar, lange würde es nicht mehr dauern. Eines Abends kam ein Anruf. Er ging selbst zum Telefon. „Hier Stscherbatow!"

Schweigen, dann plötzlich hastiges Flüstern: „Onkel Iwan, ich bin's, Tolja Jemeljanow. Ich rufe aus einer Telefonzelle an. Darf ich schnell mal zu Ihnen kommen?"

„Komm, so schnell du kannst, wir erwarten dich!"

Sie mußten lange warten. Anja ging immer wieder zum Fenster und sah auf die Straße, bei jedem Liftgeräusch sprang sie auf und rannte zur Tür. Als er endlich kam, klein, geduckt, mit kahlgeschorenem Kopf, als er im Flur ungeschickt den Mantel ablegte, preßte sie die Hand vor den Mund und brach in Tränen aus, denn sie wußte sofort Bescheid.

Er war fast fünf Jahre jünger als ihr Sohn Andrej. Doch das Leben fragte nicht nach dem Geburtsschein. Über Nacht wurden aus Kindern Erwachsene. Und so kam es, daß sie Andrej, den älteren, ins Kinderzimmer sperrten, während sie mit Tolja wie mit einem Erwachsenen sprachen. Anja füllte ihm den Teller mehrmals nach, und er ließ sich nötigen, das war früher nie seine Art. Aber er aß, denn er war hungrig. Und erzählte:

„Mama hat jede Nacht gewartet. Wenn ich aufwachte, merkte ich, daß sie nicht schlief. Nächtelang ist sie auf und ab gegangen. Dabei hat sie die Hände an die Schläfen gepreßt. Ihre Hände waren immer ganz kalt. Sie sagte, sie muß über was nachdenken. Aber wie konnte sie nachdenken, wenn sie überhaupt nicht mehr geschlafen hat? Manchmal haben wir sie am Tag mit Gewalt ins Bett gebracht, aber sie konnte einfach nicht einschlafen. Dann fing sie an, in Vaters Sachen zu kramen. In Gedanken war sie ganz woanders. Mit einer Socke in der Hand saß sie manchmal stundenlang da und sah und hörte nichts. Nicht einmal Mittagessen hat sie gekocht. Als sie abgeholt wurde, war sie kein bißchen aufgeregt. Sie hat uns bloß geweckt, ganz ruhig. Der eine in Zivil war irgendein hohes Tier. Mama hat ihm gesagt, sie will sich waschen. Dann ist sie ins Badezimmer gegangen. Er hat es erlaubt, nur die Tür mußte sie offenlassen. Er hat sich davorgestellt. Aber zugesehen hat er nicht. Er hat sich in der Wohnung ganz genau umgeschaut und sogar probiert, ob die Fenster richtig schließen. Dann haben sie alles aufgeschrieben, und da habe ich gesehen, daß sie in ihrer Mappe noch einen Aktendeckel hatten. So einen dünnen gelben mit Borjas Namen: ‚Boris Jemeljanow'. Sie haben ihn gleich versteckt, Mama und Borja haben ihn gar nicht gesehen, nur ich habe ihn gesehen, aber ich habe nichts davon gesagt."

Stscherbatow gab es einen Stich ins Herz. „Warum bist du nicht gleich zu uns gekommen?"

Tolja senkte den Blick. „Ich hatte Angst, sie holen Borja ab, wenn ich nicht da bin; ich wollte ihn nicht allein lassen."

Aber es gab noch einen anderen Grund, den er ihnen nicht sagte; er, der kleine Junge, hatte sie schonen wollen. Und sie begriffen das.

„Borja hat von nichts gewußt. Er hat immer wieder gesagt: ‚Laß man, Tolja, wenn ich erst in der Fabrik arbeite ...' Er hat sich auch überall beworben, aber keiner wollte ihn haben. Wir haben zusammen die ganze Wohnung aufgeräumt. Er war immer so nett zu mir, hat mir das Frühstück in den Ranzen gesteckt, und mittags hat er auf mich gewartet. Abends hat er mir bei den Schularbeiten geholfen. Vorgestern haben sie ihn geholt. In der Nacht. Ich bin gleich aufgewacht, als es klingelte. Borja hat weitergeschlafen, er wußte ja von nichts. Sie sind durch den Vordereingang gekommen, und wir haben doch noch einen extra Eingang zur Küche. Da hab ich ihn schnell geweckt und gesagt: ‚Lauf weg, durch den Hintereingang. Sie kommen dich holen. Ich mach erst auf, wenn du weg bist.' Das hatte ich mir schon vorher überlegt. Er wollte auch weglaufen, hat sich ganz schnell angezogen, aber dann hat er sich aufs Sofa gesetzt und gesagt: ‚Mach auf!' Dabei hat er am ganzen Leibe gezittert, es war schrecklich, nicht einmal die Schuhe konnte er sich allein anziehen. Dann hab ich die Tür aufgemacht. Sie waren schon wütend, weil wir so lange dazu gebraucht haben. Mich haben sie beiseite gestoßen, dann haben sie sich auf Borja gestürzt. Wir haben so ein hartes Sofa, darauf hat Borja immer geschlafen. An der Wand hingen seine Boxhandschuhe. Auf diesem Sofa hat er gesessen. Und als sie ihn abgeführt haben, hat er geweint. Bestimmt meinetwegen, weil ich nun ganz allein war. Er konnte ja nicht wissen, daß sie mich auch wegbringen würden. Sie haben mich gleich in ein Kinderdurchgangsheim gesteckt. Da sind viele solche Kinder. Und es werden ständig mehr. Onkel Iwan, von da komme ich gerade. Aber ich muß gleich wieder zurück, sonst suchen sie mich. Sie haben mir nämlich Fingerabdrücke abgenommen. Das machen sie da mit allen. Und mich fotografiert. So, von vorn, mit einem Sperrholzbrett in der Hand. Und so", er drehte sich ins Profil, und erst jetzt begriffen die Stscherbatows, warum er kahlgeschoren war. „Tante Anja, Sie brauchen doch deswegen nicht zu weinen. So schlimm ist es ja gar nicht, wir bekommen dreimal am Tag zu essen. Die Kleinen bis zu sieben Jahren fühlen sich ganz wohl. Die sind noch dumm und freuen sich, daß sie schaukeln dürfen."

Er schwieg und duckte sich wieder wie vorhin. Er war kahlgeschoren wie ein minderjähriger Verbrecher und hatte oben auf dem Kopf einen Tintenfleck. „Onkel Iwan", sagte er und sah Stscherbatow an, so hilfesuchend, so flehentlich, daß sich Stscherbatow das Herz im Leibe umdrehte. „Holen Sie mich von dort weg. Geben Sie mir Kartoffeln zu essen und bloß einmal am Tag, aber holen Sie mich weg! Ich kann ja bald arbeiten gehen. Ich kann zeichnen."

„Hör auf, hör auf!" Stscherbatow winkte heftig ab. Das galt nicht der Bitte des Jungen, sondern dem Gefühl, das während des Gesprächs in ihm erwacht war, denn er hatte längst verstanden und auf die Bitte gewartet. „Hör auf, natürlich nehmen wir dich zu uns!“

Anja hielt es nicht mehr aus, mit Tränen in den Augen drückte sie seinen kahlen Kopf an ihre Brust wie eine Mutter und ließ ihren Tränen freien Lauf. „Du bleibst gleich bei uns. Wir lassen dich nicht mehr weg!“

Tolja befreite sich aus ihrer Umarmung. „Nein, so geht das nicht, wie Sie sich das vorstellen.“ Er sprach mit ihr, als wäre er älter und erfahrener als sie. „Die sind dort sehr streng. Geben Sie mir lieber Geld für die Straßenbahn, ich habe mich schon zu lange aufgehalten. Morgen früh können Sie mich abholen. Sie brauchen sich deswegen keine Sorgen zu machen, Onkel Iwan, die werden nichts dagegen haben. Gestern waren die Verwandten von einem anderen Jungen da und haben ihn weggeholt. Sie müssen bloß sagen, daß Sie mich zu sich nehmen wollen. Aber Sie müssen ein paar Bescheinigungen mitbringen. Von der Arbeit und vom Wohnungsamt, daß Sie genug Wohnraum haben. Sonst lassen sie mich nicht raus.“

Sie brachten ihn zur Straßenbahn. An der Haltestelle bat er, als habe er ihre Gefühle erraten: „Sie müßten gleich morgen früh kommen. Die Bescheinigungen können Sie später bringen. Sonst bin ich vielleicht schon weg, wir bleiben nicht lange im Durchgangsheim.“

Vor ihnen lag eine lange Nacht. Was sie soeben in der ersten Gefühlsaufwallung gesagt hatten, konnte erst nach reiflicher Überlegung in die Tat umgesetzt werden, denn es war eine nicht geringe Gefahr damit verbunden. Am nächsten Morgen mußten sie hingehen, Bescheinigungen besorgen und sagen, wofür und weshalb sie sie brauchten.

Wieviel Zeit war seit dem Besuch Jemeljanows vergangen? Hier an diesem Fenster hatte er gestanden, die Hände auf dem Rücken gefaltet, und hatte auf die Straße hinuntergesehen, auf seinen Wagen, der unter einer Laterne stand. Jetzt wußte Stscherbatow, worüber der Freund damals nachgedacht hatte. Seine Worte und sein Besuch erschienen ihm jetzt, da er tot war, in anderem Licht. Der Tod verlieh ihnen eine tiefere Bedeutung. War wirklich erst eine Woche seit jenem Tag vergangen? Heute war seine Familie ausgelöscht, nur Tolja war verschont geblieben, weil er noch klein war. Der Lebenswille und die innere Kraft, die von diesem zehnjährigen Jungen ausgingen, gaben Stscherbatow die Gewißheit, daß er durchs Leben kommen würde. Konnte er das auch von Andrej sagen? In stillschweigender Übereinkunft hatten sie alles von ihm ferngehalten. Er stand dem Leben schutzlos gegenüber, sie wußten es.

Stscherbatow sah jetzt das auf sich zukommen, was bisher an ihm vorübergegangen war. Würden die Menschen einst begreifen, daß es zuweilen leichter ist, ein Held zu sein, als schlicht ein anständiger Mensch zu bleiben? Diejenigen, die in den letzten Jahren spurlos verschwunden waren, hätten für ihre Heimat jede noch so schwere Last auf sich genommen und sie als Glück empfunden.

Auf ihre Namen hätte man später stolz sein können. Aber es war ihnen ein anderes Los beschieden.

Stscherbatow war lange genug zurückgewichen. Jetzt war die Grenze erreicht, und er war zum Äußersten bereit. Nur eines vermochte er nicht – seine Familie, in der es jetzt zwei Söhne gab, vor dem Unabwendbaren zu schützen.

Er wußte damals nicht, daß ihm andere Prüfungen bevorstanden, auf die er nicht vorbereitet war. Ihn erwarteten Erfolg und Ruhm.

Bei einem Manöver traf Stscherbatow zufällig seinen alten Freund Sergatschow, mit dem er vor langer Zeit gemeinsam gedient hatte. Er hatte in letzter Zeit kaum noch an ihn gedacht, denn er hatte geglaubt, daß es ihn nicht mehr gab – er stand zu hoch, um nicht zu fallen. Und nun erschien Sergatschow plötzlich beim Manöver, um eine Inspektion durchzuführen. Sie freuten sich beide über das Wiedersehen, als wären sie vom Tode auferstanden. Sergatschow hatte erst vor kurzem einen hohen Posten erhalten, er brauchte Leute, und gegen Stscherbatow lag nichts Negatives vor außer einer Rüge wegen politischer Kurzsichtigkeit. Wenn diese Rüge auch keineswegs ein Ruhmesblatt in der Karriere war, so diente sie doch andererseits als Beweis dafür, daß Stscherbatow die politische Überprüfung verhältnismäßig gut überstanden hatte und neue Hoffnung schöpfen durfte. Er war, mit anderen Worten, in nichts verwickelt, er hatte es nur nicht vermocht, die Feinde, die in seiner Nähe ihr Unwesen trieben, rechtzeitig zu erkennen. Mein Gott, wer war in diesen Jahren nicht kurzsichtig!

Deshalb sagte Sergatschow zuversichtlich: „Die Rüge wird gestrichen. Eine Zeitlang mußt du sie noch tragen, dann wird sie gestrichen."

Lange hatte niemand mehr so zuversichtlich mit Stscherbatow gesprochen. Als käme dieser Mann aus einer anderen Welt, wo die Menschen fest auf der Erde stehen und jeder seinen Wert kennt. Und in diese Welt sollte Stscherbatow jetzt eintreten – als Gleicher unter Gleichen.

Beim Abschied versprach Sergatschow, ihn in Kürze nach Moskau zu holen.

Stscherbatow fürchtete, durch allzu große Hoffnungen den Glücksstern zu verscheuchen, der ihm so unerwartet leuchtete. Aber eines fühlte er schon jetzt – er war für diejenigen, die bisher über sein Schicksal und seine Zukunft bestimmen durften, unerreichbar geworden. Er stand nun außerhalb ihres Machtbereichs. Mit einem Schlag gehörte er zu den Menschen, die überprüft und damit über alle Zweifel erhaben waren. Das war mehr als eine Beförderung. Seine Kollegen fühlten die Macht, die hinter ihm stand, aber sie sahen sie auch in ihm selbst, sie betrachteten ihn mit anderen Augen, als hätten sie erst jetzt seine wahre Größe erkannt. Unter ihren Blicken gewann Stscherbatow sein Selbstvertrauen wieder.

Lange Zeit hatte sich Stscherbatow wie ein Mensch gefühlt, der unter dem Zwang der Verhältnisse vom Leben Abschied nehmen muß. Jetzt durfte er am Leben bleiben, und eine Vielzahl von

Fakten, die er früher nicht beachtet hatte, erschien ihm nun bedeutungsvoll. Ja, vieles wandte sich zum Guten. Flüsternd wurde erzählt, Stalin habe endlich einiges erfahren und sich näher erkundigt. Und als man ihm gemeldet habe, wie viele Menschen eingesperrt waren, sei er böse geworden und habe gerufen: „Nun aber Schluß damit!" Später schämte sich Stscherbatow, wenn er daran dachte, mit welcher Freude er solche Gerüchte aufgegriffen und weitererzählt hatte. Doch damals glaubte er tatsächlich, eine mildere Zeit sei angebrochen. Noch vor kurzem war überall eine Karikatur zu sehen: Eine schwarze, eiserne Hand hält ein klägliches Menschlein so fest umklammert, daß ihm die Zunge zum Halse heraushängt. Das sollte die „eiserne Hand" Jeshows sein. Jeshow hatte abtreten müssen. Auch das schien ein gutes Zeichen zu sein.

Der Enthusiasmus, den Stscherbatow fühlte, hatte auch alle anderen Menschen ergriffen. Noch nie zuvor wurde so viel und so schnell gebaut. Das Land feierte seine Helden. Jeder Tag begann mit Musik. Märsche wurden geschmettert; die Lieder Dunajewskis gingen ins Blut, ließen die Menschen freier atmen und fröhlicher über die Erde gehen. Stscherbatow fuhr quer durch das ganze Land in den Fernen Osten, wo ihn neue Aufgaben erwarteten. Dort waren die letzten Salven des Bürgerkriegs verhallt, dort hatte er im Kampf seine Jugend verbracht. Jetzt fuhr er wieder dorthin, und wieder fühlte er sich jung und stark. Es verlangte ihn nach großen und schweren Aufgaben. Wie lange hatte er sich danach gesehnt!

In seinem Eisenbahnabteil saßen noch drei Obersten, nette Leute, wie er auf neue Posten beordert. Ihre Familien sollten später nachkommen; einstweilen fühlten sie sich wie Junggesellen und genossen ihre Freiheit. Draußen im Gang, auf den schweren Läufern, gingen Reisende vorüber, schwankend im Takt des Zuges. An den Fenstern, vor denen die Telegrafenmasten vorüberhuschten, blieben sie manchmal stehen, um eine Zigarette zu rauchen und in die unendlichen Weiten zu blikken, die in langsamem Wechsel vorüberglitten. Stolze Mütter geleiteten ihre herausgeputzten Kinder in den Waschraum, ängstlich besorgt, daß ihnen nichts zustieß. Im ganzen Wagen roch es nach guten Speisen, Eau de Cologne und teuren Zigaretten. Es herrschte eine Atmosphäre der Zufriedenheit, der Höflichkeit und des Wohlstands. Am lustigsten ging es in Stscherbatows Abteil zu. Draußen war es grimmig kalt, die Felder waren tief verschneit, und durch die feuchte Fensterscheibe leuchtete und glitzerte die Sonne. Auf dem Tisch lagen riesige, in südlicher Sonne gereifte Birnen wie Rostflecke auf dem weißen Tuch und kühle Weintrauben aus dem Speisewagen. Unter dem Tisch hatten die vier Obersten heimlich wie Gymnasiasten die leeren Flaschen verschwinden lassen. Wenn der Zug hielt, stürzte einer von ihnen hinaus, um schnell etwas einzukaufen. Dann wurden die Birnen und Weintrauben beiseite geschoben und Kartoffeln und Gurken auf den Tisch gestellt. Die Kartoffeln dampften noch, denn die Bauersfrau, von der sie gekauft waren, hatte den Topf vorsorglich in eine Wattejacke gehüllt; die Gurken aber waren mit gefrorener Lake bedeckt und knirschten zwischen den Zähnen. Auf dem nächsten Bahnhof griff wieder einer hastig nach der Mütze und stürzte hinaus, um nicht hinter den anderen zurückzustehen.

Gab es Zweifel für Stscherbatow? Er hatte gesehen, wie in dem großen Haus, in dem er wohnte, ein Fenster nach dem anderen erlosch und die Wohnungen verödeten. Doch dann zogen neue Mieter ein. Morgens traten unbekannte Menschen frisch rasiert und satt aus der Haustür, setzten sich in die Dienstwagen ihrer Vorgänger, auf die Polster, die noch nicht erkaltet waren, fuhren in dieselben Ämter und nahmen dieselben, soeben frei gewordenen Schreibtischsessel ein. Aus ihrem Gebaren sprach eine erstaunliche Unbekümmertheit, als seien sie gegen das Schicksal ihrer Vorgänger gefeit, als habe der Pulsschlag des Lebens, der vor ihrem Erscheinen hastig und unregelmäßig war, endlich zu seinem normalen Rhythmus zurückgefunden.

Der Fernost-Expreß trug Stscherbatow durch das Land und ließ mit seinem sanften Schaukeln, mit seiner Wärme und Geborgenheit alle Zweifel versinken. Das Gefühl der Sicherheit, das ihn bei anderen Menschen überrascht hatte, durchströmte nun auch ihn und erfüllte ihn mit Zuversicht.

Auf einem kleinen Bahnhof in der sibirischen Taiga sprang Stscherbatow aus dem Zug, um etwas Eßbares zu kaufen. Hinter einem Güterwagen fand er eine Frau, die ein Huhn feilbot. Während er mit ihr verhandelte, sah sich die in drei Tücher gewikkelte Frau mit flinken Augen nach allen Seiten um, ob nicht ein Milizionär auftauchte, und Stscherbatow amüsierte sich darüber. Es schneite in dichten Flocken. Auf der anderen Seite des Bahnhofs erklang Musik für den eingefahrenen Zug. Stscherbatow war ohne Mantel aus dem warmen Zug gesprungen, aber da er vom Wein erhitzt war, spürte er nichts von der schneidenden Kälte. Mit dem dampfenden, fetttriefenden Huhn, das er an den Beinen hielt, um sich nicht zu beschmutzen, bog er um den letzten Wagen des Zuges und lief den Bahnsteig entlang. Dabei malte er sich aus, mit welcher Begeisterung die Reisegefährten ihn und das Huhn empfangen würden. Es dauerte ein paar Sekunden, bis er begriff, was hier am Ende des Bahnsteigs vor sich ging. Aus dem Lautsprecher erklang ein Walzer von Strauß, und auf den Brettern des Bahnsteigs, im Schnee, knieten wie zum Gebet barhäuptige Männer in Sträflingskleidern. Sie wurden überragt von den mit Gewehren bewaffneten Wachsoldaten, die eben dabei waren, die Köpfe zu zählen. Stscherbatow hätte beinah einen Sträfling umgerannt. Ganz deutlich sah er sein Greisengesicht; auf die hohe wächserne Stirn mit den eingefallenen Schläfen, auf den geschorenen, mit unregelmäßigen grauen Stoppeln bedeckten Kopf senkten sich langsam die Schneeflocken. Das ausgemergelte Gesicht mit den tränenden großen schwarzen Augen war zum Himmel erhoben. Der Sträfling lauschte der Musik, und in seinen Augen lag die ganze Welt, die er verloren hatte.

Aber schon knirschte der Schnee neben Stscherbatow, und ein Wachsoldat in Filzstiefeln und Pelzmantel kam auf ihn zu. Das pelzumrahmte Gesicht war jung, rosig und grausam. „Gehen Sie weiter, Genosse Oberst! Nicht stehenbleiben, das ist verboten.“

Stscherbatow wurde an den Bahnsteigrand gedrängt. Der fröhliche Wintertag mit den milden Sonnenstrahlen und den Schneeflocken erlosch. Noch lange danach sah Stscherbatow den Bahnsteig vor sich, die knienden Sträflinge und sich selbst mit dem dampfenden Huhn in der Hand, satt und glücklich, vom Alkohol gerötet, und er empfand brennende Scham.

Stscherbatow stellte das Buch zurück ins Regal, daneben schob er die Broschüre, die er damals nächtelang vergeblich in seiner Bibliothek gesucht hatte. An der Tür drehte er sich noch einmal um und umfaßte das Zimmer mit einem letzten Blick. So wie die Gegenstände in dieser letzten Nacht vor dem Krieg standen, würden sie ihm in Erinnerung bleiben.

Er nahm nur die Dokumente mit und das Bild seines Sohnes Andrej. Als er sie in die Kartentasche steckte, kam Browalski, um ihn abzuholen. Stscherbatow verschloß die Wohnung, betrachtete eine Weile den Schlüssel in seiner Hand, unschlüssig, wo er ihn lassen sollte, und steckte ihn in die Hosentasche.

Es dämmerte schon, als sie durch die Straßen fuhren. Die Stadt lag in tiefem Morgenschlaf. Erwachsene und Kinder träumten in ihren warmen Betten den letzten friedlichen Traum.

Im Stab schwiegen die Telefone – überall Warten und Schweigen. Die Kommandeure waren vollzählig versammelt. Der Chef der Aufklärung, Petrenko, stand in der Ecke mit dem Gesicht zur Karte. Plötzlich sagte er: „Übrigens, ich bin Vater geworden, ich habe einen Sohn."

„Was?" fragte Sorokin, der nicht verstand.

„Ich habe einen Sohn bekommen. In der letzten Nacht. Genau um fünf Uhr morgens. Wir hatten ja eigentlich mit einem Mädchen gerechnet."

Browalski schaute durchs Fenster in den anbrechenden Tag hinaus und sagte: „Wir können das Licht ausmachen." Er ging zum Schalter, und alle sahen ihn unwillkürlich an. Was dann geschah, kam so plötzlich, daß alle glaubten, es hinge mit seiner Handbewegung zusammen. Browalski hob die Hand, faßte nach dem Schalter, und im selben Augenblick schoß aus der Garage vor dem Fenster eine Flammensäule empor, als hätte er eine Sprengung ausgelöst.

Als alle wieder auf den Beinen standen, bot sich ihnen ein Bild der Verwüstung. Umgestürzte Möbel, zersprungene Fensterscheiben, Pulverqualm. An den Drähten vor dem Fenster baumelte ein halber Telegrafenmast.

Die ganze Stadt hallte von Detonationen wider, über die Häuser hinweg heulten und pfiffen Granaten, und von der Grenze näherte sich dumpfes Brummen – Flugzeuge.

„Alle zum Reservegefechtsstand!" schrie Stscherbatow. Er sah sich noch einmal um, in dem unbestimmten Gefühl, etwas vergessen zu haben.

Der Chef der Aufklärung, Petrenko, stand immer noch vor der Karte, totenblaß, und starrte ihn an.

„Lauf schnell zu deiner Frau!“ sagte Stscherbatow. „Bring sie in den Luftschutzkeller. Dann kommst du zurück.“

Obwohl Stscherbatow später im Krieg noch vieles zu sehen bekam, gehörten die ersten Stunden in der sterbenden Stadt zu seinen schrecklichsten Erinnerungen. Überall brachen Brände aus, die Spirituosenfabrik am Stadtrand stand in hellen Flammen. Menschen liefen aus den brennenden Häusern, notdürftig bekleidet, die meisten kamen direkt aus dem Bett. Schutzsuchend kauerten sie sich an die Häuserwände, aber die Mauern stürzten ein und begruben sie unter sich. Andere rannten ziellos umher, bis sie in das Feuer der Artillerie gerieten oder in den Bombenhagel, der vom Himmel auf sie niederprasselte. Am schrecklichsten aber waren die gellenden Schreie der Mütter, die in diesem Chaos aus Tod und Verderben verzweifelt nach ihren Kindern suchten und sie selbst um den Preis ihres eigenen Lebens nicht retten konnten. Augenblicke umfaßten Ewigkeiten, das ganze Leben dieser Menschen – Vergangenheit und Zukunft – schmolz zu Sekunden zusammen.

Eine Frau im Krankenhauskittel lief mit ihrem Säugling vor Stscherbatows Wagen quer über die Straße. Stscherbatow sah die Frau und gleichzeitig weit entfernt im Hintergrund die Kirche. Aus dem

Seitenschiff der Kirche schoß eine Wolke aus Rauch, Ziegelstaub und Mörtel; der gen Himmel ragende weiße Glockenturm, den die Menschen zum Lobe Gottes errichtet hatten und dessen Kuppel schon von den Strahlen der aufgehenden Sonne beschienen wurde, sank weich und lautlos in sich zusammen.

„Iwan Wassiljewitsch!"

„Ljuba!" schrie Stscherbatow, als er die Frau erkannte. Es war Petrenkos Frau, fast noch ein Kind, erst im vergangenen Jahr war sie aus der Schule gekommen. Barfuß, mit langwehendem Haar kam sie auf ihn zu, den eben erst geborenen Säugling noch ungeschickt im Arm.

„Iwan Wassiljewitsch, sie haben eine Bombe auf die Klinik geworfen! Was ist bloß los, Iwan Wassiljewitsch! Wo ist Kolja?"

„Ljuba!" schrie Stscherbatow. Aber er verstand seine eigenen Worte nicht, denn über ihnen flogen deutsche Bomber, deren Dröhnen alles übertönte. „In den Luftschutzkeller da drüben, schnell! Ich sage Kolja Bescheid!"

Er wies ihr die Richtung, und sie gehorchte ihm. Für den Bruchteil einer Sekunde sah er sie vor dem dunkel gähnenden Eingang stehen – im Krankenhauskittel, barfuß, mit dem Kind auf dem Arm –, dann detonierte die Bombe. Genau da, wo sie stand. Nichts blieb übrig, nur ein rauchender Trichter. Das einzige, was sie auf Erden hinterlassen hatte, waren die blutigen Abdrücke ihrer nackten Füße auf dem Straßenpflaster – sie war barfuß über Glassplitter gelaufen.

Obwohl Stscherbatow wußte, daß er nicht mehr helfen konnte, ging er hinüber. Der Adjutant folgte ihm wie ein Schatten. Plötzlich erhob sich ein neues Geräusch, scharf, schneidend. Mit wahnsinniger Geschwindigkeit kam es vom Himmel herab.

„Genosse General!"

Geduckt unter dem Kreischen der fallenden Bomben, stand der Adjutant vor ihm, reichte ihm ein weißes Taschentuch und deutete ihm erschrokken ins Gesicht. Noch halb taub von der Detonation, hörte Stscherbatow nicht, was der Adjutant sagte. Er sah Blut auf seinem Ärmel, dann wandte er sich wieder dem Haus zu, vor dem Ljuba eben noch gestanden hatte.

Die Straße war leer. Wer hier noch umhergeirrt war, hatte sich vor dem Pfeifen, Heulen, Kreischen der fallenden Bomben in die Erde verkrochen. Stscherbatow stand mitten auf der Straße und sah zum Himmel. Die Bomber kreisten über dem Bahnhof, glitten im Tiefflug über die Häuser hinweg, warfen ihre Bomben ab und zogen wieder ihre Kreise, systematisch und planmäßig. Am klaren Himmel zogen sie ihre Kreise, beleuchtet von der aufgehenden Sonne, ohne daß ein einziger Schuß auf sie abgegeben wurde. Dabei lag in der Nähe des Bahnhofs eine ganze Flakdivision. Stscherbatow wußte es genau.

Er sprang auf das Trittbrett des Wagens, hielt sich von außen an der Tür fest und rief dem Fahrer zu: „Dorthin! Schnell!"

Als er bei der Flak ankam, stand der Bahnhof

schon in Flammen. Auch der Personenzug aus Moskau, der soeben eingelaufen war, brannte.

Aber das, was Stscherbatow neben dem Bahnhof sah, war noch schrecklicher – Flakgeschütze, unversehrt, in Feuerstellung, und kein Bombentrichter in der Nähe. Die Kanoniere standen daneben und schauten zum Himmel, ohne einen einzigen Schuß abzugeben.

„Wo ist der Divisionskommandeur?"

Ein Major kam auf ihn zugelaufen. Stscherbatow sah ihn sprachlos an. „Du lebst? Und schießt nicht?"

Der Major stand stramm. Über ihnen im Rauch des brennenden Bahnhofs flogen die deutschen Flugzeuge, warfen ihre Bomben ab und machten Jagd auf die Menschen, die in wilder Panik aus den Wagen stürzten.

„Genosse General, ich habe Befehl ... Ich habe Befehl, nicht zu schießen! Die Provokation nicht zu erwidern!"

Stscherbatow, am Ende seiner Beherrschung, griff zur Pistole, ohne zu überlegen. In diesem Augenblick bedachte er nicht, daß der Major nicht der Urheber des Verbrechens war, sondern nur das Ergebnis. Der Major stand mit verzweifelter Anstrengung stramm, totenbleich, bereit, die tödliche Kugel zu empfangen, aber außerstande, noch etwas zu begreifen.

Als sie das erste Flugzeug abgeschossen hatten, wurden die Piloten, die mit dem Fallschirm abgesprungen waren, zu Stscherbatow gebracht. Er verhörte sie an Ort und Stelle. Der ältere der beiden

Piloten, ein hochgewachsener Mann mit versengtem Haar und verkohlter Uniform, antwortete auf die Frage, warum sie nicht zuerst die Flak bombardiert hätten, mit verächtlichem Lächeln: „Wir wußten ja, daß sie nicht schießen durften."

Später, als das Korps eingekesselt war, las Stscherbatow mit eigenen Augen den Befehl des Volkskommissars für Verteidigung. Darin hieß es unter anderem: „Die Rote Armee verteidigt sich mit allen ihr zur Verfügung stehenden Kräften und Mitteln und vernichtet den Gegner in den Gebieten, wo er die Staatsgrenze verletzt. Doch haben die Landstreitkräfte die Grenze ohne besonderen Befehl nicht zu überschreiten."

Wo war diese Grenze jetzt? Sie lag irgendwo in weiter Ferne. Nur die Gefangenentransporte und die deutschen Geschütze, die gen Osten rollten, durften sie überqueren. Am meisten aber wunderte sich Stscherbatow über den Satz: „Die Landstreitkräfte haben die Grenze ohne besonderen Befehl nicht zu überschreiten." Hatte man auch jetzt noch Angst, die Faschisten zu reizen, hielt man es immer noch für möglich, sie zu beschwichtigen?

Ein anderer Punkt des Befehls lautete: „Aufklärungs- und Kampfflugzeuge stellen die Gebiete fest, in denen der Gegner Luftwaffe und Landstreitkräfte konzentriert hat. Bomben- und Jagdflugzeuge zerstören in Großeinsätzen die Luftwaffe des Gegners auf den Flugplätzen und vernichten alle wichtigen Einheiten der Landstreitkräfte."

Wo aber waren die Flugzeuge, die den Befehl

hätten ausführen können? Sie verbrannten, noch bevor der Befehl unterzeichnet war, im feindlichen Bombenhagel auf ihren Flugplätzen.

Stscherbatow las diesen Befehl erst nach Tagen, denn am 22. Juni um 7 Uhr morgens, als der Befehl erlassen wurde, waren bereits sämtliche Verbindungen zu den Truppen unterbrochen, so daß er nicht mehr weitergegeben werden konnte. Stscherbatow fand den Befehl durch Zufall in einem Wald unter den Dokumenten eines ausgebombten Stabes, in einem grünen Köfferchen, auf dem der tote Kommandeur lag, als wolle er es mit seinem Körper schützen.

## 10

Als das Korps den Befehl erhielt, in Verteidigungsstellung zu gehen und abzuwarten, war das Schicksal Hunderter, Tausender von Menschen besiegelt. Ihr Leben hätte auch anders verlaufen können, aber das entscheidende Wort war gefallen, der Entschluß gefaßt. Die Menschen, die er betraf, ahnten jedoch noch nichts von der entscheidenden Wende in ihrem Leben. Selbst die wenigen, die am Morgen gesehen hatten, daß ihr Divisionskommandeur Troinikow zum General gefahren und in schlechter Laune zurückgekehrt war, sahen keinen Zusammenhang zwischen der Fahrt und ihrem weiteren Schicksal. Sie hatten eigene Sorgen. Sie freuten sich über den Erfolg, und der Sommermorgen war einfach ein Sommermorgen und die Stille ringsum einfach Stille, ohne versteckte Drohung.

Auch für Gontscharow hatte sich nichts geändert. Als er, an einem Strohhalm kauend, über die Felder zu seiner Geschützstellung zurückging, war er in Gedanken noch bei Nadja. „Oh, Genosse Oberleutnant, haben Sie mich erschreckt! Es hat mir richtig die Stimme verschlagen!“ Er lächelte, während er daran dachte.

Schon am Morgen war es heiß und trocken. Durch das mannshohe Getreide wehte kein Lüftchen. Gontscharow spürte, wie ihm die Uniformbluse am Rücken klebte. Die Sonne am fahlgelben Himmel brannte unbarmherzig. Hin und wieder krachte drüben bei den Deutschen ein Geschütz, dann lauschte Gontscharow dem unsichtbaren Flug der Granate, bis sich irgendwo im reifen, goldgelben Korn eine schmutzige Rauchwolke erhob, immer höher und höher, da kein Windhauch sie zerwehte. Dahinter zerfloß die Ebene in durchsichtigen Wellen, farbloser Dunst kräuselte über dem Getreide, als könnte es sich jeden Augenblick in der Sonnenglut entzünden. Gontscharow bog in das Birkenwäldchen am Weg ein, und ihn umfing eine andere Welt. Hier brach der Morgen erst an, feucht und dämmrig. Die Sonnenstrahlen drangen durchs Gezweig, sprangen hinter den Baumstämmen hervor und funkelten im feuchten Laub. Das reife Gras unter Gontscharows Füßen dampfte vom Tau. An seinen nassen Stiefelschäften klebten winzige Samenkörner, und hinter ihm zog sich eine saftig-grüne Spur durchs Gras.

Ein kleiner Bach wand sich durch die Sträucher und umspülte ihre Wurzeln. Gontscharow trank von dem kalten Wasser und benetzte sich das brennende Gesicht. Gerade wollte er wieder aufstehen, da sah er plötzlich im Bach ein Rasiermesser liegen. Jemand mußte es verloren haben. Es lag aufgeklappt auf den Steinen und glänzte im Sonnenlicht, das sich vielfach im Wasser brach. Erfreut über den unerwarteten Fund, stieg Gontscharow in den Bach. Seine Füße rührten eine schwarze Schlammwolke auf, aber er sah das Messer noch und hob es auf. Trotz der dicken Lederstiefel spürte er die eisige Kälte des Quellwassers und die Kraft der Strömung. Er betrachtete das nasse, blitzende Messer und klappte es zu. Es war ein russisches Rasiermesser, und es hatte noch nicht lange im Wasser gelegen, denn es zeigte keine Spur von Rost.

Eine plötzliche Unruhe erfaßte Gontscharow, als werde er heimlich beobachtet. Er sah sich um. Aber ringsum war alles still. Über dem Bach im feuchten Schatten der Büsche summten aufgescheuchte Mückenschwärme. Es roch leicht nach Verwesung. Wahrscheinlich lag irgendwo in der Nähe ein Pferdekadaver.

Gontscharow watete ans andere Ufer. Durch die Bäume schimmerte eine kleine sonnige Lichtung. Und plötzlich sah er das Auto. Es war ein russischer Sanitätswagen, der den Kühler in ein Gebüsch gebohrt hatte. Scheiben und Lack blitzten in der Sonne. Gontscharow überkam ein unheimliches Gefühl. Alles lag da wie erstarrt. Der Wagen stand im hohen Gras, nirgends waren Spuren zu sehen, und das Gras wucherte bis über die Trittbretter. Gontscharow ging vorsichtig um das Auto herum. Die hinteren Türen waren halb geöffnet, das Rote Kreuz klaffte auseinander. Zwischen den Türflügeln hing ein Spinnennetz. Es war mit winzigen Tauperlen übersät und glitzerte in der Sonne. Aus der dämmrigen Tiefe des Wagenkastens leuchteten schneeweiße Zähne in einem gedunsenen, zu einem qualvollen Lächeln erstarrten schwarzen Gesicht. Gontscharow prallte zurück. Beinahe wäre er über eine zweite Leiche gefallen, die neben dem Wagen im Gras lag. Der junge hellblonde Rotarmist lag mit dem Gesicht zur Erde, jemand hatte ihm aus nächster Nähe in den Rücken geschossen und ihn gleichsam an die Erde genagelt. Rings um die Wunde war die Uniformbluse versengt und mit Blut verklebt. In einer letzten verzweifelten Anstrengung hatte er versucht weiterzukriechen und war liegengeblieben.

Jetzt erblickte Gontscharow auch die anderen Leichen, die über die ganze Lichtung verstreut waren. Das Gras hatte sich aufgerichtet, so daß sie nicht gleich zu sehen waren. Gontscharow ging von einem zum anderen, als folge er einer Spur. In der Mitte der Lichtung lag ein Hauptmann. Das eine Bein steckte in einem chromledernen Stiefel, den die aufgequollene Wade beinahe sprengte. Das andere Bein, am Oberschenkel zerschmettert und unnatürlich verrenkt, hatte einen Verband, aus dem eine zersplitterte Holzschiene ragte. Sie hatten ihn an diesem Bein über die Wiese geschleift, so daß der Verband aufgegangen war. Die Binde schlängelte sich weiß und blutig durchs hohe Gras. Die dichten Brauen in dem wächsernen, totenstarren Gesicht waren gerunzelt, und der leblose Körper schien alle Kraft anzuspannen, um sich vom Boden zu erheben.

Daneben lag ein junger Soldat, fast noch ein Kind, mit geschorenem Kopf und einer weißen Narbe am Hals. Er war nackt bis zum Gürtel und barfuß. Mit der Brust, den Armen, dem Gesicht schmiegte er sich an die warme Erde wie im Schlaf. Zwischen den nackten Zehen wuchs Gras, eine Walderdbeerpflanze mit dunkelroten, überreifen Früchten krümmte sich unter der Last seines Körpers.

Die Wiese glänzte, von keinem Windhauch berührt, in der Sonne, ein Stück tiefblauen Himmels schaute von oben herab wie in einen Brunnen, über den taunassen Blüten summten Bienen. Gontscharow fühlte die eigenartige Stille über der Lichtung, die Stille des Todes, die Stille einer Welt ohne Menschen. Die Sonne schien wie immer, wie immer strebten die Pflanzen zum Licht. Trotzdem war es eine Welt der Leere und der ewigen Ruhe.

Hinter dem Wald donnerte ein Geschütz. Gontscharow verfolgte den Flug der Granate. Als er sich wieder der Lichtung zuwandte, sah er am Waldrand, im Gebüsch, noch einen Toten. Er trat näher. Es war ein Mädchen. Die Sanitäterin wahrscheinlich, die den Wagen begleitet hatte. Der Schulterriemen und die Uniformbluse waren über der Brust zerrissen, die gespreizten nackten Beine schimmerten weiß durchs Gras. Aus dem Gesicht starrten verdrehte Augen. Der Mund war eingeschlagen. Zwischen den schwarzen, blutverklebten Lippen die weißen, trockenen, toten Zähne. Über die Wange, in den Mund und in die Augenhöhlen krochen rotbraune Waldameisen, eine Wespe schwebte summend über dem Gesicht. Die Erde ringsum war von Stiefelabsätzen zerstampft wie von Hufen. Überall lagen leere Konservenbüchsen mit deutschen Aufschriften. Gontscharow überlief ein Zittern. Die Hände zu Fäusten geballt, stand er vor dem Mädchen, schwankend, stöhnend. Es würgte ihn in der Kehle. Er sah sich um; zum erstenmal in seinem Leben hatte er das unbändige Verlangen, zu töten.

Er mußte etwas tun, mußte der Toten die Papiere abnehmen. Er bückte sich, öffnete die Brusttasche ihrer Uniformbluse und nahm den Ausweis heraus. Das Paßbild zeigte ein von Locken umrahmtes Mädchengesicht mit weit geöffneten, vor Freude leuchtenden Augen.

Er ging zurück zum Sanitätswagen und durchsuchte das Fahrerhaus nach einem Spaten. Alle konnte er nicht begraben, aber dieses Mädchen sollte niemandes Auge mehr sehen. Doch sosehr er suchte, er fand keinen Spaten. Da riß er zwei Armvoll Gras ab und streute es über das Mädchen.

Als Gontscharow hundert Schritt von der Lichtung entfernt war, holte er das Zigarettenetui aus der Tasche und zog sich mit den Lippen eine Zigarette heraus. Er rauchte sie in hastigen Zügen auf, ohne etwas zu schmecken. Erst nach der zweiten Zigarette ließ der Druck in seiner Brust ein wenig nach.

Als er bei seiner Batterie ankam, saßen die Kanoniere gerade beim Frühstück. Die Geschütze standen in frisch ausgehobenen Stellungen. Ein Richtschütze wischte mit einem Lappen den Tau von einem der kalten, ölig glänzenden dicken Rohre. Die übrigen Soldaten saßen in einem Garten zwischen Gemüsebeeten, in ihrer Mitte eine Emailleschüssel mit steifgekochtem, dampfendem Hirsebrei, den der Ladeschütze aus einem Melkeimer mit warmer, weißschäumender Milch übergoß. Die Bäuerin stand daneben und sah den Soldaten wohlwollend an.

In den Dörfern, die man nachts zurückerobert hatte, herrschte reges Treiben. Die Soldaten liefen in die Häuser, als seien sie hier zu Hause, und kamen mit Krügen voll Milch oder Broten unterm Arm zurück. Manchen wurde das Essen direkt in den Schützengraben gebracht. Die Front war zwar nur wenige Kilometer zurückgerückt, aber schon glaubten die Menschen, sie hätten das Schlimmste überstanden und der Krieg käme nicht noch einmal in ihr Dorf. Aus Dankbarkeit für die Rettung kochten und wuschen die Frauen für die Soldaten und brachten ihnen freundlich und schüchtern das Essen, als gehörten die Schützengräben und das Dorf zu einer einzigen großen Familie. Trotzdem hatte jede Frau unter den vielen hundert Soldaten einige, für die sie sich besonders verantwortlich fühlte, es waren diejenigen, die ihrem Gehöft und ihrem Garten am nächsten in Stellung lagen. In Gontscharows Batterie gehörte jedes Geschütz zu einem Haus, und jeder Soldat wurde versorgt.

Die Bäuerin nahm den Melkeimer und ging durch das Sonnenblumenfeld zum Dorf. Zugführer Starych, fast der jüngste Soldat im ganzen Zug, freute sich, daß seine Soldaten so gemütlich beisammensaßen, als gehörten sie zu einer Familie und er sei der Vater. Als er Gontscharow sah, rief er ihm mit seiner tiefen Baßstimme zu: „Wollen Sie nicht mit uns frühstücken, Genosse Batterieführer?"

Gontscharow ließ sich neben der Schüssel nieder, betrachtete die Milch und den Löffel, den man ihm reichte, und stand wieder auf. „Gießt mir etwas Wasser über die Hände!"

Der Ladeschütze, der vorhin die Milch in die Schüssel gegossen hatte, lief mit dem Kochgeschirr davon und holte Wasser. Gontscharow wusch sich lange, doch das Erlebte ließ sich nicht abwaschen.

Als er schon mit den anderen um die Schüssel saß, sah er plötzlich in einiger Entfernung einen Deutschen ohne Bewachung. Der Deutsche saß auf der Erde, umringt von Dorfkindern, die ihn neugierig anstarrten und miteinander tuschelten. Der Deutsche sah dümmlich aus, seine staubige graue Uniform war ihm offensichtlich zu eng, besonders in den Schultern. Vom schräg aufgesetzten Käppi wurde er über die dicken Ohren, den schweißnassen Specknacken und die Schultern zum Hintern hinab immer breiter. Die Sonne brannte unbarmherzig, der Deutsche war schweißgebadet. Mit seinen nassen Händen wischte er sich die nassen, glänzenden Wangen ab, der enge Rockkragen saugte den Schweiß auf. Er drehte sich um, als habe er etwas gefühlt, und begegnete Gontscharows Blick. Gontscharow sah sekundenlang über die Barriere der unterschiedlichen Sprache hinweg in die Seele des Fremden und las dessen Gedanken, die unter seinem Blick durcheinandergerieten.

Noch lange danach hörte Gontscharow das dumpfe Pochen seines Herzens. Nur mit Mühe konnte er sich so weit beherrschen, daß die Hand, die den Löffel hielt, nicht mehr zitterte.

Geschützführer Orlow, ein stämmiger Mann mit einem breiten, sonnengebräunten Mongolengesicht, tat etwas Brei in ein Kochgeschirr, goß Milch darüber und ging damit auf den Deutschen zu.

„Halt!" schrie Gontscharow so laut, daß der Geschützführer erschrocken stehenblieb. Die Soldaten hörten auf zu essen und sahen Gontscharow an. Sein Gesicht war kalkweiß. In der Stille, die eintrat, fühlten sich alle unbehaglich und mieden die Blicke der anderen.

Plötzlich hörten sie das Brummen von Flugzeugen. Über das Feld, sehr tief, wie es schien, kamen Stukas auf sie zu. Alle blickten wie gebannt auf die Flugzeuge. Dann stürzten die Kinder wie aufgescheuchte Sperlinge zum Dorf. Frauenstimmen riefen verzweifelt ihre Namen.

An einem Geschütz schrie ein Soldat: „Fliegeralarm."

Die Ju 87 kamen unaufhaltsam näher. Die Soldaten starrten ihnen entgegen.

„Volle Deckung!" schrie Gontscharow.

Die Flugzeuge staffelten sich zum Angriff und

flogen das Dorf von der Sonnenseite her an, die Köpfe in den Schützengräben folgten ihnen.

„Jetzt geben sie uns Saures!“ rief ein Soldat mit hastiger, sich überschlagender Stimme, als freue er sich darüber. „Jetzt geben sie uns Saures!“

Die erste Ju 87 schaltete die Sirene ein und setzte zum Sturzflug an. Gontscharow merkte gar nicht, wie er die Augen schloß und den Kopf zwischen den Knien vergrub. Da kam es auf ihn zugestürzt, das Heulen der Sirene, das metallische Kreischen der Bombe. Die Luft über ihm wurde knapper und knapper, das Kreischen gellte in den Ohren, drang ins Herz, drohte es zu zersprengen. Im Rücken, im Nacken, in den eingezogenen Schultern spürte er: Jetzt kommt die Bombe! Im letzten Augenblick überwand sich Gontscharow und öffnete die Augen. Er sah eine erstarrte Welt. Dann schoß die Erde mit lautem Krachen in die Höhe.

Neben dem Schützengraben rannte eine Kuh wie wahnsinnig durch den schwarzen Rauch, ihre linke Seite war blutüberströmt.

Bei der nächsten Detonation wälzte sich etwas Heißes, Lebendes, nach Schweiß Riechendes von oben auf Gontscharow und preßte sich zuckend an ihn. Krachen. Erde stürzte in den Graben. Gontscharow machte sich frei. Durch den Staub sah ihn Zugführer Starych an. Glitzernde Schweißtropfen quollen ihm aus den Stirnfalten, aus der Oberlippe. Aus seinen weit geöffneten hellblauen Augen brach irre Fröhlichkeit. Und da sah Gontscharow, wie der Deutsche aus dem Staub aufsprang und geduckt davonlief.

Ein Stuka schoß im Sturzflug herab, weiß blitzte das Mündungsfeuer der Bordwaffen. Und noch bevor Gontscharow die Pistole herausreißen konnte, peitschte der Feuerstoß des Bord-MGs über den Boden, über den Grabenrand. Der Deutsche bäumte sich auf, griff sich ans Kreuz, brach in die Knie und sackte langsam zur Seite.

## II

Stscherbatow sah von seinem Wagen aus, wie die deutschen Bomber am Himmel kreisten gleich einem Krähenschwarm, wie sie steil zur Erde herabstießen und wieder kreisten. Das Dorf, über dem sie ihre Bomben abwarfen, und die Einschläge waren auf diese Entfernung nicht zu sehen.

Stscherbatow saß vorn neben dem Fahrer; auf dem Rücksitz saßen der Adjutant und Troinikow. Er begleitete den General, solange er sich im Bereich seiner Division befand. Sein eigener Wagen folgte in einigem Abstand.

Die beiden mit Tarnfarbe gestrichenen Kübelwagen fuhren durch einen Hohlweg. Von hier konnten sie die Bomber nicht mehr sehen. Am anderen Ende des Hohlwegs gelangten sie in ein Weizenfeld, das sie völlig verbarg. Die Ähren schlugen gegen die Windschutzscheibe, gegen die Türen, gegen das Dach, kratzten über den Lack und fielen wie gemäht auf den Kühler. Der schmale Ausschnitt des Himmels war voll von wogenden, grannigen Ähren, die eilig emporwuchsen und dem Wagen entgegenstrebten. Plötzlich wurde der Blick frei auf ein gemähtes Feld. In langer Reihe gingen Schnitter gegen die Getreidewand vor, gefolgt von Binderinnen, auf deren gebeugten Rücken die Sonne brannte. Von weitem sah es aus, als sei ein Dorf wie in alten Zeiten zur Getreidemahd ausgerückt. Erst aus der Nähe fiel auf, daß die Männer durchweg jung, kräftig und ungewöhnlich gekleidet waren – Reithosen, Soldatenstiefel, Käppis, Feldblusen ohne Koppel oder Unterhemden. Ungeschickt, ohne Rhythmus führten sie die Sense wie Städter. Die Frauen, die hinter ihnen die Garben banden, waren älter – Soldatenfrauen oder vielleicht schon Kriegerwitwen. Stscherbatow fuhr schnell an ihnen vorüber. Sie wandten sich nach ihm um, ohne sich aufzurichten, und die Freude auf ihren Gesichtern, die sie jünger und schöner erscheinen ließ, rührte sein Herz, denn es war die Freude über einen Traum, der für kurze Zeit in Erfüllung gegangen war. Sie arbeiteten an diesem friedlichen Tag, den der Krieg ihnen unversehens beschert hatte, mit einem Eifer, wie sie ihn wahrscheinlich nie zuvor gekannt hatten.

Stscherbatow ließ den Fahrer halten. Nicht weit vom Weg mähten drei Schnitter. Zwei waren noch ganz jung, sie trugen Uniformblusen mit Koppel und Schulterriemen und auf den kurzgeschorenen Köpfen Käppis. Obwohl ihnen der Schweiß in Strömen über die Gesichter lief, hieben sie mit jungenhafter Fröhlichkeit um die Wette in das Getreide. Der dritte trug ein weißes Unterhemd und eine Offiziersmütze, die er tief ins Gesicht gezogen hatte; er war schon älter. Es fehlte ihm an Kraft, aber seine Bewegungen hatten die Leichtigkeit und den Schwung des geübten Schnitters, und so hielt er mit den beiden anderen Schritt. Alle drei wandten sich nach den Autos um, ihre Sensen verharrten mitten im Schwung. Im ersten Augenblick strahlten ihre Gesichter vor Eifer und Stolz, ja, sie zeigten ein gewisses Mitleid mit denen, die hier nicht mittun durften. Aber schon im nächsten Augenblick erkannte der ältere Schnitter den Korpskommandeur. Er warf die Sense hin, lief, wie er war, auf den General zu und salutierte mit der geübten Geste des alten Soldaten. „Genosse General", sprudelte er hervor, ohne sich durch Stscherbatows Blick beirren zu lassen, „das 3. Bataillon des 916. Schützenregiments hilft in einer Gefechtspause der Zivilbevölkerung bei der Ernte. Es meldet der Regimentskommandeur Oberstleutnant Pristschemichin." Er trat einen Schritt beiseite, als wolle er dem General einen freien Blick über das Feld, die Soldaten und die Frauen gestatten, die in ihrer Arbeit innehielten und neugierig herüberschauten.

Stscherbatow sah Pristschemichin lange an. Der bäuerliche Zug an ihm, der verlorenging, wenn er seine Uniform mit all den Riemen und Rangabzeichen trug, trat jetzt deutlich hervor, da er in weißem Unterhemd und staubbedeckten Stiefeln in der grellen Sonne stand, braungebrannt, wie es nur Soldaten sind und Bauern, die den ganzen Tag über im Freien arbeiten. Seine vom Sensenschaft wundgescheuerte Hand, die auf dem Rücken dunkelbraun und auf der Innenseite noch ganz hell war, zitterte kaum merklich.

„Die Gefechtspause dauert aber ganz schön lange, was?“

Pristschemichin antwortete nicht, denn er wußte, daß der General ihn nicht gefragt hatte, um sich mit ihm zu beraten. Deshalb stand er nur stramm und sah dem General unverwandt in die Augen.

Überall, wo Pristschemichin Rangältester war, fühlte er sich für alles verantwortlich, für seine Untergebenen und auch für diejenigen, die ihn eigentlich nichts angingen. Er hatte, als er mit seinem Regiment das Dorf einnahm, nur Frauen, Kinder und Greise vorgefunden, und als er die verschüchterten Menschen aus ihren Kellern kriechen sah, fühlte er sich auch für sie voll verantwortlich. Die Frage, die von den Dorfbewohnern immer wieder hoffnungsvoll und eindringlich an die Soldaten gerichtet wurde: „Ihr werdet doch hierbleiben?“, diese Frage existierte für Pristschemichin nicht. Es war Krieg, er war Soldat, und alles Rätselraten hatte keinen Sinn. Aber er half ihnen, so gut er konnte. Zwei Bataillone und die Artillerie ließ er Schützengräben ausheben. Er selbst ging schon am frühen Morgen mit dem dritten Bataillon aufs Feld, um bei der Getreideernte zu helfen. Ob sie in den nächsten Tagen angreifen oder zurückgehen würden, die Frauen und Kinder brauchten Brot, und außer den Soldaten war niemand da, der ihnen helfen konnte. Vor gar nicht langer Zeit waren ihre Väter und Männer nach Westen gezogen, um sie zu verteidigen, doch ehe sie sich's versahen, war die Front über sie hinweggerollt. Zuerst kamen die Deutschen in Panzern und Autos, dann kamen die eigenen Leute, doch sie kamen nachts und zu Fuß und einzeln. Heimlich schlichen sie durch die Gärten und Höfe. Von ihnen war keine Hilfe zu erwarten. Im Gegenteil, man mußte ihnen zu essen geben und sie mit Proviant versorgen für den weiten Weg, der ihnen noch bevorstand.

Pristschemichin fragte sich nicht, ob er richtig handelte oder falsch, er tat, was seiner Meinung nach zu tun war. Jetzt aber sank ihm der Mut, schon weil er dem General im Unterhemd gegenübertreten mußte.

„Der Krieg ist wohl aus, was? Dann können wir ja alle nach Hause gehen!"

„Verzeihen Sie, Genosse General."

Pristschemichin preßte die sonnenverbrannten Hände, die von den weißen Hemdsärmeln abstachen, an die Hosennaht. Sein Gesicht war bleich unter der Bräune. Nicht aus Furcht, sondern weil seine Soldaten alles mit ansahen.

Stscherbatow aber war blind vor Zorn. Zu lange hatte er seine Wut zurückgehalten. Er war der einzige hier, der die ungeheure Gefahr kannte, die mit jeder Stunde näher kam, für diese Menschen auf dem Feld und für seine Soldaten, die mit der Sense in der Hand zu ihm herübersahen und in diesem Augenblick nichts sehnlicher wünschten, als daß der General sie mit seinem Zorn verschone. Er allein wußte, welche Gefahr ihnen drohte, aber er konnte nichts daran ändern. Er durfte es ihnen nicht einmal sagen, so sehr sich auch alles in ihm wehrte. „Warum verschanzt sich das Regiment nicht? Glauben Sie, die Deutschen warten? Was sind Sie eigentlich, Regimentskommandeur oder Kolchosvorsitzender?"

Seine Stimme donnerte über das Feld. Und alle, die sie hörten, taten das, was Soldaten vor einem wütenden Vorgesetzten immer tun – sie standen stramm. Sie waren eins mit ihrem Regimentskommandeur, doch der andere mit seinem Geschrei verkörperte eine Macht, die hoch über ihnen stand und der sie sich unterordnen mußten.

„Ihr Regiment ist ein einziges Chaos!" schrie Stscherbatow; in seinem blinden Zorn glaubte er es selbst. Troinikow, der heute morgen vergeblich bei ihm gewesen war, stand jetzt hinter ihm und machte sich wahrscheinlich seine eigenen Gedanken. Das brachte Stscherbatow vollends in Wut.

Plötzlich sah er, daß die Frauen in panikartiger Flucht geduckt übers Feld liefen und sich die weißen Tücher vom Kopf rissen. Im selben Augenblick hörte er das Brummen näher kommender Flugzeuge. Sie kamen vom Wald, und unter dem Dröhnen ihrer Motoren erzitterte die Luft. Die ersten schwenkten ein zum Bombenwurf, kippten mit spitzen Tragflächen zur Seite, und immer neue Flugzeuge schossen hinter den Baumwipfeln hervor.

Wie ein Stöhnen hallte der Schrei über das Feld: „Deckung! Fliegeralarm!“ Alles, was Beine hatte, stürzte ins Korn oder in die Straßengräben, um nicht gesehen zu werden. Ein junger sehniger Bursche mit nacktem Oberkörper lief an Stscherbatow vorüber und versuchte, im Laufen die Feldbluse anzuziehen. Sein Kopf guckte schon aus dem Kragenausschnitt, und Stscherbatow erkannte, daß der Bursche sich schämte, für sich, für alle, die vor den Deutschen davonliefen. Doch Stscherbatow sah auch, daß ihm das Laufen an sich Spaß machte.

Das Feld war leer, wie ausgestorben. Es lag da in qualvoller Erwartung. Stscherbatow bemerkte erst jetzt, daß die Offiziere noch immer hinter ihm standen.

„Ins Kornfeld!“ schrie er laut, um das Motorengebrumm zu übertönen. Die Luftschwingungen waren bereits deutlich zu spüren. Niemand rührte sich von der Stelle. Stscherbatow begriff, daß sie stehenbleiben würden, solange er hier stand; er lief als erster los und hielt den baumelnden Feldstecher auf der Brust fest. Aber im Gegensatz zu dem jungen Burschen war das Laufen für ihn, den älteren Mann, kein Vergnügen. Er fühlte nur die Scham. Während er lief, sah er von der Seite, wie die Offiziere, in der hellen Sonne weithin sichtbar, ungeordnet hinter ihm her übers Feld stolperten, erschreckend langsam im Vergleich zu dem, was jetzt blitzschnell auf sie niederschoß.

Schon erhob sich mitten im seidig gelben Kornfeld eine schwarze Detonation und riß das Leben eines Menschen mit der Wurzel aus. Dieser

Mensch hatte sich ebenso wie die anderen an die Erde gepreßt und bis zum Schluß nicht geglaubt, daß es für ihn das Ende sei. Erdklumpen prasselten auf die Rücken der Lebenden nieder; die Getreidehalme, von der Druckwelle zur Erde gedrückt, richteten sich langsam wieder auf.

Stscherbatow wurde zu Boden geschleudert, noch bevor er sich hinwerfen konnte. Er streckte die Hand nach der Mütze aus, die ihm vom Kopf gefallen war, da riß dicht neben ihm mit dumpfem Dröhnen die Erde auf. Als er die Augen öffnete, blendete ihn das grelle Sonnenlicht und das leuchtende Ährengelb, während von oben etwas Dunkles schräg auf ihn zukam. Wieder Heulen und Krachen. Die Erde bebte. Ein kurzes Aufblitzen der Sonne, dann wieder drückende Finsternis. Und in dieser Finsternis ein ohrenbetäubendes Dröhnen.

Am schlimmsten war das Gefühl der Ohnmacht, der grenzenlosen Erniedrigung. Er, General und Korpskommandeur, dem Zehntausende gehorchten, lag mitten auf dem Feld, und über ihn hinweg flogen deutsche Flugzeuge, nur einen Steinwurf von ihm entfernt und doch unerreichbar. Sie griffen im Sturzflug an, mit heulenden Sirenen, um Panik zu säen.

Stscherbatow, von Erdklumpen überschüttet, stützte sich auf die Ellenbogen. Auf dem bebenden, schwankenden, sich bäumenden Feld lagen die Soldaten mit dem Gesicht zur Erde. Ein neues pfeifendes Geräusch raste auf sie zu. Messerscharf über dem Getreide schoß ein Flugzeug heran, wurde größer und größer, wuchs ins ungeheure.

Durch das schrille Pfeifen, das vor ihm herlief, durch die verdichtete Luft hindurch hämmerte sein MG, weiß blitzte das Mündungsfeuer an den Tragflächen.

„Feuer!" schrie Stscherbatow, als das Flugzeug dicht über ihnen war. „Schützenfeuer!"

Aber die Geräuschwand, die der Flugzeugpropeller vor sich hertrieb, drückte auf das Trommelfell, und Stscherbatows Stimme verhallte lautlos.

Als die Flugzeuge sich ihrer Bombenlast entledigt hatten, drehten sie ab, und sofort tauchten überall im Kornfeld Menschen auf. Sie schrien durcheinander, lachten und winkten. Ein Unbeteiligter konnte sie für Betrunkene halten. Aber sie waren nur trunken vor Freude über das wiedergewonnene Leben. In diesem Augenblick dachten sie nicht an die Toten.

Die Kommandeure traten einer nach dem anderen zu Stscherbatow, ein wenig unsicher, denn sie überlegten, wie sie sich während des Bombenangriffs verhalten hatten und ob es nicht etwas gab, dessen sie sich schämen mußten. Sorgfältig klopften sie sich ab, rückten die Koppel gerade und sahen einander verstohlen an. Jeder suchte zu erraten, wie die anderen über ihn dachten. Besonders unbehaglich war nach der erlittenen Schmach denen zumute, die jetzt als letzte ankamen, weil sie während des Angriffs schneller gelaufen waren als die anderen. Sie fürchteten, man könnte sie für feige halten.

Als Stscherbatow sich umsah und Pristschemichin erkannte, runzelte er die Stirn. Es war ihm unangenehm, jetzt den Mann zu sehen, den er angeschrien hatte. Doch Pristschemichin fühlte sich nun erst recht schuldig, der Zwischenfall hatte im Bereich seines Regiments stattgefunden, und es hatte Verluste gegeben.

Stscherbatow traf seine Anweisungen, dann ging er, Pristschemichins Blick meidend, zu seinem Wagen, der vorsichtig aus einem Gebüsch hervorkroch. Er konnte sich beim besten Willen nicht mehr erinnern, warum er Pristschemichin angeschrien hatte. Wie alle freute er sich des neugeschenkten Lebens.

Gefolgt von den Kommandeuren, ging er über das Feld. Er nahm die Mütze vom Kopf und klopfte den Staub ab. Sein Gang, seine Gestalt, seine staubbedeckten Schultern wirkten jugendlich, als habe er eine quälende Last abgeworfen. Er wußte, was der Bombenangriff zu bedeuten hatte. Die Deutschen setzten die Luftwaffe gegen ihn ein, das beweglichste Kampfmittel, das die Durchbruchstelle am schnellsten erreichte. Sie würden ihn jetzt so lange mit Bomben belegen, bis die weniger schnellen Panzer und die Infanterie nachgerückt waren. Dafür hatte das Warten nun ein Ende. Und das war gut so.

Am Wagen angelangt, drehte sich Stscherbatow zu Troinikow um. „Na, hast du begriffen, was dieser Bombenangriff bedeutet?“ Er wies mit dem Kopf zum Himmel, in die Richtung, aus der das schwache Brummen eines neuen Flugzeuggeschwaders kam. „Grab dich ein! Es kann nicht mehr lange dauern. Ein Regiment und einen Teil der Artillerie laß in Reserve. Du wirst sie brauchen."

Stscherbatow stieg ein und schlug die Tür zu. Der Fahrer schielte durch die Windschutzscheibe zum Himmel, wendete den Wagen und gab Vollgas. Die beiden Autos fuhren in verschiedene Richtungen davon, und auf dem Weg blieben nur zwei langgezogene Staubwolken zurück.

## 12

Am späten Abend, nach unzähligen Bombenangriffen, brannte der Horizont. Aus Dörfern und Gehöften stiegen Flammen auf. Rauchgeschwärzte Rotarmisten in versengten Uniformen liefen von Haus zu Haus und suchten die Brände zu löschen, aber immer neue Flugzeuge kamen und warfen Bomben auf die Dörfer, wie auf brennende Scheiterhaufen. Und in diesem Chaos aus Feuer und Tod entstand das Gerücht, die Deutschen erhielten Signale von der Erde. Die Jagd nach Verrätern und verkleideten Spionen begann. In einem Dorf fielen sie über den Lehrer her. Er war vor drei Jahren ins Dorf gekommen und wohnte mit seiner Familie abseits von den anderen. Jemand wollte gesehen haben – wer es war, wurde nie geklärt –, daß er den deutschen Flugzeugen Lichtsignale gab, um ihnen zu zeigen, wohin sie ihre Bomben werfen sollten.

Sie drangen nachts bei ihm ein, zerschnitten mit der Taschenlampe die Dunkelheit der Wohnung, doch das Haus schien unbewohnt. Erst als sie Licht machten, fanden sie ihn, bleich wie einen Verbrecher, und da wußten sie sofort Bescheid. Sie packten ihn. Seine schwangere Frau wollte ihn nicht hergeben, sie schlug nach den Soldaten, zerrte an ihren Uniformen und schrie und schrie. Die Kinder weinten. Das war der Augenblick, wo sie hätten zweifeln und umkehren können, aber um das nervenaufreibende Schreien der Frau nicht mehr hören zu müssen, schleiften sie den Lehrer zur Tür und schüttelten die Frau ab. Zuerst warfen sie ihr noch ein paar Trostworte zu: „Man wird den Fall untersuchen!“, dann aber schwiegen sie beharrlich, erbittert über ihren Widerstand, über ihr Schreien und das Weinen der Kinder. Wenn es schon den Fremden unangenehm war, daß sich alles in Gegenwart der Kinder abspielte, um wieviel schrecklicher war es dann für den Vater, daß seine Kinder mit ansehen mußten, wie er mit Gewalt fortgeschleppt wurde! Nicht an sich, sondern an sie dachte er, als er versuchte, sich loszureißen, sich am Türpfosten festzuklammern. Er wollte ihnen den entsetzlichen Anblick ersparen. Doch mit seinem Widerstand brachte er die Soldaten nur noch mehr in Wut.

„Genossen, Genossen! Die Kinder sehen zu! Lassen Sie mich los! Ich komme ja schon! Stoßen Sie mich nicht so!“

Er krallte sich mit einer Hand an der Tür fest und rief seiner Frau zu: „Mascha, schrei doch nicht so! Die Kinder bekommen ja Angst!“

Sie zerrten ihn von der Tür weg, stießen ihn vorwärts. Es gelang ihm jedoch, sich mit dem Fuß gegen die Türfüllung zu stemmen, mit einer Kraft, die man ihm gar nicht zugetraut hätte. Er versuchte, ruhig auszusehen, um seiner Frau zu zeigen, daß nichts Schreckliches vorgefallen wäre. „Mascha, kümmre dich um die Kinder, die Genossen hier werden den Fall schon klären!"

Er lächelte ihnen krampfhaft zu in der Hoffnung, sie würden seine Worte bestätigen und seiner Frau versprechen, daß sie nichts Böses mit ihm vorhatten, daß eine Untersuchung stattfinden werde.

Aber diese Untersuchung hätte sofort stattfinden müssen, in seinem Hause, denn auf der Straße, im roten Schein der brennenden Häuser, unter den Menschen, die vor Wut schäumten, sobald sie ihn sahen, traten andere Gesetze in Kraft. Hier fand sich niemand, der ihn kennen wollte, der ihn hätte retten können. Sie stießen ihn die Dorfstraße entlang, vorbei an den lodernden, knisternden Bränden. Frauen liefen mit ihren Kindern vorüber, zogen Kühe am Strick hinter sich her. Schreien, Weinen, Tiergebrüll, Krachen und Bersten von Balken, sengende Hitze, stinkendes verbranntes Fleisch – in diesem einzigen Aufschrei der Not ging die schwache Stimme des einen unter, der da um Gerechtigkeit flehte.

Aus der Dunkelheit der Nacht tauchten Soldaten auf und traten ins Licht der lodernden Flammen.

„Habt ihr ihn?"

„So ein Hund!"

„Er hat noch geschossen, wie sie ihn geholt haben!“

Die Menge schwoll an, sie drängte und stieß sich zwischen den brennenden Häusern, ihre trocknen Münder lechzten nach Vergeltung. Wer sich eben noch erkundigt hatte, worum es ging, klärte schon im nächsten Moment die neu Hinzugekommenen als Augenzeuge auf, wo und unter welchen Umständen der Mann gefaßt worden sei, der den Deutschen die Signale gab. Sie schlugen auf ihn ein. Einer packte ihn am Rockkragen, daß die Knöpfe absprangen. Er schützte den Kopf mit den Händen, duckte sich und suchte bei den Begleitsoldaten Schutz, denselben Soldaten, die ihn mit brutaler Gewalt aus dem Hause geschleift hatten. Jetzt schützten sie ihn, denn sie waren für sein Leben verantwortlich. Die Menge schlug auch auf die Soldaten ein, wütend, daß sie den Mann nicht bekommen konnte.

Einige liefen voraus, um ihn besser zu sehen. Er ging mitten im Strom der vorwärts drängenden Menge, mit erhobenen Armen, um sich gegen die Schläge zu schützen. Alle sahen in dem zerschundenen Mann, der als einziger unter den vielen Uniformierten Zivilkleidung trug, das, was sie sehen wollten – den verkappten deutschen Spion.

Die aufgebrachte, keuchende, stampfende Menge wälzte sich unter dem Ruf: „Sie bringen ihn!“ über die hell erleuchtete, von brennenden Häusern gesäumte Dorfstraße, durch die Funken, die zum nachtschwarzen Himmel aufstoben. Sie bog in eine Seitenstraße ein, dann in eine andere und kam wieder auf der Hauptstraße heraus. In ihrer wilden Entschlossenheit merkten die Leute nicht, daß sie den Weg, den sie gekommen waren, wieder zurückgingen.

Plötzlich stockte die Menge, sie war auf ein Hindernis gestoßen. Die hinten Stehenden drängten nach, stellten sich auf die Zehenspitzen, reckten die Hälse. Auf der Straße stand im roten Widerschein der Flammen ein Kübelwagen. Einige erkannten ihn. Er gehörte Schalajew, dem Chef der Sonderabteilung des Korps.

Schalajew sah die Menge von weitem auf sich zukommen und begriff sofort, wen sie da mit sich schleppte. Er stieg aus und lehnte sich an den Wagenschlag. Dieser Mann war nicht der erste, den sie ihm heute brachten. Die meisten hatten ihn weinend angefleht und versucht, seine Knie zu umschlingen. Der letzte aber, an den er sich noch deutlich erinnerte, war wütend geworden. Er stand mit gefesselten Händen in einem weißen Hemd da und ließ Schalajews Fragen unbeantwortet. Das Gesicht mit den unrasierten, stoppligen Wangen wandte er ab, als sähe er aus dem Fenster. Plötzlich schrie er Schalajew mit haßerfüllter, heiserer Stimme entgegen: „Wozu diese Fragen? Willst du mir etwa drohen? Wovor soll ich Angst haben, wo ich doch allein …“ Er zerrte an seinen Fesseln, versuchte, die Hände freizubekommen. „… wo ich doch allein mit einer Leuchtpistole ein ganzes Regiment von euch in die Flucht geschlagen habe!“ – „Ein Regiment von euch“, hatte er gesagt und war doch selbst Russe. Aus seinen Worten sprach so viel Haß und so viel Verachtung, daß sie ihm keine Fragen mehr stellten.

Schalajew sah der Menge entgegen. Sie teilte sich vor ihm und stieß einen zerschundenen Zivilisten auf ihn zu. Als der Mann spürte, daß sie ihn nicht mehr hielten, atmete er auf. Er ordnete seinen Anzug wie ein ganz gewöhnlicher Mensch, und als er das Auto mit dem hohen Offizier sah, verzog er die blutenden Lippen zu einem Lächeln. Den ganzen Weg bis hierher war er gebückt gegangen, mit den Händen der anderen auf seinen Schultern. Jetzt hatten sie ihn losgelassen, und er konnte seine Schultern frei bewegen. Sein Lächeln galt aber auch dem Offizier, der ihm, wie er fest glaubte, seine Freiheit zurückgeben würde.

Schalajew spürte, als er dieses hündische Lächeln sah, mit dem jener ihn kaufen wollte, wie ihm das Blut zum Herzen strömte, so daß es für ein paar Schläge stockte und dann in hastigem Rhythmus weiterpochte. Er glaubte zu ersticken. Mit finsterem Blick betrachtete er den verschüchterten, schwächlichen kleinen Mann, der sich das Blut von den Lippen leckte. Schalajew selbst war kräftig, ein tüchtiger Trinker und Esser, und er empfand allen Schwachen, Kranken und Gebrechlichen gegenüber ein tiefes Mißtrauen, einen Widerwillen wie vor einer Mißgeburt. Wenn er es auch nicht offen aussprach, so war er doch überzeugt, daß von Menschen wie diesem da alles mögliche zu erwarten sei. Ein gesunder Mensch ist zufrieden und guter Dinge. Die anderen aber, die sich auf ihren Verstand berufen, die jede Sache mit dem Verstand anpacken, die alles in Zweifel ziehen – sie höhlen die Grundpfeiler des Lebens aus wie der Holzwurm den Baum. Er mochte die Sorte nicht und mißtraute ihr. Waren solche ihm unterstellt, so machte er kein Hehl aus seiner Antipathie und schikanierte sie. Er glaubte nicht daran, daß sie etwas begreifen oder beurteilen konnten, was er selbst nicht begriff. Sie verwandten ihren ganzen Verstand nur darauf, sich das Leben leicht und angenehm zu machen und die schwere, undankbare Arbeit anderen aufzubürden, solchen Menschen wie ihm. Meistens versuchten sie noch, mehr zu sein als die anderen. Sie waren die Urheber des Verrats. Er haßte sie von ganzem Herzen und unterdrückte sie.

Die Mißerfolge der ersten Kriegstage brachten Schalajew nicht aus der Fassung. Ihn verblüffte nur das Ausmaß des Verrats. Denn wie anders als mit Verrat waren der Rückzug und die Niederlagen zu erklären angesichts der Stärke der Armee? Wie war es sonst möglich, daß wir, die wir so gut auf den Krieg vorbereitet waren und das Volk zur Wachsamkeit erzogen hatten, vom Feind überrumpelt wurden, daß wir schon in den ersten Kriegsstunden fast unsere ganze Luftwaffe einbüßten, daß viele Flugzeuge ohne Treibstoff auf den Flugplätzen gestanden hatten und daß man die Panzer in der Stunde der Gefahr überholt und in ihre Einzelteile zerlegt hatte? Für ihn gab es nur eine Erklärung: Verrat. Und diese Erklärung fand Widerhall in den Herzen der Menschen. Wenn es nach der harten Arbeit, die er und seinesgleichen geleistet hatten, nach den vielen Prozessen, in denen Verräter abgeurteilt wurden, immer noch Verrat gab und noch dazu in solchem Ausmaß, so bestätigte das nur die Befürchtung, die Schalajew schon immer gehegt hatte: Man hatte vor dem Krieg viel zu zaghaft aufgeräumt und den Verrat nicht mit der Wurzel ausgerottet. Allerorts waren Wurzelstöcke stehengeblieben, die jetzt von neuem ausschlugen und den Deutschen entgegenstrebten wie Unkraut dem Regen.

„Wo habt ihr ihn gefaßt?" fragte Schalajew und sah den Lehrer von oben bis unten an. Er fragte nicht, wer dieser zerschundene, schwer atmende Mann war, noch was er verbrochen hatte, er fragte nur: „Wo habt ihr ihn gefaßt?" Nach dem heutigen Bombenangriff, der so viele Frauen und Kinder das Leben gekostet hatte, stand außer Zweifel, daß sich irgendwo Verräter versteckt hielten, die den Deutschen Zeichen gaben. Gegen sie richtete sich die Erbitterung der Menschen. Jeder gefangene Verräter war ein Beweis dafür, daß noch bei weitem nicht alle gefunden waren. Schalajew war auf diese Szene vorbereitet, er hatte sie erwartet.

„Zu Hause haben wir ihn gefaßt. Er hatte keine Zeit mehr abzuhauen."

„Die anderen Häuser sind abgebrannt, bloß seins steht noch!"

„Er hat nicht mit uns gerechnet!"

Niemand wußte mehr, wer den Lehrer als erster verdächtigt hatte. In ihrem heiligen Zorn waren sie alle davon überzeugt, daß er es war, der den Deutschen Zeichen gab. Am lautesten schrien nicht die,

die ihn verhaftet hatten, sondern die anderen, die erst später hinzugekommen waren und gar nichts wußten. Nur einer wollte nicht glauben, was für alle außer Zweifel stand – der Verbrecher selbst. Mitten im Geschrei der Menge und in dem Haß, der ihm von allen Seiten entgegenschlug, lächelte er schüchtern und töricht mit blutigen Lippen, ohne zu merken, wie unangebracht das in seiner Lage war. Er glaubte fest, daß der Vertreter der Macht, der gekommen war, um seinen Fall zu untersuchen, erkannt hatte, erkennen mußte, wie absurd das Ganze war. Deshalb lächelte er ihm zu, als bitte er um Verzeihung für die Menschen, für alles, was sie in ihrer Blindheit sagten.

Schalajew atmete schwer. Seine schlaff herabhängenden Arme wurden eiskalt, er konnte nicht verhindern, daß die Finger anfingen zu zittern. Es berührte ihn unangenehm, daß der Verräter so menschlich aussah. Sein Blick fiel auf die mageren Beine des Mannes in den weiten Hosenbeinen und den schmutzigen Schuhen, die unruhig hin und her traten. „Von hier?" fragte Schalajew leise.

„Ja, drei Jahre wohne ich hier!" sagte der Lehrer hoffnungsvoll, ohne zu fühlen, daß ihn seine Aussage vor den Leuten nur noch mehr belastete.

„Hast du Kinder?"

„Ja, zwei, einen Jungen und ein Mädchen. Das dritte ist unterwegs."

Plötzlich wurde es still und unheimlich. Die erregten, verschwitzten Gesichter der Menschen glänzten im Widerschein der Flammen. Mit trunkenen Augen starrten sie den Mann an. Deutlich hörte man das Knistern der brennenden Häuser und den gierigen Atem der Menge. Vor Schalajews Augen geriet alles ins Schwanken, und der Lehrer, der seinen Blick sah, schrie laut auf: „Genossen, was ma ..."

Schalajew packte ihn am Kragen und drehte ihm das Hemd zusammen, daß er zu ersticken drohte. Aber alle hatten den Angstschrei gehört, er zerrte an ihren überreizten Nerven, ein heftiges Zittern ging durch die Menge.

„Ja, warte nur, warte!" stieß Schalajew keuchend hervor, ohne zu wissen, was er sagte. Er schüttelte und schüttelte den Mann vor sich und drehte ihm mit aller Kraft das Hemd an der Kehle zusammen. Vor seinen Augen verschwamm alles, er konnte das Gesicht des Mannes, dem vor Atemnot Tränen aus den Augen liefen, nicht mehr erkennen, er fühlte nur, wie der kraftlose Körper in seiner Hand zitterte, rasend vor Wut knirschte er mit den Zähnen. „Warte nur, du Hund! Warte nur auf die Deutschen!"

Plötzlich durchzuckte ein heftiger Schmerz sein Bein. Er ließ sein Opfer los und drehte sich mit stierem Blick um. Vor ihm stand ein kleiner Junge. Er hatte Schalajew ins Bein gebissen. Schalajew sah sein weißes spitzes Gesicht, seine schreckgeweiteten, tränenblinden Augen. Unter Schalajews Blick wich der Junge ängstlich zurück und schrie verzweifelt: „Sie dürfen ihn nicht hauen! Das ist doch mein Papa, mein Papa! Sie dürfen ihn nicht hauen!"

Schützend warf er sich vor den Vater, umklammerte seine Beine und schmiegte sich, am ganzen Leib zitternd, an ihn. „Sie dürfen ihn nicht hauen!"

Schalajew senkte den Kopf. Er atmete, als erwachte er aus tiefem Schlaf. Auch die Menschen ringsum erwachten und sahen die Dinge wieder mit anderen Augen.

Ein kleiner Junge war zwischen den dichtgedrängten Leibern der Erwachsenen hindurchgekrochen, zwischen den Stiefeln, die ihn zertreten konnten, hatte seinen dünnen Körper durch die Menge gebohrt und war plötzlich im roten Licht der Flammen aufgetaucht. Er war der Kleinste und Schwächste von allen, seine einzigen Waffen waren die Liebe zu seinem Vater und ein paar Worte, die im Grunde nichts besagten: „Das ist doch mein Papa! Sie dürfen ihn nicht hauen!"

Doch seltsam, gerade diese Worte schufen mit einem Schlage Klarheit, befreiten die Menschen von ihrem blinden Haß und ließen sie wieder zu Menschen werden.

Schalajew ging durch die Menge, die ihm Platz machte. Ohne es zu bemerken, bewegte er seine Hand, um das Prickeln abzuschütteln, das er noch immer darin spürte.

Er schlug die Wagentür zu. Bleierne Müdigkeit überfiel ihn. Der Fahrer Petrow lenkte den Wagen hupend durch die Menge, die schuldbewußt auseinanderging. Einige Männer und Frauen standen bei dem Lehrer. Der Junge steckte ihm das Hemd in die Hose, ein Soldat hob seine zertrampelte Mütze auf und reichte sie ihm.

Spät in der Nacht kehrte Schalajew zum Stab zurück. Im dunklen Flur tastete er nach der Klinke und öffnete die Tür. Das weißgetünchte Zimmer mit den verhängten Fenstern, mit der tiefen Stille und dem leichten Petroleumgeruch erschien ihm, der von draußen hereinkam, hell erleuchtet. Stscherbatow und Browalski saßen Kopf an Kopf am Tisch und studierten die Karte. Sie wandten sich nicht nach Schalajew um.

Schalajew setzte sich. Vom Licht der Petroleumlampe, die auf einer Untertasse mitten auf der Karte stand, schmerzten ihm die Augen. Ärgerlich wandte er das Gesicht ab. „Die Dörfer stehen in Flammen. Die Menschen fliehen mit ihren Kindern, mit dem Vieh. Alle Straßen sind verstopft."

Hier im geschlossenen Raum war deutlich der Brandgeruch zu spüren, der von seiner Uniform ausging. Auch er selbst schien ihn zu bemerken, denn er schnupperte an seinem Ärmel. „Am Tage wirken die Dörfer wie ausgestorben. Wo kommen bloß die vielen Menschen her? Kein schöner Anblick. Ich bin kaum durchgekommen."

Er schwieg eine Weile. „Na, haben Sie schon gehört? Der Oberbefehlshaber der Front ist ein Verräter!"

Er sah Stscherbatow und Browalski mit verkniffenen dunklen Augen gleichsam prüfend an.

Browalski wandte sich erschrocken nach ihm um. „Das ist doch nicht wahr!" Er winkte ab wie eine Frau, die sagen will: Ach was, das glaub ich nicht! Stscherbatow war so in seine Karte vertieft, daß er gar nicht zugehört hatte. Er hob den Kopf und sah Schalajew mit ausdruckslosem Blick an.

Erst jetzt begriff er den Sinn der Worte, die er unbewußt aufgenommen hatte, so wie man den Knall eines fernen Schusses erst nach dem Mündungsfeuer hört. „Was ist los?“ fragte er und räusperte sich.

„Was los ist? Der Oberbefehlshaber der Front wollte überlaufen. Ein General!“ Es bereitete Schalajew ein grausames Vergnügen, die Nachricht zu wiederholen. Unbewußt blickte er dabei auf Stscherbatows Generalskragenspiegel, als seien auch sie mit einemmal verdächtig. „Mit den Karten, den Plänen, mit allen Dokumenten wollte er überlaufen. In seinem Pkw. Ein Panzer hat ihn auf der Straße eingeholt. Der dritte Schuß war ein Volltreffer.“

„Wo haben Sie das her?“ fragte Browalski.

Schalajew sah ihn an mit einem Blick, der deutlich besagte, daß übergroßes Interesse nicht nur unangebracht und unerwünscht war, sondern auch gefährlich. Es gab zwar keine Kanäle mehr, über die er geheime Nachrichten empfangen konnte, selbst die üblichen Verbindungen waren abgerissen, aber die Gewohnheit, die Menschen so anzusehen, war geblieben.

„Nun sagen Sie mir mal“, Schalajew verzog sein braungebranntes Gesicht zu einem Lächeln und fletschte die kräftigen weißen Zähne, „Sie sind doch beide klüger als ich. Was hat ihm hier bei uns gefehlt? Was hat ihm gefehlt? Er war General, hatte Ehre, Ruhm, Macht, Geld und was nicht noch alles. Er brauchte nur seine Pflicht zu tun. Alles konnte er haben. Von wem? Von der Sowjetmacht, vom Volk. Und was hat er gemacht, dieser Hundsfott? Er hat seine Heimat verraten. Schön, reden wir nicht vom Gewissen, vom Parteibuch. Bestimmt hat er's hier an seinem Herzen getragen und sich damit großgetan, um Karriere zu machen. Aber was können ihm die Deutschen Besseres bieten? Können sie ihm die Heimat ersetzen? Er ist und bleibt doch Korotkow, ein Russe. Erklären Sie mir das mal, vielleicht bin ich so dumm, daß ich das nicht kapiere!"

Browalski und Stscherbatow schwiegen, beide dachten über das Gehörte nach. Mühsam befreiten sich ihre Gedanken aus den Trümmern, die diese Nachricht hinterlassen hatte.

„Ich kenne Korotkow noch aus dem Finnischen Krieg", bekannte Browalski. Ihn erschütterte nicht, daß ein Mann, den er persönlich gekannt hatte, des Verrats bezichtigt wurde, ihn betrübte, daß er kurzsichtig gewesen war und den Verräter nicht rechtzeitig durchschaut hatte. „Wir waren damals zwölf Mann, die zu ihm gebracht wurden, um unsere Auszeichnungen in Empfang zu nehmen. Es war so kalt, daß der Wodka zu Eis gefror. Er trug einen weißen Halbpelz wie alle und Filzstiefel, hatte aber ein weißes Koppel mit einer weißen Pistolentasche. Er wirkte sehr selbstsicher, wie er da unter der Kiefer stand, die Hände in den Taschen vergraben. ‚Na, Jungs', sagte er und gab jedem die Hand. Ich weiß noch, daß trotz der Kälte seine Hand ganz warm war. Sie dampfte richtig, als er sie aus der Tasche nahm. Dabei war er nicht mal besonders groß und kräftig."

Browalski sah sich auf der Suche nach einem Vergleich im Zimmer um, mit fröhlichen Augen, die gar nicht zur Situation paßten, und begegnete Schalajews verächtlichem Blick.

Schalajew schüttelte den Kopf. „Das ist es ja, wir geben gleich jedem die Hand, ohne zu überlegen ..."

„Versuch nicht, mich zu belehren, wem ich die Hand geben soll und wem nicht!" fuhr Browalski auf. „Hinterher kann jeder klug reden."

„Ich will dich ja gar nicht belehren", sagte Schalajew verdutzt. „Mir ist es ja nicht anders ergangen. Ich habe auch nicht immer die nötige ... 1937 wurde mein Schwager verhaftet. Meine Schwester ist mit ihren drei Kindern zu mir gekommen, das jüngste war noch kein Jahr alt, und da habe ich nicht den Mut gefunden ... Sie tat mir leid, er auch. Ja, sie haben mir leid getan! Ich habe sogar ein bißchen gezweifelt. Ich konnte es einfach nicht fassen. Er war nämlich Arbeiter, aus einer alten Arbeiterfamilie, einer von uns. All die ‚Ehemaligen', die als Ingenieure, Direktoren und was weiß ich noch untergekrochen sind, die habe ich nie bedauert. Einen Wolf kann man noch so gut füttern, er trachtet einem doch nach der Kehle. Nicht sie haben mir leid getan, sondern das Geld der Arbeiter, mit dem man sie bezahlt hat. Aber mein Schwager war doch Arbeiter, Lokführer. Kalinin hat ihm persönlich eine Ehrennadel überreicht. Doch auch vor ihm hat diese Pest nicht haltgemacht. Drei Jahre lang habe ich seinetwegen einen Verweis mit mir rumschleppen müssen. Aber ich habe alles wiedergutgemacht und diesen Schandfleck in meinem Leben getilgt."

Ein bläuliches Flackern trat in seine Augen. Ihn überraschte der Verrat des Oberbefehlshabers nicht, er festigte nur seine Überzeugung und verlieh seiner Tätigkeit, für die er in schlaflosen Nächten seine Nerven opferte, noch größere Bedeutung. „Das haben wir nun von unserem Mitleid! Besser, zehn Unschuldige beseitigen als einen Verräter laufenlassen. Meinetwegen auch hundert Unschuldige! Wenn wir so gehandelt hätten, dann brauchten wir heute nicht Tausende zu opfern."

Stscherbatow rückte die Lampe beiseite und sah ihn an. Schalajew war von jener verhängnisvollen Kopflosigkeit besessen, die im Augenblick der Niederlage auftaucht und die Menschen befällt wie eine Epidemie, wie eine Feuersbrunst.

„Nimm dich zusammen!" Stscherbatow kam mit dem Gesicht, das von der Lampe hell beleuchtet war, ganz dicht an ihn heran und klopfte auf den Tisch. „Niemand, hörst du, niemand darf dich so reden hören! Sonst ... Du weißt, was auf die Verbreitung von Panik steht."

Er trat ans Fenster und sagte verächtlich zu Browalski: „Hast du nicht Baldriantropfen da? Damit er sich beruhigt!"

In diesem Augenblick krachte draußen ein Schuß. Dann noch einer. Über die Vortreppe trampelten Stiefel, ein Reiter galoppierte am Fenster vorüber. Die MGs am Dorfrand begannen zu hämmern. Die Tür wurde aufgerissen, der Adjutant stürzte, vom Licht geblendet, ins Zimmer und keuchte: „Genosse General, dort ..."

Sein Blick irrte ziellos umher. Die drei im Zimmer sahen ihn an. Von ihren Blicken eingeschüchtert, fuhr der Adjutant mit leiser Stimme fort: „Die Deutschen sind durchgebrochen, Genosse General."

„Wo sind die Deutschen? Hast du sie selbst gesehen? Wie viele sind es?" fragte Browalski schnell. „Na los, gehen wir, zeig sie uns!"

Stscherbatow stand vor dem verhängten Fenster, breitbeinig, die Hände auf dem Rücken verschränkt. Schalajew sah nur seinen Rücken mit dem Schulterriemen. Er war bleich, seine Lippen zitterten, nervös zerrte er an seiner Uniform. Er wollte etwas sagen, mußte etwas sagen, aber nach einer Weile verließ er wortlos das Zimmer. Stscherbatow wandte sich nicht einmal nach ihm um.

## 13

Im Morgengrauen griffen die Deutschen das Dorf an, in dem Gontscharows Batterie lag. An mehreren Ecken gleichzeitig entstand eine wilde Schießerei, als sie verebbte, hörte man das Knattern von Motorrädern. Dann krachten wieder Schüsse. Klappernd vor Kälte hasteten die Kanoniere zwischen den Bombentrichtern hindurch zu den Geschützen und brachten sie in Feuerstellung. Der Morgen war kalt und grau, über der Erde lag dichter Nebel.

Gontscharow sprang auf die Brustwehr und versuchte, mit dem Feldstecher die Deutschen auszumachen. Die Dorfstraße war nach dem nächtlichen Brand breiter geworden. Auf der einen Seite standen noch einzelne Häuser, die andere Seite lag in Schutt und Asche, und die Kirche, von der früher nur die Turmspitze zu sehen war, zeigte sich jetzt in ihrer ganzen Größe. Sogar der Platz, auf dem sie stand, war von hier zu erkennen. Von den Gärten bis zur Kirche war das Dorf ein einziger riesiger Aschehaufen. Nebel und Rauch verdeckten die Bombentrichter und wälzten sich die Straße hinunter. Aus dem Nebel ragten wie Grabhügel Haufen von Lehm, Ziegeln und Asche; einige qualmten noch.

Über dem Dorf lag ein Geruch von versengter Wolle und verbranntem Getreide. Die Erde, der Nebel, die Uniformen der Soldaten waren von diesem Geruch durchtränkt. Sogar die Hände, mit denen Gontscharow den Feldstecher hielt, rochen brandig, und auf der Zunge hatte er einen brandigen Geschmack.

Hinter der Kirche rasten mit knatternden Motoren Seitenwagenmaschinen hervor. In weitem Bogen schwenkten die deutschen Kradschützen in die Dorfstraße ein. Graue Gestalten auf grauen Maschinen, ohne Gesicht, in grauen Stahlhelmen, die ihnen bis zur Schulter reichten. Die weit ausgestreckten Arme auf den Lenker gestützt, saßen sie fest im Sattel, als wären sie mit den Maschinen verwachsen. Der Nebel auf der Straße reichte bis an die Radnaben, sie durchfuhren ihn wie ein seichtes Wasser.

Aus einem Haus stürzten mehrere Rotarmisten und rannten geduckt davon. Einer wandte sich um und gab kniend ein paar Gewehrschüsse ab. Die Deutschen fuhren unter dem Knattern ihrer Motoren unbeirrt weiter. Am Lenker des vordersten Kradschützen blitzte das rote Mündungsfeuer eines MG auf. Der Rotarmist stürzte zu Boden, und die Maschinen rollten über ihn hinweg, eine nach der anderen; jedesmal hüpfte der Seitenwagen mit dem Beifahrer empor. Aus Häusern und Höfen, hinter Schutthaufen hervor sprangen erschrockene Rotarmisten und verschwanden im Nebel. Heute flohen sie, während noch gestern die Deutschen vor ihnen davongelaufen waren.

Gontscharow beobachtete gierig, wie die Deutschen immer näher kamen. Er konnte sich von dem Anblick nicht losreißen, ein Frösteln überlief ihn. Klatschend schlugen die ersten Kugeln in den Schutzschild ein. Er wandte sich um. Hinter dem Geschütz kauerten die Kanoniere in gespannter Erwartung. Das Geschützrohr folgte der heranrollenden Kolonne. Etwas seitlich davon lehnte ein Aufklärer an der Brustwehr und zielte mit dem LMG auf die Deutschen. Mit dem Handrücken fuhr er sich über die tränenden Augen.

„Feuer!" schrie Gontscharow und gab mit der Hand das Zeichen.

Es krachte. Die Luft drückte auf die Ohren. In voller Fahrt raste der vorderste Kradschütze in den Einschlag einer Granate hinein wie in einen dichten Strauch.

Die vier Geschütze der Batterie feuerten aus

nächster Nähe und nahmen die ganze Kolonne von der ersten bis zur letzten Maschine unter Direktbeschuß. Vor den Rädern bäumte sich die Erde auf, und die Kradschützen versanken wie in einen leeren Raum. Immer neue Motorräder tauchten auf, rasten dorthin, wo die anderen versunken waren, und auch sie kamen nicht über jene Grenze hinaus, die der Einschlag der ersten Granate gezogen hatte.

Gontscharow riß dem Aufklärer das LMG aus der Hand, sprang aus dem Graben und stürzte mit wilden Hurrarufen vorwärts. Er lenkte die Feuerstöße wie ein glühendes Bajonett mitten hinein in die Wolke aus Staub und Rauch, in das Durcheinander aus Leibern und Maschinen, dorthin, wo sich noch Menschen bewegten und sich aus den Trümmern zu befreien suchten. Den ersten Deutschen, der aus der Staubwolke hervorkam, schoß er aus nächster Nähe nieder, dann waren auch seine Soldaten da, überholten ihn, bis er überall Rücken in hellen Uniformblusen vor sich sah.

Blitzschnell war alles zu Ende. Mit dem Gewehrkolben wurden die Deutschen auf der Straße zusammengetrieben. Sie kamen mit erhobenen Händen, sahen sich ängstlich nach allen Seiten um. Zwischen den zertrümmerten und den unversehrten Motorrädern suchten die Rotarmisten nach Trophäen. Viele von ihnen hatten sich deutsche Maschinenpistolen umgehängt. Und da plötzlich, in nächster Nähe – man brauchte nur das Gewehr hochzureißen und zu schießen –, kroch ein einzelnes Motorrad aus dem Straßengraben, durchfuhr einen Granattrichter, drehte auf, gewann zusehends an Geschwindigkeit und raste davon, begleitet von den neidischen Blicken der Gefangenen und den Rufen der Rotarmisten: „Schieß doch, schnell, ein Deutscher, schieß doch!“ Ein paar verspätete Schüsse knallten, doch das Motorrad mit dem leeren, holpernden Seitenwagen verschwand schon hinter der Kirche.

Sie ließen die Deutschen am Straßenrand antreten. Gontscharow schritt die Reihe entlang und blickte ihnen in die Gesichter. Vor einer halben Stunde, als sie mit ihren Stahlhelmen auf den Motorrädern saßen, hatten sie groß und kräftig gewirkt. Jetzt standen Kinder vor ihm. Viele waren verwundet, einer heulte, sein Gesicht war blutverschmiert. Aber Gontscharow hatte gesehen, wie sie ins Dorf fuhren, über die Leichen der Gefallenen hinweg, ohne auszuweichen, mit dem Recht des Eroberers. Genauso kaltblütig wären sie auch über ihn hinweggefahren, über jeden, über die ganze Welt.

Gontscharow hatte seine Zweifel überwunden. Im Krieg überzeugen nur Waffen. Er schritt die Front der Gefangenen ab und fand keinen Unschuldigen, keinen, der sein Mitleid verdient hätte.

## 14

Am Ortsausgang wurde Schalajews Wagen gestoppt. Ein untersetzter Sergeant in Wickelgamaschen prüfte mit unbewegtem Gesicht und einer steilen Falte zwischen den Augenbrauen die Ausweispapiere. Das Gewehr hatte er unter den Arm geklemmt. Einigemal hob er den strengen Blick, um das Paßbild mit dem Inhaber zu vergleichen, dann las er weiter. Als er die Papiere endlich durchgesehen hatte, schaute er noch ins Wageninnere, schlug dann die Wagentür zu und besah sich, als sei er noch immer nicht restlos überzeugt, die Reifen. In diesem Augenblick trat ein Leutnant an den Wagen heran, erkannte Schalajew und salutierte. „Entschuldigen Sie, Genosse Major", bat er lächelnd, „aber wir haben Befehl, jeden zu kontrollieren."

Er sah sich schnell um, beugte sich dann zu Schalajew hinab und flüsterte: „Es wird erzählt, daß die Deutschen im Abschnitt der 281. Division Fallschirmjäger abgesetzt haben. Wenn Sie nicht unbedingt fahren müssen, Genosse Major, sollten Sie vielleicht besser warten, bis wir Genaueres wissen."

Schalajew hatte plötzlich keine Lust mehr zu fahren. Aber gerade deshalb und weil ihn der Fahrer Petrow ansah, als erwarte er sein Todesurteil, blieb er bei seinem Entschluß. Gleichzeitig spürte er das Verlangen, seinen Verdruß an einem anderen auszulassen, und so winkte er den Leutnant zu sich heran. Der Leutnant griff mit beiden Händen nach der heruntergelassenen Scheibe und steckte bereitwillig den Kopf durch das geöffnete Fenster.

„Sagen Sie mal, Leutnant", fragte Schalajew beinahe freundlich, „wann darf man rangälteren Offizieren einen Rat geben? Wenn man danach gefragt wird oder wenn es einem gerade einfällt?"

Der Leutnant ließ die Scheibe los. „Habe verstanden, Genosse Major."

Er richtete sich auf und legte langsam, mit gesenktem Blick, die Hand an die Mütze. Der Wagen fuhr an und ließ den Leutnant und den Sergeanten in einer Staubwolke zurück.

Schalajew spürte einen bitteren Nachgeschmack nach dem gestrigen Vorfall, ein ungutes Gefühl. So fühlt sich ein Betrunkener, dem am Morgen wieder einfällt, was er am Abend vorher gesagt und getan hat. Er macht die Augen zu und fühlt sich beschämt, angeekelt und von allgemeinem Elend gepackt. Um sich von diesem Katzenjammer zu befreien, gibt es bekanntlich nur ein Mittel – von neuem zu trinken. So beschwor auch Schalajew die Wut von gestern wieder herauf, und die Wut verdrängte die Scham.

„Sehen Sie doch, Genosse Major", sagte der Fahrer, „nach welcher Seite sie die Geschütze gedreht haben!"

Der seltsame Anblick der Geschütze lenkte Schalajew ab. Die Geschütze waren über das ganze Kornfeld verstreut und zeigten mit ihren Rohren nicht auf die Frontlinie, sondern auf die Straße, als folgten sie dem Wagen. Auf einmal kam Schalajew die Straße merkwürdig verlassen vor. Weder in den Kornfeldern zu beiden Seiten noch in der Ferne war eine Menschenseele zu sehen. So leer und unheimlich ist es nur an der vordersten Front, wo man nichts sieht und doch zahllose Augenpaare und getarnte Geschützmündungen auf sich gerichtet fühlt.

Schalajew hätte eigentlich nicht zu fahren brauchen. Aber nach dem gestrigen Vorfall war es ihm unangenehm, mit Stscherbatow und Browalski zusammenzutreffen. „Das sind ja schöne Zustände in der 281.!“ sagte er voll Genugtuung. Die 281. war Troinikows Division, und er konnte Troinikow den Vorfall auf der Beratung nicht verzeihen.

Über das Lenkrad gebeugt, beobachtete der Fahrer angestrengt den Himmel, ohne die Straße vor sich aus den Augen zu lassen. Am oberen Rand der Windschutzscheibe traten zwei Heinkel-Bomber in sein Blickfeld, aber sie entfernten sich. Über den Artilleriestellungen warfen sie Bomben ab, und aus dem gelben Feld am Horizont stiegen nacheinander drei schwarze Fontänen auf. Der Fahrer warf Schalajew einen ängstlichen Blick zu, Schalajew aber starrte unbeirrt geradeaus durch die Scheibe. Je unsicherer er im Grunde seines Herzens wurde, desto wütender und unnachgiebiger wurde sein Gesicht.

Die Flugzeuge zogen, jetzt schon in weiter Ferne, über einem Wäldchen ihre Kreise. Ab und zu verschwanden sie hinter den Baumwipfeln, dann tauchten sie wieder auf. Ein großer Wolkenschatten kroch aus dem Kornfeld auf den Weg und bedeckte das Wäldchen. Der Wagen fuhr ihm nach. Aber noch bevor er ihn eingeholt hatte, gab der Schatten den Weg und die Bäume frei, und Schalajew und der Fahrer sahen ein paar winzige Gestalten hinter den Bäumen hervortreten. Auf diese Entfernung war jedoch die Farbe ihrer Uniformen nicht zu erkennen. Wenn der Wagen durch Schlaglöcher fuhr, hüpfte und vibrierte im Ausschnitt der Windschutzscheibe dieses Bild – die Bäume, der Weg, die Menschen –, und Schalajew fühlte trotz der Entfernung, daß von den Menschen dort Gefahr ausging. Die Flugzeuge kreisten über dem Wäldchen, ohne es zu bombardieren, die Menschen standen mitten auf dem Weg, ohne Deckung, dicht beieinander. Merkwürdig! Schalajew dachte an die Warnung des Leutnants, und sofort hatte er das Gefühl, daß die Fallschirmjäger nur in diesem Wäldchen abgesprungen sein konnten. Der Wagen fuhr mit gleichbleibender Geschwindigkeit darauf zu. Starrköpfig wie immer, konnte sich Schalajew nicht entschließen anzuhalten. Das wäre feige gewesen, und er schämte sich, feige zu sein.

Im Straßenstaub krepierte plötzlich eine Granate. Der Fahrer hatte gerade noch Zeit, sich über das Lenkrad fallen zu lassen. Als er den Kopf wieder hob, sah er die weißumrandeten Splitterlöcher in der Frontscheibe und das zornrote Gesicht Schalajews.

„Halt!" schrie Schalajew. Einer ersten Eingebung folgend, wollte er aus dem Wagen springen und denjenigen bestrafen, der es gewagt hatte, auf sie zu schießen. Aber schon im nächsten Augenblick begriff er, daß sie auf keinen Fall halten durften. „Weiter! Schnell! Los doch!"

Das Getriebe kreischte, der Wagen machte einen Satz und raste weiter.

„Verdammt noch mal!" sagte der Fahrer und lächelte erschrocken. Er wußte, daß er jetzt nicht einmal das Heulen einer Granate hören würde, der Motor war zu laut. Vielleicht kam sie schon auf sie zu, ihre Granate. Er konnte das entsetzliche Warten nicht schweigend ertragen. „Ein netter Empfang von der 281.!“

Ängstlich reckte er den Hals und schielte nach dem Wagenverdeck. „Die machen uns hier fertig. Nachher kann man nichts mehr feststellen. Dann haben sie sich einfach in der Adresse geirrt.“

Eine schwarze Fontäne stieg vor der Frontscheibe auf und nahm ihnen für einen Augenblick die Sicht. Der Wagen erbebte wie ein lebendes Wesen. Etwas erstarb in seinem Innern, nur noch stoßweise bewegte er sich vorwärts und schüttelte dabei Schalajew und den Fahrer hin und her.

Das Wäldchen war greifbar nahe. Der Fahrer zog den Kopf ein, als erwarte er einen Schlag von hinten, riß das Lenkrad herum und steuerte über holprige Erde auf ein paar Büsche zu. Sie fuhren beinahe in einen Strauch hinein, dann hielt der Wagen. Sie rissen die Türen auf und sprangen ins Freie. Durch den Wagen ging ein letztes heftiges Beben, die Kotflügel und die offenen Türen erzitterten, dann verstummte der Motor. In der plötzlich eingetretenen Stille heulte eine Granate heran. Zu beiden Seiten der Straße krachten Detonationen, jedoch ein ganzes Stück hinter ihnen.

Schalajew und der Fahrer sahen die Einschläge, sie waren der Gefahr entgangen. Das Herz klopfte ihnen vor Freude wie nach einem schnellen Lauf, und zum erstenmal in ihrem gemeinsamen Dienst fühlten sie sich einander verbunden – zwei Menschen, die eben dem Tode entronnen waren.

„Na, Genosse Petrow, leben wir noch?"

Beide lachten. Schalajew nahm sein Taschentuch und wischte sich den Schweiß von der Stirn. Sie dachten nicht mehr an die Gestalten auf dem Weg, die während des Beschusses ins Wäldchen geflüchtet waren. Die unmittelbare Gefahr hatte sie die andere Gefahr vergessen lassen.

Schalajew rieb sich noch immer das Gesicht mit dem Taschentuch. Plötzlich spürte er hinter sich eine Bewegung. Blitzschnell drehte er sich um. Vier Soldaten kamen in Schützenkette auf sie zu. Ein fünfter hatte sich schon von der Seite herangeschlichen. Der MPi-Lauf ruhte in seiner Hand, der Riemen über der Schulter war straff gespannt.

Für den Bruchteil einer Sekunde nahm Schalajews Gesicht einen erschrockenen Ausdruck an. Aber der Mann vor ihm hatte es schon gesehen.

So standen sie einander gegenüber – der eine mit der deutschen MPi im Anschlag, der andere mit dem Taschentuch in der erhobenen Linken; es blitzte so weiß und sauber in der Sonne, daß der Mann mit der MPi unwillkürlich einen kurzen Seitenblick darauf warf. Die vier waren herangekommen. In dem kurzen Augenblick, den sich Schalajew und der Soldat ansahen, sprang ein Gedanke vom einen auf den anderen über, wurde verstanden und sprang wieder zurück.

„Das sind ja welche von uns!" rief der Fahrer erfreut, „und wir dachten schon ..."

Der Soldat verzog die Gesichtshälfte, die dem

Fahrer zugewandt war, zu einem Lächeln, drehte sich aber nicht nach ihm um und blieb genauso ernst wie zuvor. Er wurde eher noch ernster durch das sekundenlange ausdruckslose Lächeln, bei dem er Schalajew nicht aus den Augen ließ. Schalajew gefiel das Gesicht des Mannes nicht. Gesunde, rosige Wangen, Bartstoppeln, die golden in der Sonne glänzten, struppige rotblonde Brauen, bohrende hellblaue Augen. Aus diesen Augen brach irre Freude hervor wie bei einem Wahnsinnigen, ein kaum zu unterdrückendes Gelächter. Nein, das waren keine russischen Augen. Das waren die Augen eines Deutschen.

Schalajew erstarrte: Aus! Plötzlich sah er die fünf in einem anderen Licht. Die sowjetischen Uniformen paßten ihnen schlecht. Ihre hochgewachsenen, sportgestählten Körper bewegten sich mit der Vorsicht und Lässigkeit von Elitesoldaten, von Kundschaftern und Fallschirmjägern, die es gewohnt sind, selbständig zu entscheiden, nicht aber von einfachen Infanteristen, die nur in der Masse stark sind.

„Von der 281.?" Der Fahrer schwatzte ohne Unterlaß, aus Freude darüber, daß er noch lebte. „Das sind ja schöne Sitten! Wir wollen euch besuchen, und ihr macht euch den Spaß und empfangt uns mit Granaten. Beinahe hättet ihr uns um die Ecke gebracht. Wer ist euer Regimentskommandeur?" fragte er dann mit erhobener Stimme.

Ohne sich durch den Fahrer ablenken zu lassen, sagte der Mann mit der MPi: „Gestatten Sie, daß ich Ihre Ausweise kontrolliere!"

Er sprach russisch, aber so farblos und korrekt, wie es nur ein Ausländer tut. Schalajew hörte den kaum merklichen Akzent.

Sein Gehirn arbeitete exakt. Die vier hatten sich vor ihm und zu seiner Rechten postiert. Seine Pistole stak ebenfalls rechts, in der geschlossenen Pistolentasche. Hinter ihm stand niemand; sie wollten, falls sie schießen mußten, nicht einen der Ihren treffen.

Flüchtig, mit einem Blick aus den Augenwinkeln, sah Schalajew das erstarrte Gesicht des Fahrers, den offenen Mund. Petrow hatte erst jetzt begriffen, wer vor ihm stand.

Schalajew wollte aus alter Gewohnheit nach der linken Brusttasche fassen, in der sein Ausweis steckte, aber um Zeit zu gewinnen, knöpfte er zuerst die rechte Tasche auf. Er tat es langsam, während seine Gedanken mit wahnsinniger Geschwindigkeit im Kreise liefen, um einen Ausweg zu finden. Er kramte lange in der rechten Tasche, erst dann, als besinne er sich, öffnete er die andere Tasche mit der linken Hand. Die rechte blieb in der Schwebe, bereit, nach unten zu gleiten und die Pistole herauszureißen.

Den Ausweis übergab er mit der linken Hand. Der Mann nahm ihn entgegen, sah Schalajew noch einmal prüfend an, als wolle er ihn in Gedanken fotografieren, dann schlug er den Ausweis auf. Die anderen vier machten lange Hälse, sie wollten auch hineinsehen. In diesem Augenblick glitt Schalajews Hand zur Pistole. Es gelang ihm nicht, sie aus der Tasche zu reißen. Der Mann, der den Ausweis hielt, hatte seine Bewegung erraten. Nicht einmal die Bewegung – schon die Absicht.

Sie warfen Schalajew zu Boden, preßten ihn keuchend mit den Schultern an die Erde, kugelten ihm die Arme aus. Einer stemmte sich mit dem Knie gegen seine Brust.

„Du Aas!" sagte der Deutsche mit den struppigen Augenbrauen triumphierend. Er atmete schwer, sein Mund war von einem Grinsen verzerrt, die Augen blitzten vor Grausamkeit.

Er erhob sich als erster, wog die erbeutete Pistole auf der ausgestreckten Hand – eine flache Walther, auf die Schalajew besonders stolz war – und steckte sie in die Hosentasche. „Dieser Hund, ich wußte gleich, was los war. Hält mir den Ausweis hin ..."

Nacheinander standen auch die anderen auf und klopften sich, noch immer erregt vom Kampf, die Uniform ab. Als letzter erhob sich Schalajew, hilflos, vernichtet, das Gesicht blutüberströmt – einer hatte ihn mit dem Stiefel getreten.

„Dieses Schwein!"

„Dabei hat er so eine harmlose Visage!"

„Sieh ihn dir mal richtig an, ein waschechter Deutscher."

„Und wir dachten noch, wie mutig der ist. Zwei Deutsche fliegen über ihm, und er fährt weiter, als wäre nichts."

Schalajew sah verständnislos von einem zum anderen. Dann begriff er mit der gleichen Klarsicht, mit der er eben noch Deutsche in ihnen gesehen hatte: Es waren Russen. Ihre Sprache war rein russisch, auch ihre Gesichter waren nicht mehr fremd. Und es trieb ihn, sich ihnen mitzuteilen. „Ich bin der Leiter der Sonderabteilung des Korps!"

Seine Worte hatten eine verblüffende Wirkung. Eigentlich waren es weniger seine Worte als die Tatsache, daß der Deutsche russisch sprach. Die Soldaten wußten nicht, was sie davon halten sollten. Aber sie sahen ihn anders, als er selbst sich sah. Vor ihnen stand ein zerschundener Mann. Von seinem Gesicht, in dem ein Stiefelabsatz seine Spuren hinterlassen hatte, tropfte Blut auf die Uniform. Einer der Soldaten, der gewitzteste von ihnen, brach in lautes Lachen aus. Er schlug sich mit der Hand vor die Stirn und sagte: „Er spinnt, der Hund! ‚Leiter der Sonderabteilung!' Na los, spinn uns noch was vor!"

Plötzlich ein Schrei: „Wo ist der andere? Getürmt!"

Mehrere Hände packten Schalajew. Da sah auch er im Kornfeld jenseits des Weges einen Kopf, der auftauchte und wieder verschwand. Gewehrschüsse knallten. Die Maschinenpistole ratterte. Die Soldaten, die Schalajew gepackt hatten, hielten den Atem an. In diesen Sekunden entschied sich sein Schicksal. Sein Leben hing davon ab, ob dem Fahrer die Flucht gelang oder nicht.

In der Ferne, nicht dort, wohin sie gezielt hatten, tauchte noch einmal der geduckte Rücken des Fahrers auf, dann verschwand er in einer Senke. Er war entkommen! Langsam, einer nach dem anderen, wandten sich die Soldaten wieder Schalajew zu. In ihren Augen lag noch derselbe Ausdruck, mit dem sie dem fliehenden Fahrer nachgesehen hatten. Sie atmeten schwer, als hätten sie den Weg des Fahrers nicht nur in Gedanken zurückgelegt. Und Schalajew, der ihnen ausgeliefert war, fühlte das Unabwendbare auf sich zukommen. Er begriff das Widersinnige der Situation – es waren ja seine Leute, er wußte es jetzt genau. Es war höchste Zeit, etwas Entscheidendes zu sagen, den Irrsinn aufzuhalten, doch gleichzeitig fühlte er mit Entsetzen, daß ihn lähmende Gleichgültigkeit überkam. Es war wie im Traum: Ein Zug donnert auf ihn zu, er sieht ihn kommen, erkennt, daß er zur Seite springen, die Schienen verlassen muß, aber die Gefahr lähmt ihn, und er blickt dem heranbrausenden Tod hilflos entgegen, seine Füße sind kraftlos und starr, wie festgewachsen.

Mit ungewöhnlicher Klarheit sah er zwei Zeitabläufe vor sich. Die letzten Sekunden, in denen er etwas hätte unternehmen können, rasten an ihm vorüber, während sich die Gedanken langsam und zäh durch sein Gehirn wälzten. Der Einsatz, um den es dabei ging, war sein Leben und noch etwas anderes, etwas ungeheuer Wichtiges, eine Erkenntnis, der er nähergekommen war, die zu fassen ihm aber keine Zeit mehr blieb. „Ich bin der Leiter der Sonderabteilung“, sagte er niedergeschlagen. Er sah sie unsicher an und leckte sich das Blut von den Lippen. Zum erstenmal wurde ihm bewußt, daß die Wahrheit wie eine Lüge klingen kann. Je beharrlicher er seine Worte wiederholte, desto verlogener hörten sie sich an – jetzt, da der Fahrer geflohen war.

Der Rotarmist mit den rötlichen Brauen bleckte die weißen Zähne, packte Schalajew an der Brust und zog ihn zu sich heran. Schalajew zuckte zurück, aber die Hände des anderen hielten ihn fest. Er hatte gerade noch Zeit, die Augen zu schließen, ehe ihn der Gewehrkolben ins Gesicht traf. Im Fallen fühlte er, wie sie seine Militärbluse zerrissen, hörte er, wie sie freudig schrien: „Er hat seidene Unterwäsche an!"

„Die tragen sie wegen der Läuse!"

„Unsere Uniform, aber die Wäsche hat er anbehalten."

Der Schmerz, der Schalajew blendete wie ein greller Blitz, zwang ihn noch einmal auf die Beine. Mit blutverklebten Augen sprang er auf und riß sich los. Er wollte etwas sagen, etwas Wichtiges, vielleicht das Wichtigste, was er je in seinem Leben gesagt hatte, aber sein Mund war voll Blut, seine Zunge schnitt sich an den scharfen Rändern der zerschmetterten Zähne, und so verstand niemand seinen Schrei.

## 15

Der Rotarmist, der aus dem Bauernhaus gestürzt war, als die deutschen Kradschützen kamen, der auf sie geschossen hatte und dann in ihrem MG-Feuer zusammengebrochen war, durchlebte von dem Augenblick, da er sie sah, bis zu dem Augenblick, da er auf der Straße lag und von ihren Motorrädern überrollt wurde, eine ganze Ewigkeit. Sie umfaßte seine Angst, seinen Mut, seine Gegenwart, seine Zukunft, seinen Tod. Auf der Operationskarte aber verwandelte sich der Rotarmist zusammen mit den anderen gefallenen Soldaten, zusammen mit den Deutschen, die von Gontscharows Kanonieren auf der Dorfstraße zusammengetrieben wurden, in einen hauchdünnen, nach rückwärts gekrümmten blauen Pfeil. In dieser Nacht bohrten sich viele dünne blaue Pfeile in das 3. Schützenkorps und blieben darin stecken. An diesen Pfeilen konnten die Deutschen ermessen, welchen Raum das Armeekorps besetzt hielt, wie breit und tief der Frontdurchbruch war.

Zweifellos handelte es sich bei den kurzen Gefechten mit den ersten deutschen Einheiten, die an der Durchbruchstelle eingetroffen waren, um bloße Aufklärungsgefechte. Von welcher Seite der Hauptstoß des Gegners erfolgen würde, ließ sich noch nicht voraussagen, und Stscherbatow konnte keine Tiefenaufklärung durchführen, weil er keine Flugzeuge hatte. Die Deutschen dagegen kreisten schon den ganzen Tag über seinen Positionen, bombardierten, beschossen und fotografierten sie. Zwar hatte er allen Einheiten streng befohlen, sich zu tarnen und einzugraben, aber das konnte nicht mehr viel nützen. Zusammen mit Sorokin überlegte er sich die verschiedensten Varianten und ging dabei von günstigen Bedingungen für die Deutschen und ungünstigen für sein Korps aus. Nur eine Variante wagte er nicht in Betracht zu ziehen – was geschähe, wenn die Deutschen überhaupt nicht angriffen, sondern ihren Hauptstoß weiter vorantrieben und sein Korps tief in ihrem Hinterland zurückließen. Das hätte bedeutet, daß die kleinen Einheiten heute nacht auf ihn gehetzt wurden wie Hunde auf den Bären. Sie würden ihn beißen, verbellen, wieder beißen und sich von allen Seiten festkrallen, bis der Jäger mit dem Gewehr kam. Die Rolle des Jägers konnte die deutsche Armee, die weiter im Süden lag, übernehmen. Ein kurzer Angriff, und sie stand im Rücken des Armeekorps. Daran wagte Stscherbatow nicht zu denken, weil es dann kein Entrinnen mehr gab. Der Ausweg konnte nur darin bestehen, daß er sein Armeekorps sofort auf die Ausgangspositionen zurückzog und dort den Angriff des Feindes frontal erwartete. Aber ihm waren die Hände gebunden – wenn er sein Armeekorps rettete, konnte er andere Verbände in Gefahr bringen, und Lapschin hatte ihm befohlen, in Stellung zu gehen und abzuwarten. Stscherbatow kam von dieser Variante nicht los, gerade weil er nicht an sie denken wollte. Er traf sogar die ersten Vorsichtsmaßnahmen: In der Nacht verlegte er Nesterenkos Division nach hinten.

Dabei konnte alles anders sein. Ebenso wie er hockte jetzt der Befehlshaber der deutschen Verbände vor seiner Karte und wagte nicht, an das Schlimmste zu denken: In seinem Rücken saß ein russisches Korps mit Artillerie und genügend Munition und gefährdete den Nachschub. In dem kurzen Augenblick, da die Hauptmacht der Deutschen noch an der Front gebunden und das Hinterland leer war, schwankte das Kriegsglück, und jetzt hätte ein neuer Schlag erfolgen müssen. Aber dazu konnte sich Lapschin nicht entschließen. Er ging nur zurück und konnte sich nicht vorstellen, daß man angreifen mußte. Er war mit dem Korps dem Gegner in die Flanke gefallen, ohne daß er einen sofortigen Umschwung sah. Im Gegenteil, die Deutschen rückten weiter vor. Nun fürchtete er, auch das Korps zu verlieren, und gab deshalb den unsinnigen Befehl, den Vormarsch zu stoppen und abzuwarten. Damit spielte er den Deutschen einen großen Vorteil zu.

Seit dem Morgen war die Verbindung zu Lapschin unterbrochen. Mit Geschützdonner ging dort die Schlacht zu Ende. Die deutsche Artillerie schoß aus allen Rohren, aber sie war schon so weit vorgerückt, daß man die Detonationen kaum noch hörte. Es war schwer, dazusitzen und nichts zu tun, die Nerven der Soldaten waren zum Zerreißen gespannt. Die Front entfernte sich immer mehr, und jeder wußte: Als nächstes kommt das Korps an die Reihe. Der deutsche Angriff hatte noch nicht begonnen, aber das Korps bereitete sich schon jetzt auf die Verteidigung vor. Das war das Schlimmste an der Sache.

Hätten die Deutschen über genügend Kräfte verfügt, um nach dem Frontdurchbruch einen Gegenangriff zu unternehmen und dem Korps Verluste beizubringen, sie hätten weniger erreicht als jetzt, wo die Zeit für sie arbeitete. Wenn im Kampf zehn oder auch hundert Soldaten fallen, wird eine Armee zwar zahlenmäßig geschwächt, doch ihre Kampfkraft bleibt erhalten. Dagegen kann ein einziger überlebender, mit Panik infizierter Soldat eine ganze Angstepidemie auslösen. Und das geschah jetzt. Die Soldaten wurden im Augenblick der höchsten Kampfbegeisterung gebremst und tagelang zur Untätigkeit verdammt. Sie wußten, daß ihre Armee immer weiter zurückgedrängt und vernichtet wurde, Unruhe erfaßte sie, sie erfanden Gerüchte, und in der Nacht glaubten sie zu hören, wie die Deutschen das Korps von allen Seiten umzingelten. Ein neuer Feind war entstanden – die Angst, die jede Gefahr um das Zehnfache vergrößert. Die Verbindung zum Befehlshaber der Armee war unterbrochen, von dort trafen keine Nachrichten mehr ein. Stscherbatow hatte mehrere Verbindungsoffiziere mit Motorrädern und sogar einen leichten Panzer ausgeschickt, aber bis jetzt fehlte von ihnen jede Spur.

Gegen Mittag wurde ihm gemeldet, daß man auf der Chaussee durch den Feldstecher zwei Autos gesichtet habe. Er hielt sich gerade im Wald auf, wo sich die nach hinten verlegten Einheiten von Nesterenkos Division sammelten. Die Chaussee führte mitten durch den Wald. Als Stscherbatow auf die Straße trat, waren die Autos schon ganz nahe. Sie fuhren mit hoher Geschwindigkeit, wurden größer und größer, das Brummen ihrer starken Motoren schwoll an. Stscherbatow erkannte den vordersten Wagen. Es war der SIS des Armeebefehlshabers.

Der Wagen hielt. Erst kam Lapschins Kopf zum Vorschein, dann er selbst. Ohne Stscherbatows Gruß zu erwidern, lief er in den Wald hinein. Dem zweiten Wagen entstiegen mehrere Offiziere. Sie sahen besorgt zum Himmel und wagten nicht, sich vom Wagen zu entfernen, wie Flüchtlinge, die fürchten, man könne sie im letzten Augenblick vergessen. Stscherbatow erkannte den Staatsanwalt und den Leiter der operativen Abteilung, die jedoch taten, als kannten sie ihn nicht.

Stscherbatow folgte Lapschin in den Wald. Am Rande der Lichtung blieb er betroffen stehen. Lapschin ging dort auf und ab und warf wütende Blicke nach allen Seiten. Er trug eine Uniformbluse mit dem Rotbannerorden und der Medaille „20 Jahre Rote Arbeiter-und-Bauern-Armee" an der Brust, Lederstiefel und trotz der Hitze einen schwarzen Ledermantel – wahrscheinlich hatte er vergessen, ihn abzulegen, und niemand hatte ihn daran erinnert. Die Hände hatte er auf dem Rükken gefaltet, so daß der Mantel etwas abstand und der Gürtel lose herabbaumelte. Stscherbatow stand wie erstarrt. Nicht Lapschins wegen, sondern wegen der ungeheuren Katastrophe, die er mit sich brachte. Aus der Ferne, von dort, woher die beiden Autos gekommen waren, drang noch immer das Grollen der Artillerie herüber.

Lapschin rauschte dicht an Stscherbatow vorbei, und Stscherbatow sah auf seinem glatt rasierten Kopf eine frische Schramme, die noch blutete. Bei ihrem Anblick empfand er körperlichen Schmerz und schloß für einen Moment die Augen. Plötzlich hörte er ein Stöhnen. Lapschin saß auf einem gefällten Baum. Sein Mantel glänzte im Sonnenlicht, das durch das Blattwerk fiel, wie ein blankgewichster Stiefelschaft, der Lederkragen hatte sich hoch über den kahlen, rotgebrannten Nacken geschoben, und unter ihm hervor kam das langgezogene Stöhnen, als habe Lapschin Zahnschmerzen. Stscherbatow sah sich um und trat dann schnell zu dem General, getrieben von einem plötzlich aufsteigenden Mitgefühl. „Genosse Befehlshaber!“ rief er ihn an wie einen Kranken. „Pawel Alexejewitsch!“

Lapschin starrte ihn mit trüben Augen an, ohne etwas zu erkennen. „Denkst du auch, sie haben mich fertiggemacht?“ sagte er wie ein Kind, das sich seiner Amme anvertraut. „Aber die sollen mich noch kennenlernen!“ Sein kahler Schädel lief rot an, er drohte mit der Faust. „Ich komme wieder, mit einer neuen Armee, dann schlage ich sie, daß die Fetzen nur so fliegen!“

„Pawel Alexejewitsch!“ sagte Stscherbatow beschwörend. Er wollte, daß sich Lapschin zusammennahm, und stellte sich vor ihn, um ihn vor den neugierigen Blicken der anderen zu schützen. Was Lapschin auch für ein Mensch war, den Befehlshaber der Armee durfte niemand schwach sehen. „Das Korps muß auf Ausgangsposition gehen! Und zwar sofort. Morgen ist es zu spät. Ich habe Verbindungsoffiziere zu Ihnen geschickt. Gestatten Sie, daß ich Ihnen einen Lagebericht gebe!“

Das förmliche „gestatten Sie“, die betonte Sachlichkeit der Anrede sollten keine Bitte einleiten, auch keine Forderung, sie sollte Lapschin an die Würde des Soldaten erinnern, die es unter allen Umständen zu wahren galt.

Stscherbatow öffnete die Kartentasche. Seine Handbewegungen, die Lichtreflexe auf der Zelluloidhülle zogen Lapschins Aufmerksamkeit an, und er starrte eine Weile stumpf auf die Karte. Stscherbatow sah, während er Bericht erstattete, nur Lapschins sonnenverbrannte Kopfhaut und die eine Gesichtshälfte – ein fleischiges rotes Ohr, eine schweißglänzende Wange und eine der beiden struppigen, ewig gerunzelten Augenbrauen. Es hatte den Anschein, als höre der Befehlshaber zu. Behutsam, um nichts zu verderben, entwickelte Stscherbatow seine Gedanken, und seine Worte schienen in Lapschins Bewußtsein vorzudringen. Lapschin hob den Kopf und sah Stscherbatow eine Weile unverwandt an. In seine Augen trat ein stechender Ausdruck. Er erkannte Stscherbatow, den Korpskommandeur, seinen Untergebenen, der ihn schon einigemal in peinliche Situationen gebracht hatte.

Trotz seines großen Selbstvertrauens fühlte Lapschin, daß Stscherbatow über Qualitäten verfügte, die ihm selbst fehlten, ihm, dem Befehlshaber einer Armee, der sie am nötigsten brauchte. Er hätte nicht zu sagen vermocht, um was für Qualitäten es sich handelte, aber er ahnte, daß man sie nicht wie einen Titel oder Orden verliehen bekam. Man hatte sie, oder man hatte sie nicht. Stscherbatow hatte sie.

Vor dem Krieg hatte Lapschin nie das Gefühl gehabt, es könnte ihm an Fähigkeiten mangeln. Er befahl, und seine Befehle wurden ausgeführt. Innerhalb von zwei Jahren war er kometenhaft aufgestiegen, und in dieser kurzen Zeit hatte er sich daran gewöhnt, daß man ihm von allen Seiten mit Ehrfurcht begegnete. Er nahm diese Ehrfurcht als selbstverständlich hin, ohne darüber nachzudenken, ob er sie zu Recht genoß. Solche Dinge wurden weiter oben entschieden, und jeder, der sein Recht auf Ehrfurcht anzweifelte, rüttelte an den Grundpfeilern einer festgefügten Ordnung. Erst als der Krieg ausbrach, als er sah, wie wenig er tun konnte, beschlich ihn ein Gefühl der Minderwertigkeit. Stscherbatow, der wesentlich schlechter informiert wurde, sah voraus, was er, der wohlunterrichtete Befehlshaber einer Armee, immer erst zu spät erkannte.

Und dieser Stscherbatow bat ihn jetzt um den Rückzugsbefehl! Noch vor zwei Tagen war er darauf versessen gewesen, anzugreifen, er hatte sogar seinen Stabschef geschickt. Jetzt auf einmal wollte er zurückgehen. Nichts erfreut das Herz so sehr wie die Erniedrigung eines Menschen, dessen Überlegenheit man am eigenen Leibe gespürt hat. So etwas ist Balsam für die verletzte Eitelkeit.

Lapschin sah Stscherbatow von unten herauf an. Wilde, wahnsinnige Freude brach aus seinem Blick. „Zurückgehen willst du?“

Er drehte sich um, daß der Ledermantel knirschte, denn er brauchte einen Zeugen für seinen Triumph. Sein suchender Blick fiel auf den Leiter der operativen Abteilung, Markow, einen knochigen, flachbrüstigen, hochaufgeschossenen Mann. Markow kam sofort herzu und bezeigte schon von weitem Anteilnahme.

„Was sagst du zu diesem Helden!“ Lapschin wies mit einer Kopfbewegung auf Stscherbatow. „Von ihm stammt die großartige Idee, den Deutschen einfach in den Rücken zu fallen. Das wäre was geworden! Die reinste Reiterattacke! Hast du vielleicht mal bei der Kavallerie gedient, Stscherbatow, wie? Ich kenne deine Personalakte nicht so genau. Bist du nicht zufällig von der Kavallerie? Zu schade, daß wir beide, mein lieber Markow, den Befehl nicht unterschrieben haben. Wir hatten leider keine Zeit dazu, wir mußten kämpfen. Sonst wäre er mittlerweile schon in Berlin. Nun ist er böse auf uns, weil wir ihm das vermasselt haben.“

Lapschin sprang auf, der Ledermantel blieb steif an den Baumstamm gelehnt stehen. Sein schweißglänzendes Gesicht mit den drohenden Brauen, der massige Hals, der den Kragen zu sprengen schien, waren dunkelrot, die Uniformbluse umspannte faltenlos die runden Schultern und die schwer atmende Brust mit dem eng anliegenden Schulterriemen. Der ganze Mann mit den Orden an der Brust und dem breiten glänzenden Riemen um den Leib sah irgend jemand verblüffend ähnlich.

„Solche wie er sind schuld, solche wie er, Markow!“ schrie Lapschin so laut, daß sein Körper erzitterte. „Vor zwei Tagen wollte er unbedingt angreifen, und jetzt will er davonlaufen. Wir haben den Boden mit unserm Blut getränkt, und er hat inzwischen seine Koffer gepackt! Die Deutschen sind noch gar nicht ran, da will er schon türmen!“ Lapschins kreischende Stimme übertönte das ferne

Grollen der Artillerie, die seine Armee zerschlug. Die Leute, die er hier vor sich hatte, waren nicht die Deutschen, ihnen konnte er Hiebe versetzen, wie er es gewohnt war. Er teilte seine Hiebe aus, und langsam wurde ihm leichter ums Herz. Der Leiter der operativen Abteilung aber betrachtete Stscherbatow von Kopf bis Fuß und schüttelte den Kopf, nicht einmal vorwurfsvoll, sondern traurig und bedauernd.

Stscherbatow sah es nicht. Er fühlte nur die ungeheure Schande. Er war kreidebleich, seine Hände zitterten. Als Soldat wußte er, wie man mit der Waffe in der Hand kämpft. Dieser Macht aber war er wehrlos ausgeliefert.

Ein Stabsoffizier kam ängstlich und steifbeinig heran. Bei jedem neuen Donnerschlag Lapschins blieb er stehen und salutierte schon von weitem. In einem ungefährlichen Augenblick meldete er, daß die Wagen zur Abfahrt bereit seien. Als der Befehlshaber aufstand, nahm er den Ledermantel unter den Arm und trug ihn ihm ehrfurchtsvoll nach.

„Ich werde euch helfen zurückzugehen!" schrie Lapschin, als er schon im Auto saß, und drohte mit der Faust. „Ihr bleibt hier! Auf Leben und Tod!"

Mit aufheulendem Motor fuhren die Wagen los und hinterließen eine stinkende Benzinwolke auf der Straße.

Lapschin hatte keinen Sieg über den Gegner davongetragen, er hatte die Lage nicht verändert, er hatte lediglich einen Untergebenen angeschrien und seine Wut an ihm ausgelassen. Dennoch fühlte er sich erleichtert. Es wollte ihm plötzlich dünken, als habe sich alles auf unerklärliche Weise zum Guten gewendet. Die Lage erschien ihm nicht mehr hoffnungslos. Der starke Motor summte gleichmäßig, die Landschaft sauste an ihm vorüber, blieb zurück, er aber fuhr vorwärts, und das schmale Band der Straße teilte sich vor dem schräg abfallenden Kühler seines Wagens. Die stete Fahrt und die Kraft des Motors, die sich ihm mitteilte, gaben Lapschin sein altes Selbstvertrauen wieder.

Schon lange benutzte er nur repräsentative Wagen, die größten und schnellsten, die es gab, mit besonderen Licht- und Tonsignalen. Die für alle verbindlichen Verkehrsregeln existierten für ihn nicht. Durch die Stadt, in der sein Stab vor dem Krieg lag, brauste Lapschin stets mit überhöhter Geschwindigkeit auf der Straßenmitte. Die Verkehrsampeln blinkten erschrocken, sobald sie den schwarzen SIS sahen, und gaben Grün, und das grüne Licht lief wie ein endloser Läufer über alle Kreuzungen vor seinem Wagen her. Während die Fußgänger verschreckt zur Seite sprangen, saß Lapschin zurückgelehnt im Wagen und blickte mit lässiger Miene geradeaus. Die Welt, in der er lebte, war fest und solide; wer die Absicht hatte, sie anzugreifen, mußte schon vorher Angst bekommen. Und nun plötzlich, mit einem Schlag, über Nacht, hatten ihn die Deutschen aus dem Sattel gehoben. Dieser Schlag war für Lapschin so unerwartet, so überraschend gekommen, daß er sich bis jetzt nicht davon erholt hatte.

Doch je weiter die Front zurückblieb, desto unbedeutender erschien ihm seine Niederlage. Er überdachte die Ereignisse noch einmal in aller Ruhe und bemühte sich, sie im richtigen Rahmen zu sehen. So betrachtet, waren seine Maßnahmen weder sinnlos noch übereilt oder kläglich. Eines hatte er zumindest bewiesen: Standhaftigkeit. Er hatte sich dem angreifenden Feind gestellt, ohne zu wanken, ohne zu zögern. Strategische Manöver sind gut, wenn man gesiegt hat. Dann werden sie einem angerechnet. Dem Besiegten hingegen reibt man sie nur unter die Nase. Dann heißt es: Er hat nicht ausgehalten, war nicht standhaft genug, hat sich auf unnötige Experimente eingelassen. Wenn der Heimat tödliche Gefahr droht, kommt es nicht auf einzelne Niederlagen und Verluste an, sondern auf Standhaftigkeit. In dieser Hinsicht hatte er sich nichts vorzuwerfen. Schließlich war es nicht seine Schuld, daß er besiegt worden war, der Feind war eben zu stark. Die beständig wirksamen Faktoren, von denen der Ausgang des Krieges abhing, waren noch nicht zutage getreten, und der vorübergehend wirksame Faktor – das Überraschungsmoment – arbeitete einstweilen noch für die Deutschen. Doch das ließ schon merklich nach.

Lapschin wischte sich mit dem Taschentuch über den kahlen Kopf. Plötzlich spürte er links einen brennenden Schmerz auf der Haut. Er verstellte den Rückspiegel und sah die blutige Schramme. Mit dieser Schramme konnte er sich unmöglich sehen lassen. Vorsichtig betupfte er die Wunde mit dem Taschentuch, dann setzte er die

Mütze auf und kam sich noch imposanter und wichtiger vor. Er zündete sich eine Zigarette an und rauchte genußvoll mit tiefen Zügen. Der Rauch entwich langsam durch den Spalt über dem Seitenfenster, wurde draußen vom Fahrtwind gepackt und teilweise wieder in den Wagen gedrückt. Als Lapschin nach vorn auf die Straße sah, nun schon völlig beruhigt, meldete sich plötzlich ein ziehendes Gefühl in der Herzgegend, und seine Stimmung sank jäh in bodenlose Tiefe. Er hatte Angst. Mit einem Schlag kamen ihm seine Überlegungen nichtig vor, zu kläglich und wertlos, als daß sie jemand beeindrucken konnten. Klein, unbeweglich saß er da, horchte in sich hinein und wartete wie ein Kranker, der weiß, daß bei jeder unvorsichtigen Bewegung die Schmerzen wiederkehren. Aber das Ziehen in seiner Brust wiederholte sich nicht. Schüchtern dachte er an den Mann, der ihm mit seiner Willenskraft leuchtendes Vorbild war, dessen Ratschluß er zur Richtschnur seines Handelns gemacht hatte, mit dem er verbunden war wie der Finger mit der Hand. Würde sich dieser Mann den Finger abschlagen? Allmählich beruhigte sich Lapschin wieder. Die Angst war verflogen, nur ganz tief in seinem Innern regte sich ein kaum merkliches Gefühl, so etwas wie eine Vorahnung.

Das riesige Auto mit seinen Licht- und Tonsignalen trug ihn vorwärts, die Straße teilte sich vor seinem Blick, und mit derselben nicht jedem erlaubten Geschwindigkeit, mit der er durchs Leben gerast war, raste er jetzt seinem Ende entgegen.

Die Kräfte, die ihn einst aus Gründen, die mit seinen persönlichen Qualitäten nichts zu tun hatten, für seinen hohen Posten auserkoren hatten, brauchten jetzt im Augenblick der Niederlage ein Opfer. Das Gerücht, der Oberbefehlshaber der Front hätte Verrat begangen, bestätigte sich nicht; trotzdem blieb es nicht ohne Folgen. Man brauchte einen Schuldigen an den Niederlagen. Lapschin, der seinen großen Bericht so wohl durchdacht und vorbereitet hatte, sollte durch Umstände, für die er ebensowenig konnte wie für seinen schnellen Aufstieg, zum Schuldigen erklärt werden.

## 16

Andrej Stscherbatow saß auf einem Stein an der Balkenwand des Kuhstalls und trank frisch gemolkene Milch aus dem Kochgeschirr. Er setzte das Gefäß nur ab, um Luft zu holen, dann trank er mit Behagen weiter. Auf der anderen Seite des Stalles lag ein Kleefeld, das im Wind wogte. Auf diesem Feld, in seinen Falten und Mulden, hockten die Deutschen. Hier auf der Sonnenseite war es windstill und friedlich. Die graue Balkenwand und der poröse weiße Stein, auf dem Andrej saß, waren warm von der Morgensonne. Vor der dunkel gähnenden Stalltür war die Erde von Kälbern zerstampft, die Abdrücke der Hufe waren im Lehm erstarrt. Die zerstampfte, verkrustete Erde roch nach Kuhdung und Jauche. An den Latten des Gatters, an dem sich die Kühe gescheuert hatten, hingen noch Haarbüschel. Der Wind fegte scharf um die Ecke, wehte durch die Latten und wirbelte Staub, trockenen Mist und Stroh auf.

In dem großen Stall waren nur noch zwei Kühe. Die eine lag im Stroh und kalbte. Ihr Brüllen drang in regelmäßigen Abständen aus der offenen Tür. Die andere hatte ein gebrochenes Bein. Der MG-Schütze Korjagin hatte es geschient und sorgfältig verbunden. Jetzt melkte er die Kuh. Der Stall mit den beiden Kühen und der MG-Mündung, die durch die Westwand aufs Feld blickte, war ein Teil der vordersten Verteidigungslinie. Links vom Stall bis zu dem niedergebrannten Dorf und rechts bis zum Wald zogen sich Schützengräben hin. Über die Gräben, über das Kleefeld hinweg wehte ein heftiger Wind. Es war kühl. Nur hier im Windschatten brütete die Hitze.

Andrej stellte das leere Kochgeschirr auf die Erde, wischte sich die Milch von der Oberlippe und lächelte Korjagin zu, der eben aus dem Kuhstall kam. Korjagin hatte sich einen Sack als Schürze umgebunden und die Ärmel hochgekrempelt, seine Stiefel waren mit Milch bespritzt. Er war hier alles zugleich: Melker, Tierarzt und MG-Schütze.

„Na, wie ging's?" fragte Andrej lachend.

„Sie hält ja nicht still", beklagte sich Korjagin. „Aber ein halber Eimer ist es doch geworden. Den bringe ich den anderen hin. Die Tiere sind auch nicht besser als die Menschen. Ich habe ihr das Bein repariert, und aus Dankbarkeit hat sie versucht, mich auf die Hörner zu nehmen."

Den kräftigen Hals gebeugt, stand Korjagin im Sonnenlicht, eine vorwitzige Locke hing ihm in die Stirn, unter seinen schwarzen Brauen leuchteten fröhlich blaue Augen. Andrej holte sein Zigarettenetui aus der Tasche. Es war vollgestopft mit Zigaretten, er hatte erst vorhin eine ganze Schachtel darin verstaut.

In diesem Augenblick rief ihn Frolow, der zweite MG-Schütze: „Genosse Leutnant!"

Andrej hielt Korjagin das Etui hin, dann nahm er sich selbst eine Zigarette und gab ihm und sich Feuer.

„Genosse Leutnant!"

„Was ist denn nun schon wieder los!" sagte Andrej in absichtlich grobem Baß. „Ohne Kindermädchen kommt er wohl nicht aus. Geh mal hin und sieh nach!"

Er stand auch auf und folgte Korjagin in den Kuhstall. Im dämmrigen Licht wirkten die hellen Fenster wie Schießscharten. Auf dem Stroh lag die Kuh mit aufgetriebenem Leib, den Kopf nach hinten gebogen. Als sie die Menschen hörte, fing sie wieder an zu brüllen. Deutlich war zu sehen, wie sich der ausgestreckte Hals unter dem Brüllen spannte.

„Was gibt's denn?"

Frolow wandte ihnen das Gesicht zu. Es war vom Fenster her hell erleuchtet und sah auf den ersten Blick fröhlich aus. „Panzer, Genosse Leutnant!"

„Was für Panzer?" fragte Andrej streng und runzelte die Stirn, als könne er das Auftauchen der

Panzer leugnen, wenn er Frolow verbot, davon zu sprechen.

Im selben Augenblick schlug ein metallisches Klirren an sein Ohr. Er hatte es schon die ganze Zeit über gehört, aber nicht weiter beachtet, jetzt schien es lauter zu sein. Merkwürdig deutlich sah er das helle Fenster vor sich und Frolows Haare, die sich im Wind bewegten. „Laß mich mal ran!“

Er faßte mit den Händen nach dem rauhen Fensterbrett und steckte den Kopf in die enge Öffnung. Er mußte die Augen verkneifen, so heftig blies der Wind vom Feld herüber. Dann sah er den hohen Himmel, das grüne Feld und darauf die grauen Panzer. Sie rollten auf ihn zu, in eine Staubwolke gehüllt. Andrej riß den Feldstecher an die Augen und holte sich die Panzer heran, ganz dicht, zehnfach vergrößert. Von der Sonne beleuchtet, glänzten sie durch den Staub, auf den Gefechtstürmen schwankten die dünnen Gerten der Antennen. Dicht hinter jedem Panzer liefen im Staub Infanteristen mit Stahlhelmen. Der Wind wehte das metallische Klirren, das dumpfe Dröhnen der Motoren herüber. Es schien näher gerückt zu sein, so wie die Panzer im Feldstecher näher gerückt waren.

Andrej leckte sich die windtrockenen Lippen. „Aha!“ Er sah wie gebannt durchs Fernglas. „Aha!“

Er konnte gerade noch rechtzeitig den Kopf zurückziehen, da krepierte auch schon die erste Granate neben der Stallwand. Splitter prasselten von außen gegen die Balken, das Schieferdach wurde durchlöchert, durch die Fenster drang schwarzer Qualm.

„Jungs, es geht los!“ rief Andrej. Die Nähe der Gefahr schärfte sein Wahrnehmungsvermögen. Er sah sich und die anderen gleichsam von der Seite. Noch war alles sehr wichtig.

Die Kuh auf dem Stroh warf sich hin und her, als sollte sie geschlachtet werden. Die feuchten, brennenden Augen quollen ihr aus dem Kopf. Eine Granate pfiff über das Dach und detonierte hinter dem Stall.

„Jetzt zeig, was du kannst!“ rief Andrej und zwinkerte Korjagin zu. Ringsum krachten die Einschläge. „Wir müssen die Infanterie von den Panzern trennen! Frolow, mach die Handgranaten fertig!“

Korjagin riß den Sack herunter und warf sich hinter das MG. Andrej sprang auf einen Futtertrog und blickte durch das schmale Fenster unterm Dach.

Die Panzer rollten inmitten kleiner Rauchwölkchen übers Feld und schossen. Die ersten waren schon so nahe, daß die Gesichter der Infanteristen zu erkennen waren.

„Feuer!“ schrie Andrej und ließ den Arm nach unten sausen. Er sah, wie Korjagins Rücken, seine Schultern und der eingezogene Nacken unter den kurzen Rückstößen des MGs erzitterten. Auf dem Feld stürzten einige Soldaten zu Boden. Dann wurden sie vom Qualm der Detonationen verdeckt.

Korjagin schrie etwas und zeigte nach vorn.

„Was?“ rief Andrej zurück. Ehe er begriff, was Korjagin meinte, wurde er hochgerissen und mit voller Wucht zu Boden geschleudert. Als er aufstand, dröhnten ihm die Ohren.

Wo vorher die Wand gewesen war, wälzte sich schwarzer Rauch, schräg von oben herab hingen Balken. Korjagin lag mit dem Gesicht zur Erde, seine Finger krallten sich mit letzter Kraft in den Boden. In der Ecke auf dem Stroh erblickte Andrej, ohne das Bild richtig in sich aufzunehmen, ein Kälbchen, das noch unsicher auf seinen Beinen stand. Aber schon wälzte sich durch den wogenden Qualm eine undeutliche graue Masse auf das Loch in der Wand zu – ein Panzer. Frolow stützte sich auf eine Hand und versuchte aufzustehen. Andrej entriß ihm die geballte Ladung und sprang mit einem Satz zur Seite, an die Wand. Der Panzer kam immer näher, schwarz und riesig. Frolow hockte noch immer auf der Erde, Andrej sah seine weißen, in wahnsinnigem Entsetzen geweiteten Augen. Von Mitleid gepackt, schrie er ihm zu: „Lauf weg!“, dann warf er die Granaten. Ein Flammenbündel schoß unter dem stählernen Leib des Panzers hervor, aber schon war ein zweiter Panzer heran, drehte den Turm mit der Kanone rückwärts und brach mit der ganzen Wucht seiner riesigen Masse wie eine Ramme durch die Wand. Das Stalldach stürzte ein.

Aus dem Staub, der sich langsam setzte, rollte der Panzer hervor – zersplitterte Bretter, Balken und Schieferplatten fielen von ihm ab. Die Luke ging auf, und in der Öffnung erschien ein Soldat in schwarzer Uniform, braungebrannt und schweißnaß, mit flachsblondem Haar. Er ragte bis zum Gürtel aus dem Turm und besah sich die Kampfstätte. Mehrere Panzer brannten im Kleefeld, aber die anderen hatten die Verteidigungslinie durchbrochen und rollten weiter nach Osten. Vor dem Dorf wurden sie aufgehalten. Aus den Gärten schlug ihnen Pak-Feuer entgegen. Die Panzer bildeten einen Halbkreis und beschossen das Dorf. Ihre schräg abfallenden Hecks waren in Staub und Auspuffgase gehüllt. Zu ihrer Unterstützung donnerten Bomber mit Kreuzen an den Tragflächen dicht über das Feld hinweg. Der Panzersoldat blickte ihnen eine Weile nach, dann kletterte er aus dem Turm und sprang zur Erde. Die anderen Soldaten folgten ihm. Sie dehnten und reckten sich und gingen dann zu dem zerstörten Panzer hinüber, dessen Besatzung um ihn herumstand. Gemeinsam berieten sie, was zu tun sei.

Der Kuhstall war nur noch ein Trümmerhaufen aus Balken, Schutt, Schiefer- und Ziegelsplittern. Alles andere war darunter begraben. Nur eine Wand stand noch. Aus den Brettern und Balken daneben ragten die Schultern und der Kopf eines toten Leutnants. Sein langes, glattes Haar zauste der Wind.

„Ooh!" sagte der Panzermann, der als erster ausgestiegen war. Die anderen folgten seinem Blick. Inmitten der Trümmer stand auf gespreizten, wackligen Beinen ein Kalb. Es war winzig, die Mutter hatte es noch nicht einmal abgeleckt, sein nasses, krauses Fell trocknete im Wind.

„Ooh!“ sagten auch die anderen Deutschen beim Anblick des Bratens, den sie, wenn auch noch in rohem Zustand, so unvermutet vorgesetzt bekamen.

Der flachsblonde Soldat nahm das Kalb, trug es zum Panzer, wobei die Beine des Tieres hilflos in der Luft baumelten, und stellte es aufs Heck. Im Aufheulen des Motors ging das klägliche Brüllen des Kalbs unter, das zusammen mit den Soldaten in der Luke verschwand. Der Panzer rollte davon, den anderen nach, auf das Dorf zu, das die Flugzeuge sturmreif gemacht hatten. Der Wind erfaßte den wirbelnden Staub und trug ihn hinterher. Über der Erde war es windig, aber am strahlendblauen Himmel hingen unbeweglich blendendweiße Wolken.

## 17

Es war Tag, die Sonne stand schon hoch am Himmel, als die Deutschen sie gefangennahmen. In dem Bombentrichter, in dem sie sich versteckt hatten, gab es keinen Schatten, und Zugführer Starych, der eine Kopfwunde hatte, verlor in der Sonnenglut die Besinnung. Über seine Augen, über die schwarzverkrusteten Lippen krochen Fliegen. Borka Litwak verscheuchte sie. Er lag auf dem Bauch und grub mit dem breiten Bajonett seines Gewehrs ein Loch in den Boden, der locker und voll Splitter war, um auf feuchtere Erdschichten zu stoßen. Zwei Soldaten, ein Troßfahrer und ein Ladekanonier, beide klein und stämmig, saßen Knie an Knie beieinander und unterhielten sich auf kasachisch. Die Sonne brannte auf ihre geschorenen Köpfe mit den kurzen, schwarzglänzenden Haarstoppeln. Gontscharow rauchte und lugte mit verkniffenen Augen über den Rand des Trichters. Bis zum Horizont, in dessen gelbem Dunst unbeweglich die Wolken hingen, war das Feld gemäht. Das Getreide war noch nicht abgefahren, nicht einmal gebunden, es lag in Schwaden am Boden, und dazwischen, auf den Stoppeln, lagen die Gefallenen in ihren Uniformblusen, die mit der Farbe des Getreides verschmolzen.

Als die deutschen Panzer die Verteidigungslinie durchbrochen hatten und weiter nach Osten rollten, waren sie auf ein Hindernis gestoßen – das Dorf. Gontscharows Batterie und zwei Pak-Batterien, die gut getarnt in den Gärten lagen, empfingen sie mit direktem Beschuß. Dann kamen die Flugzeuge und machten das Dorf dem Erdboden gleich. Wieder gingen die Panzer zum Angriff über, aber sie mußten erneut zurückweichen. Einige der stählernen Kolosse blieben brennend am Dorfrand zurück. Dann kamen abermals Flugzeuge und bombardierten im Sturzflug die Stellungen, bis die Geschütze eines nach dem anderen verstummten. Inzwischen brachen die Panzer von hinten in das Dorf ein.

Gontscharow verschoß seine letzten Granaten, sprengte die Geschütze und zog sich, da er von seinem Regiment und vom rettenden Wald abgeschnitten war, mit den drei Überlebenden und dem schwerverwundeten Starych aufs Feld zurück. Obwohl mehrere Panzer dicht an ihnen vorüberfuhren, blieben sie unbemerkt. Später war noch ein Soldat, ein Sergeant der Infanterie, zu ihnen in den Trichter gekrochen.

Bis Mittag wurde kaum ein Wort gesprochen. Jeder war mit seinen eigenen Gedanken beschäftigt. Die Sonne brannte senkrecht vom Himmel. Starych war noch immer ohne Bewußtsein, er phantasierte, stöhnte und schrie. Die beiden Kanoniere und der Sergeant sahen sich jedesmal ängstlich um. Plötzlich hörten sie Motorengeräusch. Gontscharow spähte hinaus. Über das Feld liefen Rotarmisten, acht Mann. Hinter ihnen her rollte ein Schützenpanzerwagen. Gontscharow sah deutsche Militärmützen und den Lauf eines MGs. Er duckte sich rasch wieder in den Trichter. Die anderen blickten ihn an. Er blickte sie an. Sie waren sechs Mann und hatten nur drei Karabiner und eine Pistole. Und nicht eine einzige Handgranate!

Borka Litwak begriff als erster und erbleichte. Er leerte seine Taschen, zerriß mit zitternden Händen die Dokumente und stampfte sie mit dem Stiefelabsatz in das aufgewühlte Loch. Dann stand er auf. Die Rotarmisten hatten inzwischen den Trichter erreicht. Hinter ihnen stand ein kleiner deutscher Soldat mit vorgehaltener MPi. „Raus da!“ Als erster kroch der Sergeant aus dem Trichter. Dann kamen die beiden Kanoniere, grau im Gesicht. Dann Borka Litwak. Gontscharow blieb sitzen. Er sah, wie der Sergeant am Rand des Trichters ausrutschte, mit einer federnden Bewegung wieder aufsprang, sich die Hände abklopfte und dem Deutschen erschrocken zulächelte.

Gontscharow suchte in seinem Hirn verzweifelt nach deutschen Wörtern, aber ihm fiel nichts ein. „Krank!“ sagte er endlich und zeigte auf den verwundeten Starych. „Er krank ...“

Der Deutsche überlegte. Dann rutschte er auf den Stiefelabsätzen in den Trichter, betrachtete den Verwundeten und nahm seine Mütze ab. Über der sonnenverbrannten Stirn kam eine schweißüberströmte weiße Glatze zum Vorschein, auf der vereinzelte Härchen klebten. Mit einer müden Bewegung wischte er sich den Schweiß ab und setzte die Mütze wieder auf. Oben am Trichterrand stand der Schützenpanzerwagen mit langsam laufendem Motor. Der Deutsche bedeutete Gontscharow, nach oben zu klettern. Gontscharow stieg aus dem Trichter. Hinter ihm ratterte die Maschinenpistole. Er fuhr herum. Starych wand sich im Todeskrampf.

Der Deutsche erreichte den Trichterrand zusammen mit Gontscharow. Ohne die Gefangenen noch einmal anzusehen, stieg er in den Wagen, und der Wagen rollte, die Gefangenen vor sich hertreibend, weiter über das Feld. Sie kamen an vielen Toten vorbei, die in der Sonnenglut lagen. Wenn der Fahrer irgendwo ein Gewehr sah, fuhr er mit den Raupenketten darüber hinweg und zermalmte es. Dann kam schwarze, verbrannte Erde. Auf dieser Erde, die bis zu den Wurzeln der Gräser verkohlt war, standen die ausgebrannten deutschen Panzer. Gontscharow und die Soldaten erkannten sie. Der Fahrer gab hier Gas. Die Gefangenen mußten laufen, auf den Waldrand zu, immer schneller. Sie liefen schweigend; auch die beiden Verwundeten liefen, bemüht, nicht zurückzubleiben. Am Waldrand standen bereits etwa zwanzig Gefangene. Der Schützenpanzerwagen trieb Gontscharow und seine Gefährten dorthin, wendete und fuhr zurück aufs Feld. Andere Deutsche kamen heran. Zwei von ihnen, ein junger und ein älterer, gingen von einem zum anderen und sahen jedem aufmerksam ins Gesicht. Die Gefangenen standen neben dem Schützengraben, den sie am Vortrag selbst ausgehoben hatten. Hier hatte ihr Regiment gelegen, die ganze Fläche war mit Granattrichtern übersät. Im Graben lagen, teilweise verschüttet, die Toten, grau wie die Erde, die sie bedeckte. Die Gefangenen vermieden es hinzusehen.

Die beiden Deutschen gingen noch immer von einem zum anderen. Vor Litwak blieben sie stehen. Sie sahen ihn an, und der ältere zwinkerte dem jüngeren zu. „Jude?“ fragte er, als sei es selbstverständlich, daß Litwak dieses Wort verstand.

Litwak schwieg.

„Jude!“ ermunterte ihn der Deutsche und grinste erwartungsvoll.

Litwak schwieg, aber sein Gesicht wurde von Sekunde zu Sekunde bleicher.

Gontscharow trat vor, stellte sich schützend vor Litwak und sagte: „Das mein Soldat. Verstehn? Ich Kommandeur. Ich!“

Er klopfte sich auf die Brust und nickte dem

Deutschen freundschaftlich, mit gewinnendem Lächeln zu.

„Ah, Kamerad!“ sagte der Deutsche beifällig, wiegte den Kopf und lächelte ebenfalls.

Plötzlich sprang er zurück und stieß Gontscharow den MPi-Lauf wie ein Bajonett vor die Brust. „Zurück!“ keuchte er, am ganzen Leibe zitternd. „Zurück!“

Der andere Deutsche faßte Litwak mit zwei Fingern am Ellenbogen und führte ihn über den Graben zu den anderen Gefangenen, die sie ausgesucht hatten. Unter ihnen war ein großer, breitschultriger Kommandeur mit zwei Balken am Kragen; auch den Stern am Ärmel hatte er sich nicht abgerissen.

Nur ein schmaler Graben trennte diese Rotarmisten von den anderen, aber alle wußten, daß es der Trennungsstrich zwischen Leben und Tod war.

Die Gefangenen wurden in langer Kolonne davongetrieben, nur die Ausgesuchten blieben am Waldrand zurück, dort, wo der Graben war. Als sich Gontscharow noch einmal umwandte, fing er den Blick auf, mit dem ihm Borka Litwak nachsah.

## 18

Es war Nacht, der Mond sah schräg hinter der gezackten Silhouette des Waldes hervor, und der Schatten der Bäume fiel auf das Gras, das vom Tau dampfte. Wenn Stscherbatow die Augen schloß, sah er Andrej im Mondlicht über die Wiese gehen, ohne Mütze, mit zerzaustem Haar. An der Hand führte er eine Frau. Jung und glücklich gingen sie im Mondlicht nebeneinander, und hinter ihnen zog sich eine dunkle Spur durchs Gras. Stscherbatow hatte ihre Stimmen hinter dem Doppelfenster nicht gehört, er hatte nur gesehen, daß sie lachten und glücklich waren, und es hatte ihn aufgebracht. Warum nur? Damals hatte er nicht gewußt, daß er sich an diesen Augenblick so schmerzlich erinnern würde. Der Sohn war ins Zimmer getreten, mit taunassen Stiefeln, seine Augen leuchteten, sein Haar duftete nach Abend, nach Nebel, nach Tannennadeln, nach Jugend. Es war unendlich schwer, zu glauben, daß es diese Augen, dieses Haar nicht mehr gab, während er den Duft noch immer spürte.

Stscherbatow hörte nicht, daß Sorokin kam, aber er fühlte seine Nähe. Er blieb im Schatten des Heuschobers sitzen und runzelte die Brauen, damit der andere nicht sah, daß er geweint hatte. Sorokin sprach ihn an, schuldbewußt und behutsam, wie einen Kranken. So sprachen jetzt alle mit Stscherbatow. Sie verschwiegen ihm die Einzelheiten von Andrejs Tod und erzählten ihm nur das, worauf er als Vater stolz sein konnte. Aber Stscherbatow fühlte, daß sie ihm etwas Furchtbares verschwiegen.

Und sein Blut tränkte die Erde ..., dachte Stscherbatow. Vielleicht stammten diese Worte aus einem Gedicht oder einem Psalm, den er längst vergessen oder nie gekannt hatte. Aber sie kamen ihm jetzt in den Sinn, und er sah die trockene

Erde, auf der Andrej liegengeblieben war, er sah Andrej und schloß die Augen. Nicht einmal begraben konnte er ihn. Der Boden, auf dem Andrej mit seinem Zug gekämpft, auf dem er bis zu seinem Tode standgehalten hatte, war von den Deutschen besetzt, und er war dort geblieben.

Sorokins Stimme drang in sein Bewußtsein, und als er aufblickte, sah er auch sein Gesicht. Der Mond stand tief über dem Feld, er beschien die vorjährigen regenschwarzen Schober, und Stscherbatow konnte nur die vorspringenden Gesichtspartien Sorokins erkennen – die Stirn, die Backenknochen, die Nase, die dünnen trockenen Lippen. Schläfen, Augen und Wangen wirkten durch die tiefen Schatten, die darauf lagen, eingefallen wie bei einem Kranken. Das Leid, das Stscherbatow weicher, empfindsamer und zugänglicher gemacht hatte, versetzte seinem Herzen einen leichten Stoß, wie die Hand dem Uhrpendel, und eine Welle des Mitleids stieg in ihm auf. Zum erstenmal fühlte er, was in Sorokin, seinem Stabschef, vorging. Aber er ließ sich nichts anmerken, er blieb mit gesenktem Kopf sitzen, so daß der andere seine Augen nicht sehen konnte. Sorokin dachte, Stscherbatow warte auf das Ende seines Berichts.

Stscherbatows Befürchtung, das, wovor er Lapschin gewarnt hatte, war gestern am frühen Morgen eingetreten. Die benachbarte deutsche Armee, die bisher keinerlei Aktivität gezeigt hatte, war plötzlich zum Angriff übergegangen. Sie war dem Korps in den Rücken gefallen und hatte es von allen Seiten eingekesselt. In einem schnellen Vorstoß hatten die Deutschen dann mit einem Teil ihrer Panzertruppe und ihrer Infanterie das Korps gespalten. Im Bereich des Vorstoßes, vielleicht sogar in seinem Zentrum, hatte das Bataillon gelegen, zu dem Andrejs Zug gehörte. Jetzt verlief dort ein Korridor, den die deutschen Panzer beherrschten. Auf der einen Seite lagen die Korpstruppen, auf der anderen, von ihnen abgeschnitten, der Stab, einige Einheiten der Rückwärtigen Dienste und ein Regiment Infanterie aus Nesterenkos Division. Zwei Versuche, zum Korps durchzubrechen, waren gescheitert. In der Nacht war der Korridor noch breiter geworden, und die Deutschen schleusten immer neue Truppenverbände durch ihn hindurch zur Front. Die Funkanlage des Stabes war zerstört, die Verbindung zum Korps seit vierzehn Stunden unterbrochen. Sorokin berichtete von den Maßnahmen, die er ergriffen hatte, um die Verbindung wiederherzustellen. Aber von den Kundschaftern, die er zum Korps geschickt hatte, war nicht ein einziger zurückgekehrt. Er schlug vor, im Morgengrauen einen erneuten Durchbruchsversuch zu unternehmen. Stscherbatow hob den Kopf und sah ihn aufmerksam an. In Sorokins Augen las er, daß dieser ebensowenig an ein Gelingen glaubte wie er selbst. „Wir werden uns hier verteidigen", sagte Stscherbatow.

Er hatte diesen Entschluß schon vor langem gefaßt, aber er wollte, daß auch die anderen ihn einsahen. Es gab nur noch eine Lösung: Sie mußten sich hier einigeln und den Kampf mit den Deutschen aufnehmen. Wenn sie sich opferten, konnten sie die Kräfte des Gegners binden und dem Korps den Durchbruch ermöglichen. Den wenigen Überlebenden würde es vielleicht gelingen, in der Nacht den Ring zu verlassen und in den Wald zu entkommen. Von dort konnten sie den langen Weg zu den Ihren antreten. Von diesem Entschluß mußten Troinikow und Browalski drüben auf der anderen Seite in Kenntnis gesetzt werden, damit sie rechtzeitig aufbrachen und nur Nachhuten zurückließen.

Sorokin hörte ruhig zu. „Ich werde Nesterenko sagen, daß er einige Soldaten aussucht, die freiwillig hinübergehen. Soll er sie vorher zu Ihnen schikken?"

„Ja."

Sorokin ging, und Stscherbatow blieb allein mit seinen Gedanken und seinen Erinnerungen. Er sah Andrej vor sich, wie er noch ganz klein war, mit einer dünnen dunklen Haarlocke auf dem kahlen Kopf und zerknitterten Öhrchen. Nur ein schlechtes Foto war ihm aus jener Zeit geblieben. Es zeigte einen Säugling im Steckkissen, der wie alle Säuglinge aussah. In seinen starren Puppenaugen spiegelte sich das Licht der Lampe. Dabei hatte Andrej als Säugling lebhafte dunkle Schlitzaugen. Erst später wurden sie grau. Stscherbatow erinnerte sich, wie sie ihn im Hungerjahr 1922 in einer zugigen Bauernhütte badeten. Den Holzzuber mußten sie dicht an den Ofen rücken. Als sie die dampfenden, körperwarmen Windeln auseinanderschlugen, kam der winzige Körper zum Vorschein, mit angewinkelten Beinchen und winzigen roten Zehen wie im Mutterleib. Dieses Etwas war so klein, so weich, daß man es nicht anzufassen wagte. Er spürte seine körperliche Nähe, den eigentümlichen Kindergeruch. Dieser kleine Mensch war noch ganz und gar unnütz auf der Welt, aber schon unentbehrlich für seine Eltern, die vor ihm standen, um ihn vor der Zugluft zu schützen. Viele Jahre mußten vergehen, bis Andrej seinem Land und den Menschen nützen konnte.

Ein großer Mann hat einmal gesagt, daß sich der Mensch mit der Geburt eines Kindes eine neue verwundbare Stelle schafft. Das Leben hatte Stscherbatows verwundbare Stelle gefunden und zugeschlagen. Er hatte nur immer gefürchtet, Andrej könnte eines Tages seinen Vater verlieren. Dabei hatte ihm das Schicksal vieler junger Menschen, die, wie es offiziell hieß, nicht für ihren Vater verantwortlich waren, vor Augen gestanden.

Plötzlich spürte Stscherbatow wieder den brennenden Schmerz auf der linken Brustseite und in den Schultern, der ihn heute schon mehrmals heimgesucht hatte. Er stand auf und begann, hinter dem Heuschober auf und ab zu gehen, damit ihn der Schmerz nicht von seinen Gedanken ablenkte.

Was konnte ein Mensch tun, der nicht selbst entscheiden durfte? Ganz andere als er hatten dem Druck nachgegeben. Der Mensch war machtlos gegenüber der Maschinerie. Jetzt blieb ihm nur noch ein sinnloser Tod. Aber wie hatte sich diese Maschinerie entwickelt, wer hatte sie zur strafenden Gewalt gemacht? Die heutigen Opfer waren einstige Richter und die jetzigen Richter künftige Opfer. Die einen hatten die Maschinerie unterstützt, die anderen sich blind gestellt und geschwiegen. Und dann kam die Zeit, wo man bereits schweigen mußte. Doch früher, früher ... Damals, als jene Mächte gerade erst geboren und noch schwach waren wie alles Neugeborene, als sie noch nicht von der Partei, vom ganzen Land und vom Denken der Menschen Besitz ergriffen hatten ... Als er die Gefahr zum erstenmal erkannte, hatte er vor ihr warnen wollen, dann aber hatte er seine Mitmenschen angesehen und geschwiegen. Hatte er damals den ersten Schritt getan auf dem langen Weg, der schließlich zum Jahr 1941 und zum Tod Andrejs führte?

Solange Andrej klein war, kam es nur darauf an, ihn satt zu machen, „ihm den Mund zu stopfen", wie seine Mutter sagte. Als er größer wurde, gab es andere Sorgen. Sie „stopften ihm den Mund", aber taten sie auch etwas für seine Seele? Ja, sie konnten zufrieden sein. Diese ehrlichen, reinen Kinder! Das Licht der Revolution drang ungebrochen zu ihnen, sie trugen es im Herzen und zogen fast waffenlos in ihren ersten schrecklichen Kampf.

Stscherbatow vergrub das Gesicht in den Händen und weinte lautlos, die Tränen strömten über seine Wangen.

Die Mutter muß ihr Kind füttern, solange es noch klein und schwach ist. Der Vater muß ihm das Tor zum Leben öffnen. Er soll ihm kein Haus hinterlassen, sondern die ganze Welt, auf daß der Sohn darin lebe als gleichberechtigter Bürger.

Stscherbatow saß lange mit geschlossenen Augen. Er dachte an seine Frau, die es noch nicht erfahren hatte. Er sah ihr Gesicht, ihre Augen, die denen Andrejs glichen und nun die einzigen ihm vertrauten Augen waren. Von allen Menschen der Welt konnten nur er und sie ermessen, was sie verloren hatten. Der Tod des Sohnes band sie aneinander, fester und schmerzlicher als seine Geburt.

Der Adjutant, der hinter dem Heuschober stand und auf jedes Geräusch horchte, wagte nicht, sich vor Stscherbatow sehen zu lassen. Er hörte ein langgezogenes, gepreßtes Stöhnen. Dann wieder Schritte, Schritte bis zum Morgen.

Zwei Stunden vor Sonnenaufgang kam von drüben ein Kundschafter, blutüberströmt, mit der rechten Hand die zerschossene Linke haltend wie ein Kind. Er meldete die Uhrzeit, zu der das Korps einen Durchbruchsversuch unternehmen wollte, um dem Stab zu Hilfe zu kommen. Er biß die Zähne zusammen, als er einen Stiefel auszog und unter der Einlegesohle einen Zettel hervorholte. Die Nachricht war nur von Troinikow unterzeichnet, Browalskis Unterschrift, die Stscherbatow und Sorokin erwartet hatten, fehlte. Sie konnten nicht wissen, daß sich Browalski zur Zeit des deutschen Angriffs nicht mehr bei Troinikows Division, sondern auf dem Weg zum Stab befunden hatte, bei dem Regiment, das der Hauptschlag des Gegners traf.

## 19

Der Menschenhaufen, den die Deutschen in eine von allen Seiten bewachte Scheune gesperrt hatten, kam die ganze Nacht nicht zur Ruhe. Die Gefangenen sprachen miteinander und krochen in der Dunkelheit umher, um Landsleute oder Regimentskameraden zu suchen. In ihrer Not sehnten sie sich nach einer verwandten Seele. Gontscharow schlief erst gegen Morgen für kurze Zeit ein.

Er hatte einen Traum. Der Erdball ist in Nebel gehüllt. Er dreht sich, Meere und Ozeane schimmern im Mondlicht wie Glas. Aber er hüllt sich immer mehr in feuchte Nebelschleier und schwebt davon, wird kleiner und kleiner, ein einsamer Stern im endlosen Sternenmeer. Gontscharow und Borka Litwak sehen ihm nach, beide mit dem gleichen schmerzlichen Gefühl, und Gontscharow spürt im Schlaf Borkas warme Schulter an seiner Seite. Als er aufwachte, war er allein. Nur im Traum sind die Toten bei uns, in die Wirklichkeit kehren wir allein zurück.

Browalski schloß die ganze Nacht kein Auge. Er saß mit dem Rücken an die Balkenwand gelehnt und dachte nach. Die Wunde in seiner Schulter schmerzte, und er spürte selbst durch die Uniform, wie heiß sie war. Aber noch stärker war ein anderer Schmerz. Seine Gedanken jagten sich ohne Unterlaß in einem engen, endlosen Kreis. Immer wieder tauchte in seiner Erinnerung das Bild des älteren Bruders auf. Nicht aus der Zeit, da er noch ein geachteter Mann war, unnahbar und streng, sondern aus den letzten Jahren, da er nach seiner Entlassung aus der Haft die kleine Junggesellenwohnung mit Browalski teilte. In diesen letzten Vorkriegsjahren hatte Browalski zum erstenmal, seit er erwachsen war, die Nähe seines Bruders deutlich gespürt.

Wann immer Browalski erwachte, ob früh oder spät, war sein Bruder schon auf. Er saß angezogen auf dem Bett, unbeweglich wie ein Mensch, der langes Warten gewohnt ist, der von allen menschlichen Freiheiten und Möglichkeiten nur noch eine besitzt – das Denken. Im Winter, wenn es spät hell wurde, saß er im Dunkeln, bis Browalski erwachte.

Auf seinem geschorenen Kopf wuchsen die Haare allmählich nach, aber sie blieben spärlich und fielen immer mehr aus. Mit den Beulen auf dem Schädel, in der abwartenden Pose sah er ihrem Vater ähnlich, und Browalski krampfte sich das Herz zusammen, wenn er ihn ansah. Immer deutlicher traten in seinem Gesicht die Züge des Vaters zutage und die nationalen Merkmale, die früher kaum aufgefallen waren.

Er wußte noch genau, wie der Bruder vor zwei Jahren, in den letzten Monaten vor seiner Verhaftung, ausgesehen hatte mit den beiden Rhomben am Kragenspiegel und dem schwarzen Schnauzbart, den er sich seit dem Bürgerkrieg wachsen ließ, weil ihm eine Kugel Denikins die vorderen Zähne ausgeschlagen hatte. Damals war er noch ehrgeizig, selbstbewußt, ewig beschäftigt. Seine

Zeit war auf die Minute eingeteilt. Jetzt saß er stundenlang mit hängenden Schultern, die Hände zwischen den Knien gefaltet, und die Zeit eilte an ihm vorüber.

Browalski hatte erwartet, daß der Bruder nach der Rehabilitierung zu seinem alten Ehrgeiz zurückfinden und mit doppeltem Eifer arbeiten würde, um sich all das zurückzuholen, was ihm genommen worden war, und sei es nur, um sich vor denen zu behaupten, die seinen ehrlichen Namen so lange mit Schmutz beworfen hatten. Statt dessen nahm der Bruder seinen Abschied von der Armee. Er las Zeitungen, hörte Radio, war über alles auf dem laufenden, aber er betrachtete das Leben wie durch ein unsichtbares Gitter, und Browalski begriff, daß sein Bruder noch immer *dort* war und nicht zurückfand. Einmal traf er ihn an, wie er am Fenster stand und auf die Straße hinunterblickte. Es war Sonntag, ganze Familien gingen vergnügt spazieren, Musik dudelte, der Bruder aber schaute auf die Menschen hinab wie jemand, der als einziger weiß, was mit jedem von ihnen passieren kann. Als stünde ein Erdbeben, ja der Weltuntergang bevor und machte die Fröhlichkeit der nichts ahnenden Spaziergänger nur um so bedrückender.

Zum erstenmal begriff Browalski, was in dem Bruder vorging. Er erschrak, denn damit konnte niemand leben. Ihm wurde klar, daß all seine Bemühungen, den Bruder ins Leben zurückzuführen, sinn- und hoffnungslos waren. Er selbst hingegen, ein Mann im Vollbesitz seiner körperlichen und geistigen Kräfte, vermochte sich nicht zu ändern. Er tat, was die meisten Menschen tun, wenn sie ihr seelisches Gleichgewicht erhalten wollen – er stellte sich blind. Instinktiv bemühte er sich, mit nichts in Berührung zu kommen, was dieses Gleichgewicht stören konnte. Er war Sportler, lief Ski, ritt ausgezeichnet und hatte so manchen Preis gewonnen. Überhaupt hielt er sich für einen Mann, der anderen als Beispiel dienen konnte. Doch wenn er nach Hause kam und dem ironischen Blick seines Bruders begegnete, wurde er kleinlaut und unsicher und schämte sich der Erfolge, auf die er sonst so stolz war. Je stärker er seine Schuld fühlte, desto unbändiger trieb es ihn nach draußen, wo er die frische Luft in vollen Zügen genoß.

Der Bruder erzählte fast nie von dem, was mit ihm geschehen war. Wenn er doch einmal davon sprach, dann nicht im Zusammenhang mit irgendeinem Ereignis, das ihn daran erinnerte, sondern aus den Gedanken heraus, die unaufhörlich in seinem Kopf kreisten. Einmal saß der Bruder mit halbgeschlossenen Augen vor dem Bücherschrank, von den Lichtreflexen auf der Scheibe geblendet, und es sah aus, als ob er lächelte. Damals erzählte er, wie man sie alle drei rehabilitierte, ihn, den Kommissar und den Stabschef. Zum Schluß hatte sich der Vorsitzende des Untersuchungsausschusses an den Stabschef gewandt und gesagt: „Können Sie den beiden Genossen in die Augen sehen, die Sie damals verleumdet haben? Wie wollen Sie mit dieser Last auf Ihrem Gewissen weiterleben?“ Und der Stabschef, ein alter Mann mit kurzgeschorenem grauem Sträflingskopf, hatte geweint.

„Laß mich mit diesem Stabschef in Ruhe!" hatte Browalski seinem Bruder geantwortet und war rot geworden. „Er war einfach ein gemeiner Schuft, und die Tränen waren bloß Verstellung."

Der Bruder hatte ihn seltsam angesehen. „So? Meinst du? Dann muß ich dir wohl erzählen, warum er damals unterschrieben hat. Er sollte mich und den Kommissar belasten, aber er ist standhaft geblieben. Da haben sie ihn zum Verhör geholt, und er hat im Nebenzimmer seine Frau schreien hören. ‚Sag nichts aus als die Wahrheit!' konnte er ihr noch zurufen. Dann schlugen sie ihn. Als sie ihn nach einigen Tagen erneut zum Verhör holten, wurde sie im Nebenraum vernommen, er hörte nur ihren Schrei, und dann sah er Blut unter der Tür. Ja, und da hat er alles unterschrieben. Er kannte noch nicht alle ihre Tricks, wußte nicht, daß es kein Blut war und nicht seine Frau, die da schrie. Übrigens, diesem Oberst, der ihn nachher gefragt hat, ob er mit der Last auf dem Gewissen weiterleben könne, dem bin ich schon früher begegnet. Er war allerdings noch Major, als er mich verhörte."

Der Bruder hatte gelächelt, sein stilles, schreckliches Lächeln. „Weißt du eigentlich, wer meinen Haftbefehl unterschrieben hat?"

Er nannte den Namen eines hohen Generals, eines seinerzeit gefeierten Helden, der später als Volksfeind erschossen wurde.

„Aber glaube nur nicht, daß er wirklich ein Verräter war. Er hat bloß gedacht, daß er sich retten kann, wenn er mich über die Klinge springen läßt. Nicht um seiner selbst willen, sondern wegen der Sache, der er besser dienen könnte als ich. Er hat nicht begriffen, daß er zusammen mit meinem Urteil sein eigenes unterschrieb. So ist das nun mal. Wenn die Menschen erst einen aus ihrer Mitte geopfert haben, ohne etwas dagegen zu tun, erkennen sie an, daß man später mit ihnen genauso verfahren darf. Ist der Anfang erst gemacht, geht es immer so weiter. Es kommt schon auf diesen einen an, den allerersten. Sobald sich die Menschen gleichgültig von ihm abwenden, öffnen sie der Willkür Tür und Tor, und auch ihnen wird man eines Tages jedes Recht absprechen. Was bei dem ersten noch schwierig war, wird später leicht, wenn es um Tausende von Menschen geht."

Jetzt in der Scheune befiel Browalski dumpfe Unruhe. Je offensichtlicher einzelne Tatsachen den allgemeinen Lebenstendenzen widersprachen, desto stärker hatte er sich gegen sie gewehrt. Nicht so sehr gegen die Tatsachen wie dagegen, daß sie als Ausdruck von etwas Tiefergreifendem betrachtet werden könnten. Er war stolz gewesen auf seine Fähigkeit, das Leben in seiner Vorwärtsbewegung zu sehen und die Aufmerksamkeit nicht auf untypische Einzelerscheinungen zu konzentrieren, und hatte diese Fähigkeit kraft seiner Stellung auch andere gelehrt. Und nun ahnte er plötzlich zum erstenmal, daß sein Bestreben, allem auszuweichen, was sein seelisches Gleichgewicht gefährden konnte, nicht nur eine natürliche Abwehrreaktion seines gesunden Organismus war, sondern noch etwas anderes, etwas, woran er nur mit Schrecken denken konnte.

Unruhig wälzte er sich auf der Erde, aber sosehr er sich bemühte, der Gedanke ließ sich nicht vertreiben. Wie ein Lebewesen, das nicht mehr spurlos verschwinden kann, wenn es einmal geboren ist, so wuchs dieser Gedanke in ihm, immer schmerzhafter und qualvoller, je mehr er dagegen ankämpfte. Und der psychische Schmerz war stärker als der Schmerz in seiner Wunde. Browalski knirschte mit den Zähnen. Er merkte nicht, daß er stöhnte. In der dunklen Scheune, in der es nach Jauche, Pferdeschweiß und Menschenblut roch, hörte es jedoch niemand. Hier hatte jeder an seinen eigenen Wunden zu tragen.

Später beugte sich jemand über ihn, und eine tonlos heisere Stimme fragte: „Hast du Feuer?"

Mit der gesunden Hand langte Browalski in die Hosentasche und holte ein verchromtes deutsches Feuerzeug hervor. Ein Stabsoffizier hatte es einem Kundschafter abgehandelt und ihm geschenkt. Im Schein der bläulichen Benzinflamme sah Browalski bebende Nasenflügel und dicke Lippen, die an einer selbstgedrehten Zigarette sogen. Die Oberlippe war durch eine breite Narbe gespalten. Im Dämmerlicht zeichneten sich undeutlich die mächtigen Schultern des Mannes ab und die Spiegel auf dem durchschwitzten, speckigen Kragen.

Die Flamme verlosch, nur das brennende Ende der Zigarette leuchtete funkensprühend in der Dunkelheit. Browalski spürte den Machorkarauch dicht vor seinem Gesicht und hörte wieder die heisere, aber nicht unangenehme Stimme: „Ein hübsches Feuerzeug hast du da, Kommissar!"

Der Mann wog das Feuerzeug in der Hand, als sei er im Zweifel, ob er es zurückgeben oder behalten sollte. Im Schein der brennenden Zigarette sah Browalski die gespaltene, zu einem Lächeln verzogene Lippe und haßglühende fremde Augen. Diese Augen sagten: Kommissar, du brauchst dich nicht zu verstecken, ich weiß doch, wer du bist! Browalski packte mit der gesunden Hand den Arm des Mannes, verdrehte ihn und zog ihn zu sich heran. Das Feuerzeug fiel raschelnd ins Heu. Sie kämpften lautlos, die brennende Zigarette beschrieb Zickzacklinien in der Luft.

Der Fremde befreite seine kräftige Hand ohne besondere Anstrengung, und Browalski hörte, nun schon von weitem, die heiser drohende Stimme: „So nicht, mein Lieber! Die Zeiten sind vorbei!"

Noch nie hatte Browalski ein so unbändiges Verlangen gespürt, einen Menschen zu schlagen. Der plötzliche Haßanfall tat seiner Seele gut. Gerade jetzt, da es zu allem zu spät war, blieb er seinen Überzeugungen treu. Nur Verräter sind bereit, sich im Augenblick der Niederlage von allem loszusagen und zu kneifen. Er aber wußte, daß es in seinem Leben vieles gab, was auch später noch junge, ehrliche Menschen begeistern würde, vieles, wofür es sich lohnte zu leben.

Die ganze schwere Nacht hindurch saß Browalski hellwach, mit dem Rücken an die Balkenwand gelehnt, inmitten der schlafenden, wachenden, rauchenden, von Unruhe gequälten Menschen, die stöhnten, fieberten und sich auch im Schlaf nicht mit der Gefangenschaft abfinden konnten. Die Hitze in seiner Wunde breitete sich über den ganzen Körper aus. Mit den trockenen Lippen sog er gierig den kühlen Luftzug ein, der durch die Ritzen drang, und den Duft des Taus.

Am Morgen wurden die Gefangenen aus der Scheune getrieben. Als sie dicht gedrängt aus dem Dunkel ins grelle Morgenlicht traten, hatten sie das beklemmende Gefühl, eine unsichtbare Linie zu übertreten, hinter der sie jedem bewaffneten Deutschen auf Tod und Leben ausgeliefert waren. Alles, was sie bisher behütet und geschützt hatte – Gesetz, Ordnung, Gewohnheiten, Fähigkeiten und nicht zuletzt die Waffen, die sie noch vor kurzem in der Hand hielten –, all das lag jetzt hinter ihnen, und es blieb ihnen nichts als das Bewußtsein ihrer Schutzlosigkeit. Keine Erfahrung half ihnen, niemand kam, der ihnen in dieser ersten schrecklichen Minute gesagt hätte, daß sie auch das überleben würden. Vor ihnen standen nur die Deutschen in Stahlhelmen, mit Maschinenpistolen quer über der Brust, breitbeinig, in zwei langen Reihen, zwischen denen die Gefangenen hindurchziehen mußten. Unter den Blicken, die über ihre Köpfe hinweggingen, drängten die Gefangenen unwillkürlich zur Mitte, um nicht aufzufallen.

Browalski ging mitten in der Menge, von allen Seiten eingepfercht, und suchte die verwundete Schulter vor den Püffen und Stößen der anderen zu schützen. Allmählich wurde er aus der Mitte zum Rande gedrängt, dorthin, wo mit gleichgültigen Gesichtern die Deutschen standen. Dann mußten die Gefangenen in Zweierreihen antreten, und erst jetzt sah Browalski, wie sehr sie sich über Nacht verändert hatten. Bei einigen hingen die Mützen bis über die Ohren, bei anderen sahen die Fußlappen aus den Schnürstiefeln hervor. Einige Offiziere trugen noch ihre Rangabzeichen und achteten in der Gefangenschaft ganz besonders auf ihre Haltung und Würde, aber zwei oder drei Gestalten in viel zu kleinen Uniformen, aus denen alle Knochen hervorstachen, boten einen traurigen Anblick. Sie wollten aussehen wie heruntergekommene einfache Soldaten und wirkten doch wie verkleidete Offiziere. Trotz der Verschiedenartigkeit dieser Menschen gab es in ihrem Aussehen bereits etwas Gemeinsames, etwas, was über Nacht entstanden war, so wie die Bartstoppeln, die ihre Gesichter älter, grauer und farbloser erscheinen ließen. In den gesenkten Blicken, in der gespannten Erwartung offenbarte sich das, was den Gefangenen vom freien Menschen unterscheidet.

Die Gefangenen fürchteten, die Deutschen hätten sie aus der Scheune getrieben, um sie zu erschießen. Sie nahmen ihre ganze Kraft zusammen, um diesen Augenblick zu überstehen. Aber die Zeit verrann, ohne daß etwas geschah. Sie standen noch immer im weißen Straßenstaub, und die Sonne, die höher und höher stieg, schien sengend auf ihre bloßen Nacken, auf die blutigen Wunden, an denen summende Fliegen klebten. Nach menschlichen Begriffen – sie hatten diese Begriffe ebensowenig aufgegeben wie sich selbst – war dieses endlose Stehen in der Sonnenglut sinnlos. Aber irgendeinen Sinn mußte es doch haben, also suchten sie ihn, zermarterten ihr Gehirn und quälten sich mit Schreckensbildern.

Auf der anderen Seite des Dorfplatzes stand zwischen den alten, zernagten Holzpfählen für die Pferde und mehreren Granattrichtern eine Feldküche. Der deutsche Koch rührte in einer dicken, dampfenden Masse. Daneben prasselten zwei riesige Holzfeuer. Die Flammen loderten hoch über die Köpfe der Deutschen, die mit dem Gesicht zum Feuer standen. Über dem einen Feuer wurde ein Schwein abgesengt. Vor dem anderen hockten mehrere Soldaten in Unterhemden oder mit nacktem Oberkörper und brieten Schweinefleisch. Sie hielten die Stücke mit ihren Putzstöcken in die Flammen und schrien laut durcheinander. Ihre Gesichter und ihre nackten Körper glänzten von Schweiß und Fett. Der Duft des Schweinebratens und der Rauch des Feuers zogen zu den Gefangenen herüber, die hungrig und durstig mit trockenen Lippen in der Sonne standen und sich bemühten, nicht hinzusehen. Zwischen dem, was hier geschah, und ihnen mußte ein unsichtbarer Zusammenhang bestehen. Jeder von ihnen glaubte an den Wert seines Lebens; die ganze Welt, alles, was sich darauf abspielte, hatte nur Bedeutung im Zusammenhang mit seinem Leben. Deshalb konnten sich die Gefangenen nicht vorstellen, daß die Deutschen in diesem Augenblick mit Dingen beschäftigt waren, die mit ihnen nicht das geringste zu tun hatten, daß alles soviel einfacher und soviel schlimmer war. Nicht nur das Leben des einzelnen, sondern das Leben aller Gefangenen, die hier in der Sonne standen, war den Deutschen völlig gleichgültig. Für sie waren diese Menschen ohne Gesicht, sie unterschieden sich nicht von Hunderten anderer Gefangener, die sie schon gesehen hatten und noch sehen würden. Was mit ihnen geschah, ging sie nichts an. Nach dem gestrigen Kampf, bei dem sie dem Tode entronnen waren, genossen sie in dem zerstörten russischen Dorf das Leben in seiner ganzen Fülle. Sie interessierten sich nur für das, was sie selbst betraf – für das Schweinefleisch, das sie am Spieß brieten. Die Gegenwart der Gefangenen steigerte nur ihr Lebensgefühl, ihren Triumph und ihr Recht, das Leben zu genießen – das uralte Recht des Siegers.

Hitze, Trockenheit und glühende Sonne forderten die ersten Opfer. Einige Gefangene taumelten und fielen in den Staub. Ihr Anblick rief bei den anderen eine Art Schutzreaktion hervor. Sie stumpften ab, ihr Denken kreiste nur noch um die nächsten Stunden, die sie ausharren mußten. Ohne es zu wissen, hatten sie damit zu einer Verhaltensweise gefunden, die es den Kräftigsten unter ihnen ermöglichen würde, die Gefangenschaft zu überstehen.

Browalski kannte die Befehle und Gepflogenheiten der Deutschen und wußte, daß er als Kommissar und Jude von allen die geringste Chance hatte zu überleben. Er war auch mutig genug, der Wahrheit ins Auge zu sehen. Dennoch durchlebte er in den ersten Minuten dasselbe wie die anderen. Er merkte es erst später und mußte innerlich über sich lächeln. Nach den Erkenntnissen der heutigen Nacht war ihm sein Leben nicht mehr wichtig, doch er klammerte sich daran.

Er stand in der Menge und leckte sich die aufgesprungenen Lippen. Er spürte die Hitze, die von seiner Wunde ausging, im ganzen Körper, in den Gelenken, in den Augen, im Kopf. Von Stunde zu Stunde fiel es ihm schwerer, in der Sonne zu stehen. Es gab Momente, in denen er einzuschlafen glaubte, alles um ihn her verschwand, er fühlte sich leicht und unbeschwert, unwiderstehlich zog es ihn zur Erde, als könnte er darin versinken. Dann zuckte er plötzlich zusammen und kam zu sich. Mit klopfendem Herzen blickte er sich um, ob die anderen den Schwächeanfall beobachtet hätten. Ihm wurde übel von dem Bratenduft. In der Mitte des Platzes befand sich ein niedriger Dorfbrunnen mit einer langen Ziehstange, einem hölzernen Schöpfeimer und einem tief in die Erde eingesunkenen bemoosten Steintrog für das Vieh. Die nasse Erde rings um den Brunnen war von Stiefeln zerstampft, in den tiefen Spuren glänzten hier und da kleine Pfützen. Auf dieses Fleckchen nasser Erde starrten die vielen hundert Menschen, die in der Sonnenglut auf dem Platz standen. Browalski mußte seinen ganzen Willen aufbieten, um nicht auch dorthin zu sehen.

Ein paar Deutsche in Uniform rannten mit Fotoapparaten und Filmkameras zwischen den Gefangenen hin und her, suchten einzelne heraus und trennten sie von den anderen. Sie kamen schnell näher und verbreiteten eine Welle der Angst. Der eine blieb vor Browalski stehen, ein junger Bursche, lang, schmalbrüstig, mit einer Lederhülle an der Seite und einem dünnen Vogelhals. Ganz nah sah Browalski dieses Gesicht, das sein Schicksal werden konnte. Es war mit großen, ineinanderfließenden braunen Sommersprossen übersät, selbst die abstehenden Ohren waren mit braunen Flecken bedeckt. Über rötlichen Augen blinzelten schneeweiße Wimpern. Der unstete Blick des Deutschen blieb an Browalski hängen. Browalski ahnte, daß der Deutsche bei ihm nach einem bestimmten Merkmal suchte, das ihn für seine Zwecke geeignet machte. In der unendlichen langen Sekunde, die über sein Schicksal entschied, waren seine Nerven aufs äußerste gespannt. Aber der Deutsche ging weiter und holte einen kleinen, schwarzhaarigen Soldaten aus der Menge. Der Soldat hatte weder Mütze noch Koppel, seine durchschwitzte, speckige Uniform war über und über schmutzig. Der Deutsche schob ihn vor sich her wie einen glücklichen Fang. Mit der einen Hand hielt er ihn am Ärmel fest, mit der anderen öffnete er schon die Lederhülle an seiner Seite. Er stellte ihn vor den Brunnen neben die anderen Gefangenen, die man aus der Menge geholt hatte, dann trat er einige Schritte zurück, krümmte sich, hob den Fotoapparat an die Augen und fotografierte – erst so, dann so, dann so ... Danach entließ er den Gefangenen. Er hatte ihm nichts getan, er hatte nur ein paar Aufnahmen von ihm gemacht, doch der Rotarmist ging schwankend zurück wie ein Betrunkener. Als er näher kam, sah Browalski jenes Merkmal an ihm, das die Deutschen gebraucht hatten, und begriff, warum sie nicht ihn, sondern den anderen ausgesucht hatten: Das schreckensbleiche Gesicht des Mannes mit den unverkennbar mongolischen Zügen war unsymmetrisch geschnitten. Aber die großen schwarzen Augen, die sich verwirrt umsahen, strahlten vor Glück und ließen das mißgestalte Gesicht schön erscheinen. Sie gehörten einem Menschen, der am Leben geblieben war.

Betroffen über seine Vermutung, musterte Browalski die Soldaten, die soeben fotografiert worden waren. Sie hatten alle irgendeinen physischen Defekt, waren aber dabei stämmig und kräftig, wie geschaffen für körperliche Arbeit. Und er begriff.

Er sah mit einemmal die ungeheure Maschinerie, die vorn an der Front begann mit rollenden Panzern und angreifenden MPi-Schützen, eine Maschinerie, die alles zermalmte, was ihr unter die Raupenketten kam. Sie endete irgendwo ganz weit hinten. Was Browalski hier erblickte, waren Einzelteile, die nur deshalb so groß wirkten, weil er sie aus nächster Nähe sah und weil der Maßstab, mit dem er sie abschätzte, sein Leben war. Nachdem die ersten Deutschen den Gefangenen gleich nach dem Kampf Uhren, Füllfederhalter und Zigarettenetuis abgenommen hatten, kamen jetzt diese Burschen aus den Propagandakompanien, um ihnen alles abzunehmen, was ihrer Eingliederung in die Maschinerie hinderlich war. Sie erschossen keinen, sie folterten und mordeten nicht, sie teilten sogar Zigaretten aus. Dafür machten sie ihre Aufnahmen, nach einer besonderen Methode, nach besonderen Gesichtspunkten. Diese Fotos und Filme sollten, geschickt montiert, der Maschinerie den Brennstoff liefern, ohne den sie nicht funktionierte. Sie sollten die Deutschen an der Front und in der Heimat von ihrer Überlegenheit als Rasse überzeugen und ihnen beweisen, warum das Morden notwendig und moralisch gerechtfertigt war. Die einen, die an der Front auf bewaffnete Gegner schossen und ihr Leben aufs Spiel setzten, die durch die tägliche Gefahr und komplizierte Begriffe wie „Soldatenehre" und „Soldatenpflicht" gleichsam befreit waren von Schuld und Verantwortung, und die anderen, die in der Etappe gefahrlos auf höheren Befehl mordeten und sich ebenfalls auf Pflicht und Ehre beriefen – sie alle fühlten sich als Rädchen in der großen Vernichtungsmaschine. Als Rädchen wären sie in der Tat unschuldig gewesen. Aber sie waren keine Rädchen, sondern Menschen, die grausame Verbrechen begingen, sowohl die Befehlenden als auch die Befehlsempfänger. Deshalb brauchten sie die gestellten Filme und Fotos als Rechtfertigung für ihr grausames Tun und um sich in dem Gefühl zu bestärken, daß die Menschen, die sie mordeten, keine Menschen im eigentlichen Sinne waren und als Vertreter einer niederen Rasse keinen Anspruch auf menschliche Behandlung hatten. Ein Baum hat eben ein anderes Schmerzempfinden als der Mensch. Deshalb mußten jene, mochte es noch so unangenehm sein, trotz ihrer Menschenähnlichkeit, die immer wieder zu falschen Vorstellungen und Gefühlen verleitete, vernichtet werden wie Ratten, Ungeziefer und Unkraut. Nur so konnte die Erde gereinigt und aufnahmebereit gemacht werden für alles Starke, Gesunde, das allein daseinsberechtigt war.

Browalski erkannte diese Zusammenhänge ganz plötzlich, weniger mit dem Verstand als mit dem Gefühl. Die Erkenntnis überkam ihn wie eine Erleuchtung, und Haß stieg in ihm auf. Der Soldat aber, den die Deutschen fotografiert hatten, kam mit einer Zigarette in der Hand und einem glücklichen Lächeln zurück, das sein Gesicht verschönte.

Hinter dem Dorf knatterten schon eine ganze Weile Motorräder. Dazwischen hämmerte ein MG. Wie auf einem Übungsplatz kamen die Geräusche näher und entfernten sich wieder. Plötzlich tauchte im Blickfeld zwischen zwei Häuserruinen ein Krad auf. Vor ihm her lief ein Rotarmist. Der Kradschütze jagte ihn über den holprigen Acker, und jedesmal, wenn er mit seinem MG einen Feuerstoß abgab, sprang der Gefangene entsetzt zur Seite. Seine lose herabhängende Uniformbluse war zwischen den Schulterblättern klitschnaß; er lief, als wolle er die schweren Stiefel abwerfen. Ein zweiter Kradschütze kam dazu und jagte ihn auf die andere Seite.

Die Deutschen auf dem Platz hatten ihr Schwein abgesengt und am Brunnen gewaschen, jetzt standen sie müßig da und sahen zu. Einer von ihnen, ein stämmiger, dickbäuchiger Mann mit aufgeknöpfter Uniform, hielt das Schwein nach dem

Waschen hoch, so daß die Schnauze gerade die Erde berührte. Weiß und naß, mit durchschnittener Kehle hing es in seiner Hand. Browalski war entgangen, daß ein Wagen mit einem Offizier herangefahren war. Er stand in Breeches, mit einer hohen Mütze auf dem Kopf breitbeinig da, die Arme auf dem Rücken verschränkt, und sah ebenfalls zu.

Plötzlich hallte der Platz von lautem Gelächter wider. Der Rotarmist war gestürzt. Er sah sich nach dem heranbrausenden Krad um und stand auf, hastig und doch erschreckend langsam. Jetzt waren es schon drei Kradschützen, die ihn jagten, immer im Kreis; einer übergab ihn dem anderen, mit MG-Schüssen rasten sie von weit her auf ihn zu. Die Deutschen auf dem Platz gerieten in Verzückung, sie lachten und grölten wie auf einem Fußballplatz. Die Gegenwart der Gefangenen verlieh dem Schauspiel eine besondere Note. Die Deutschen fühlten sich in diesem Augenblick als echte Vertreter des deutschen Frontgeistes, der gesunden deutschen Rasse.

Browalski blickte die Gefangenen an. Sie starrten in angstvoller Spannung auf das Feld. Was der Soldat dort erlebte, erlebten sie selbst. Doch schon sahen einige nicht mehr hin. Mit unbeteiligten, verschlossenen Gesichtern starrten sie ins Leere. Sie gaben den Soldaten auf und distanzierten sich in Gedanken von ihm, aus Angst, sein Unglück könne sich auf sie übertragen. Das war das schrecklichste: Die Menge war schon gespalten durch ein kleines Rädchen der unaufhaltsam arbeitenden Maschinerie.

Der Rotarmist stürzte wieder, raffte sich auf und rannte dem Dorfplatz zu. Der Kradschütze raste hinter ihm her, in dramatischer Pose über den Lenker gebeugt, unter dem schallenden Gelächter der Soldaten auf dem Platz. Browalski sah das weiße, schweißgebadete Gesicht des Rotarmisten, seine hohlen Wangen, den weit geöffneten Mund, der gierig nach Luft rang. Keuchend kam er auf sie zugerannt, so erschöpft, daß er nicht mehr begriff, was mit ihm geschah, sondern nur noch laufen konnte, laufen, solange die Kräfte reichten. Er war einer der Ihren, er gehörte zu ihnen, aber sie standen unter Bewachung, und er wurde vor ihren Augen gejagt. Er hatte sie fast erreicht, als plötzlich hinter einem Haus ein anderer Kradschütze hervorbrauste, ihm den Weg abschnitt und ihn zurück aufs Feld jagte.

In diesem Augenblick schüttelte Browalski die Erstarrung ab, die alle ergriffen hatte. Er trat aus der Reihe und ging an dem Wachposten vorbei über den Platz, die verwundete Hand an den Leib gepreßt, ohne daran zu denken, daß man ihn aufhalten oder niederschießen konnte. Er ging, als habe er ein Recht dazu. Wäre er losgerannt, hätte der Wachposten instinktiv reagiert, so wie Hunde und Menschen seit alters reagieren, wenn sie jemand laufen sehen. Aber Browalski rannte nicht, er floh nicht vor der Gefahr, sondern ging quer über den Platz auf sie zu. Der Posten, der in den Gefangenen bisher nur eine graue Masse gesehen hatte, gegenüber der er die unendliche Überlegenheit des Bewaffneten empfand, folgte ihm, die MPi im Anschlag.

Die Deutschen auf dem Platz wandten sich um, eines neuen Spaßes gewärtig. Sie standen beisammen und waren bewaffnet, er war allein und verwundet, ein Soldat mit Maschinenpistole paßte auf, daß er nicht weglief – und doch ging von dem verwundeten Kommandeur etwas aus, was sie beunruhigte.

Unter all den deutschen Gesichtern, die miteinander verschmolzen, erfaßte Browalski nur das Gesicht des Offiziers. Ihn sah er mit dunkel glänzenden Augen an. Das Rattern der Motorräder draußen auf dem Feld war jetzt überdeutlich zu hören. Sonst war es still, und die Gefangenen wie die Deutschen fühlten, daß etwas geschehen würde.

„Machen Sie Schluß mit dem Schauspiel!" sagte Browalski, halberstickt vor Haß und so leise, daß ihn die Gefangenen nicht hörten. Sie sahen nur, daß er sprach.

Browalski hatte immer geglaubt, nur für andere Menschen zu leben. Ihretwegen hatte er auf vieles verzichtet, vor allem auf das, was man Privatleben nennt. Aber gerade dieser Verzicht, die ständige Bereitschaft, sich für andere einzusetzen, waren sein Privatleben. Sie verschafften ihm eine innere Genugtuung, die mit dem körperlichen Wohlbefinden zu vergleichen war, das er empfand, wenn er morgens eine halbe Stunde turnte und sich hinterher mit eisigem Wasser duschte. Jetzt dachte er wohl zum erstenmal weder an die Menschen, „für die er lebte", noch an sich oder an die Wirkung seiner Tat. Das Leiden des gehetzten Rotarmisten, der Schmerz, die Schmach und der mühsam unterdrückte Haß seiner Kameraden waren so sehr seine eigenen Empfindungen, daß er wie unter einem inneren Zwang handelte. Er ging auf den Offizier zu. In der Menge entstand Bewegung, und Browalski erfaßte mit einem Zipfel seines Bewußtseins die Gefahr, die auf ihn zukam. Aber dafür war es jetzt schon zu spät. Er wandte sich nicht um und bemerkte nicht, daß der Posten mit der MPi im Anschlag von der Seite auf ihn zutrat. Er ging noch einen Schritt vor und sah, wie der Offizier die Brauen hochzog und sich nach rückwärts wandte, als suche er jemand, der ihm die Worte des Gefangenen erklärte. Browalski begriff: Der Deutsche fürchtete eine Blamage. Trotz seiner Waffen hatte er Angst vor ihm, dem Unbewaffneten, und flehte um Hilfe. Mit einem Gefühl von Triumph, Verachtung und Haß ballte Browalski die Faust, um dem Deutschen ins Gesicht zu schlagen. Aber schon kniete der Posten nieder und jagte ihm, schräg von unten zielend, ein ganzes Magazin in die Seite, unter die Rippen.

Browalski wandte sich nach ihm um, aber er sah nicht den Posten, sondern das Feld und den Himmel. Über das Feld, das sich zur Wand aufrichtete, lief der Rotarmist, und der Deutsche auf dem Krad jagte ihm nach. Dann drehte sich alles vor seinen Augen, und er sackte zusammen.

Nach zwei Stunden wurden die Gefangenen einer anderen Kolonne angeschlossen und in Marsch gesetzt. Die Wachsoldaten, junge Burschen, keiner älter als zwanzig, gingen am Straßenrand durch den niedergetretenen Roggen, die Ärmel bis zu den Ellbogen aufgekrempelt. Vorneweg ritt auf einem schlanken Pferd der Transportführer.

Es war schwül. Die Hitze vor dem Gewitter war unerträglich. Nur die vordersten Reihen spürten einen schwachen Windhauch, die übrigen waren bis zum Kopf in dicke Staubwolken gehüllt und sahen nichts als den Rücken ihres Vordermannes. Am Wegrand lagen zerstörte Geschütze und aufgeblähte Pferdekadaver.

Gontscharow ging als zweiter von außen. In Höhe seiner Reihe marschierte ein Wachsoldat mit aufgeknöpfter Uniform, schweißglänzend, rot von Hitze und Sonnenbrand. Er warf den Gefangenen wilde Blicke zu. Es schien ihn zu erregen, daß sie wehrlos waren, während er eine Maschinenpistole in der Hand hielt. Die Gefangenen senkten die Augen unter seinem Blick. Vor einigen Stunden war hier eine andere Kolonne entlanggetrieben worden; im Straßengraben lagen erschossene russische Soldaten.

Die hinteren Reihen marschierten noch weiter, als die vordersten plötzlich durcheinandergerieten und an den Straßenrand sprangen. Panzer drängten sie beiseite. Sie waren auf dem Weg zur Front. Einer nach dem anderen kamen sie in schneller Fahrt heran, graue Kolosse, die riesige dichte Staubwolken hinter sich herzogen. Sobald ein Panzer vorüber war, tauchte das schwankende Rohr des nächsten auf. Darüber stand im Turm, vor dem zurückgeklappten Lukendeckel, der Panzerkommandant. Betäubt vom Dröhnen der Motoren, eingehüllt in die Auspuffgase, wankten die Gefangenen über die bebende Erde.

Plötzlich schwenkte ein Panzer zur Seite, auf die Kolonne zu. Die Gefangenen wichen vor ihm zurück, rannten in den Roggen. Ein entsetzlicher Schrei übertönte das Brüllen der Motoren. Der Panzer kroch auf die Straße zurück, eine der Gleisketten war naß, lockerer Staub klebte daran fest.

Als die Panzer vorüber waren, ließen die ebenfalls erbitterten Begleitposten ihre Wut an den Gefangenen aus. Sie trieben sie mit Schüssen und Kolbenhieben auf die Straße zurück und jagten sie weiter. Die Gefangenen umgingen die Stelle, an der eine blutige Masse im Staub zurückgeblieben war. Hinter der Kolonne knallten Schüsse.

Das Gewitter, das sich seit dem frühen Morgen über den Feldern zusammengezogen hatte, entlud sich schlagartig. Am dunklen Himmel zuckten Blitze, ein Sturzregen prasselte auf die Menschen nieder und durchnäßte sie in Sekundenschnelle bis auf die Haut. Die Gefangenen hoben das Gesicht dem Regen entgegen, fingen ihn mit offenem Mund auf, wuschen ihre verkrusteten Wunden.

Schon nach einer Stunde schien wieder die Sonne, und die Erde dampfte. An den Ähren hingen glitzernde Tropfen. Die nassen Uniformen der Soldaten dampften, ebenso die Stahlplatten der Panzer, die jetzt irgendwo weiter östlich waren. Der Regen hatte allen Staub und Schmutz von ihnen abgespült, und ihre stählernen Leiber glänzten.

Die Welt ringsum duftete und erwachte zu neuem Leben, die Luft war rein und leicht. Über der Straße, über den nassen Feldern stand ein Regenbogen. Darunter zog die Gefangenenkolonne nach Westen.

Als die Sonne untergegangen war und die Abendröte, durch einen Nebelstreifen von der Erde getrennt, den Himmel bedeckte, erhoben sich Männer im Roggenfeld. Als der Panzer in die Menge hineinsteuerte und die Gefangenen blind vor Angst ins Getreide stürzten, war es einigen gelungen, sich im Roggen zu verstecken. Mit wild klopfendem Herzen hatten sie auf der Erde gelegen, während die Wachsoldaten die anderen mit Schüssen und Flüchen zusammentrieben. Sie hatten aufgeatmet, als sich der Transport endlich wieder in Bewegung setzte und in der Ferne verschwand. Im Wald sammelte Gontscharow die versprengten Soldaten, es waren elf Mann. In den Schützengräben fanden sie Waffen, mit Erde bedeckt, und waren nicht mehr wehrlos.

In der Dunkelheit machten sie sich auf den Weg. Dorthin, wo gekämpft wurde, wo jetzt ihre Heimat war, nach Osten, der Sonne entgegen. Ein Weg voll harter Prüfungen und Heldentaten stand ihnen bevor, ein langer Weg, aber sie waren entschlossen, ihn bis zu Ende zu gehen.

# 20

Durch den Nebel drang die wärmende Sonne, aber die Dinge waren noch ohne Farbe und Gewicht. Die vier Panzer legten sich in den Hinterhalt, ihr Heck verschwamm als grauer Schatten im Nebel. Selbst das Motorengeräusch wurde vom Nebel erstickt. Ein Zug Infanterie nach dem anderen verschwand mit nassen Stahlhelmen im nebligen Kornfeld. Nach einer Weile drangen von dort die Geräusche des beginnenden Kampfes herüber.

Gegen neun erwärmte sich der Nebel und verflüchtigte sich schnell. Auf dem nahe gelegenen Hügel tauchte die Silhouette eines vom Blitz gespaltenen Baumes auf. Krumm und schwarz, in wallende Nebel gehüllt, stand er am Abhang wie am Rande der Welt. Hinter ihm dehnte sich unendliche Weite – ein ebenes reifes Roggenfeld. Es war naß vom Tau und vom Nebel, der sich an den Halmen niedergeschlagen hatte. Als habe es die Helligkeit des vergangenen Tages gespeichert, begrüßte es die aufgehende Sonne mit seinem Glitzern und Funkeln. Über dieses Feld liefen in ganzer Breite Infanteristen, verfolgt von den Detonationen der Granaten.

„Da!" sagte Troinikow und zeigte auf einen Punkt. Im Getreide, hinter der zurückgehenden Infanterie, tauchten die Türme deutscher Panzer auf. Es waren vierzehn. „Siehst du, Kuropatenko? Nicht schlecht!"

Regimentskommandeur Kuropatenko, ein Mann mit der Figur eines Gardeoffiziers, kniff die Augen zusammen und schlug sich mit der Reitpeitsche gegen den Stiefelschaft. Unter seinem rotblonden Schnurrbart blitzten die nikotingelben Zähne wie bei einem Raubtier. Sein Bein, auf das er mit der Peitsche schlug, zitterte. Mit einer heftigen Bewegung zog er sich die Mütze tiefer ins Gesicht.

Troinikow nickte ihm zu, ohne den Feldstecher von den Augen zu nehmen. Kuropatenko lief den Hügel hinab, sprang auf sein Pferd, das die Ordonnanz am Zügel hielt, und galoppierte, tief über die Mähne geduckt, quer über das Feld zur rechten Flanke, wo sein Regiment stand. Die Ordonnanz mit der deutschen MPi auf dem Rücken folgte ihm, im Sattel auf und nieder hüpfend.

Im Feldstecher waren schon die Gesichter der Infanteristen zu erkennen. Das Regiment aus Nesterenkos Division hatte sich aufgelöst und ging zurück.

Zwei Versuche, zu den Eingekesselten vorzustoßen, waren in der Nacht fehlgeschlagen. Gegen Morgen fanden die Kundschafter, die von den Deutschen zurückkamen, einen Unterleutnant. Es war Krochaljow, der Kommandeur eines Zuges berittener Kundschafter, der sich schon in den ersten Kriegstagen ausgezeichnet hatte. Obwohl tödlich verwundet, war er noch einen ganzen Kilometer weitergekrochen. Als sie ihn fanden, war er ohne Bewußtsein. Er starb, ohne etwas gesagt zu haben. Offensichtlich sollte er eine wichtige Nachricht überbringen.

Im Grunde seines Herzens wußte Troinikow, was er nie ausgesprochen hätte: Es gab nur eine richtige Entscheidung, auch wenn sie grausam war. Die anderen mußten im Kessel bleiben und den Kampf mit dem Gegner aufnehmen, damit das Korps entkommen konnte. Aber diese Entscheidung mußten die anderen selber treffen, er durfte sie nicht im Stich lassen. Nicht strategische Überlegungen, sondern die Gesetze der Kameradschaft traten hier in Kraft. Und diese Gesetze verlangten, daß alle entkamen oder keiner. Er hatte Kundschafter zu Stscherbatow geschickt und ihm Ort und Zeit des geplanten Durchbruchsversuchs mitgeteilt.

Nach zwei gescheiterten Versuchen war es für Troinikow nicht nur sinnlos, sondern auch verhängnisvoll, das Glück noch ein drittes Mal im selben Raum zu versuchen. Ein solches Unternehmen konnte den Untergang bedeuten. Die Deutschen mußten sich sagen, daß er nur deshalb nicht versucht hatte, in der Nacht zu entkommen, weil er nochmals zu den Eingekesselten vorstoßen wollte. Sie konnten ohne Schwierigkeit seine Schachzüge voraussehen. Es ist leicht, klug zu sein, wenn man stark ist und über Panzer und Flugzeuge verfügt. Aber Panzer und Flugzeuge hatten nur die Deutschen. Von seiner Panzerbrigade waren nur vier mühsam zusammengeflickte Panzer übriggeblieben, und er wußte nicht einmal, was klüger war – sie in den Kampf zu werfen oder für später aufzuheben.

Er hätte auf engem Raum all seine Kräfte und die gesamte Artillerie zusammenziehen können, um den Durchbruch zu erzwingen, und der

Durchbruch wäre ihm sicherlich gelungen. Aber diesen nur einmal möglichen Schachzug mußte er sich für später aufsparen, für den Frontdurchbruch. Wenn er schon jetzt seine Munition verschoß und damit die Artillerie preisgab, wenn er unter ungeheuren Verlusten zu den Eingekesselten vorstieß und dann selbst im Kessel blieb, so war das ein Sieg, der dem Untergang gleichkam.

Von allen Varianten hatte Troinikow die ungünstigste und einfachste gewählt: Er griff noch einmal an derselben Stelle an. Er war nicht stark, doch die Deutschen sollten ihn für noch schwächer und dümmer halten, als er war. Ein Spähtrupp hatte bestätigt, daß sie auf seinen Angriff warteten und ihre Panzer bereithielten. Troinikow rechnete damit, daß sie sich sicher fühlten und nicht auf Überraschungen gefaßt waren. In der Dunkelheit der Nacht hatten sie ihn nicht verfolgt. Jetzt würden sie die Verfolgung aufnehmen, um sein Ende zu besiegeln. Er hatte die Regimenter Pristschemichin und Kuropatenko mit der gesamten Artillerie an die Flanke gestellt. Im Zentrum sollte ein Regiment aus Nesterenkos Division einen Angriff vortäuschen und beim Rückzug die Deutschen in die Falle locken. Sobald sie tief genug drinsteckten, sollten Pristschemichin und Kuropatenko mit ihren Regimentern zuschlagen.

Und nun hatte dieser Kampf begonnen. Troinikow stand auf dem Hügel und beobachtete ihn durchs Glas. Im hohen Getreide fluteten die Infanteristen zurück. Granaten krepierten in ihrer Mitte, einige stürzten, die anderen liefen weiter.

Auf Troinikows Karte hatten die Pfeile, die den Angriff markierten, eine besondere Farbe – es war nur ein Scheinangriff. Aber für die Männer, die im Feuer der deutschen Artillerie fielen, war der Tod tatsächlich der Tod, und die Farbe ihres Blutes war unverfälscht rot. Nicht namenlose Verluste, sondern lebende Menschen rannten übers Feld, im Feldstecher waren ihre Gesichter deutlich zu erkennen – erhitzt, schweißüberströmt, offenen Mundes nach Atem ringend. Sie wandten sich im Laufen nach den Panzern um, die hinter ihnen her schossen.

Der Nebel zerfloß in der Sonne, und der Tag wurde hell und klar. Das Roggenfeld war jetzt bis zum Horizont zu übersehen. In der Ferne tauchten Kradschützen auf. Sie ratterten durch das Getreide, walzten es nieder und schwenkten in die schmale Durchbruchsstelle ein. Bald waren sie dort, wo die ersten gefallenen Rotarmisten lagen. Troinikows Batterien belegten sie über die Köpfe der zurückflutenden Infanteristen hinweg mit Sperrfeuer, dicht nebeneinander detonierten die Granaten, aber die Kradschützen rollten weiter über den unebenen Boden wie ein Heuschreckenschwarm und ließen ein verwüstetes Feld hinter sich – zerstampftes, niedergewalztes Getreide. Der Staub, den ihre Räder aufwühlten, wurde vom Wind davongetragen; wie ein dichter Vorhang erhob er sich zum Himmel und verdeckte die Sicht. Immer neue Kräder kamen klein und wendig aus der Staubwolke hervor, und hinter ihnen tauchten schwere Schützenpanzerwagen mit Infanterie auf.

Diese vielen Soldaten verfolgten, über das ganze Feld verteilt, die Rotarmisten, ohne von den Fahrzeugen zu steigen. Die Bresche in der Verteidigungsfront zog sie an, saugte sie ein.

Mit zusammengebissenen Zähnen verfolgte Troinikow den Kampf. Er fürchtete nur noch eins: Die Deutschen könnten ihre Absicht ändern. „Großartig!“ sagte er und blickte sich mit blitzenden Augen nach seinen Kommandeuren um. „Sie sind großartig aufeinander eingespielt, die Hunde!“

„Kunststück!“ erwiderte der Panzeroberstleutnant neben ihm erbost. Er hatte sich weit aus dem Graben gebeugt, um die deutschen Panzer besser zu sehen, und zitterte vor Erregung wie im Fieber. „Bei denen geht jeder Befehl über Funk. Ich habe bloß noch vier Panzer, und die sind ohne Funkgerät. Wenn man einen Befehl weitergeben will, muß man aus der Luke gucken und mit Fähnchen winken. Bei so einer Gelegenheit hat es mich gestern erwischt.“

In diesem Augenblick wurden gleich zwei deutsche Schützenpanzerwagen durch Volltreffer in Brand gesetzt, und sofort sahen alle in diese Richtung. Die deutschen Soldaten sprangen aus den Flammen.

„Die waren zu frech geworden!“

„Ja, sie wollten nur noch vom Auto aus kämpfen!“

„Um sich die Schuhe nicht schmutzig zu machen!“

Troinikow ließ sich mit Pristschemichin verbinden. Während er mit ihm sprach, waren seine Gedanken weiter beim Kampfgeschehen. „Pristschemichin? Wie sieht's aus bei dir? Alles ruhig?"

Auf die deutsche Flanke zu galoppierte eine Batterie mit vier 76-mm-Langrohrgeschützen. Der Batterieführer ließ, ohne von seinem schweren weißgescheckten Gaul abzusitzen, die Geschütze frech vor den Augen der Deutschen in Stellung bringen.

„Kannst du die Bewegungen der Infanterie und der Panzer beobachten? Alles klar?"

Die Geschütze im Roggen begannen zu feuern. Der Batterieführer richtete sich in den Steigbügeln auf, schrie den Kanonieren wutschnaubend etwas zu und zeigte mit der Peitsche auf die Panzer. Als er sich kurz umwandte, sah Troinikow durchs Glas sein junges, wildes, leidenschaftliches Gesicht. „Prachtkerl!" sagte er in die Muschel. „Nicht du, sondern der dort ... Also, laß sie erst richtig drin sein. Warte ab, laß dir Zeit!"

Ein Panzer fuhr torkelnd übers Feld. Aus seinem Heck quoll schwarzer Rauch. Er machte eine scharfe Kehrtwendung, als wolle er dem Schmerz in seinem Hinterteil ausweichen. Die Deutschen hatten die Batterie entdeckt. Einige Panzer rollten auf sie zu. Aber die Geschütze feuerten ohne Unterlaß.

Plötzlich erblickte Troinikow zwischen der Batterie und den Panzern eine Sanitäterin mit Stahlhelm, die durch den Roggen kroch und auf dem Rücken einen Verwundeten schleppte. Seine schlaff herabhängenden Arme schleiften über den

Boden, der verbundene Kopf pendelte leblos hin und her.

Im gelben Getreide vor der Batterie krepierten Panzergranaten. Die Sanitäterin verharrte einen Augenblick und sah sich um wie ein gehetztes Tier, das sein Junges zwischen den Zähnen trägt. Das Getreide umschloß sie wie eine Mauer, sie konnte weder vor noch hinter sich etwas sehen. Aufstehen konnte sie auch nicht, denn auf ihrem Rücken lag der Verwundete.

Troinikow vergaß Pristschemichin. Mit dem Telefonhörer in der Hand blickte er sich nach seinen Leuten um – er wollte jemand zu ihr schicken. Aber alle hatten die Gesichter zum Himmel gewandt, er sah nur Mützen und Käppis, die mit den Händen festgehalten wurden. Ihren Blicken folgend, sah er von hinten ein Flugzeug im Sturzflug auf den Hügel zukommen. Eben löste sich die Bombe vom Rumpf des Flugzeugs und fiel schräg auf sie zu.

„Aus!" murmelte der Panzeroberstleutnant und sah sich verlegen nach den anderen um. Das verlegene Lächeln auf dem rauhen Männergesicht und die tonlose Stimme waren das letzte, was Troinikow wahrnahm.

Die Soldaten standen wartend in den Schützengräben oder lagen im Kornfeld, einen Steinwurf von den Deutschen entfernt. Der Morgen brach an. Der Nebel hielt sich in den Tälern und Senken, aber über dem Fluß riß er schon auf. Nasse dampfende Strohschober kamen zum Vorschein. Seit über einer halben Stunde tobte drüben auf der anderen Seite der Kampf. Jetzt feuerten auch die Geschütze an der Flanke – Pristschemichin hatte mit der Artillerievorbereitung begonnen. Stscherbatows Kanonen unterstützten ihn, so gut es ging, aber sie hatten nur wenig Munition.

Stscherbatow stand im Schützengraben und horchte auf das Kampfgetöse. Bei jeder Druckwelle rieselte Sand von seiner Mütze. Die Sonne, die schon halb aus dem Nebel herausragte, schien ihm ins Gesicht, aber selbst das weiche Licht des Morgens vermochte nicht, sein hartes Gesicht zu mildern, das sich in einer Nacht verändert hatte.

Auf der anderen Seite verstummte die Artillerie. Die plötzliche Stille bedeutete, daß die Infanterie zum Angriff überging. Stscherbatow hob den Kopf und sah die Sonne, die sein Sohn nicht mehr sehen konnte. Wenn er auch in diesem Augenblick nicht an Andrej dachte, so fühlte er doch seine unsichtbare Gegenwart. Blinzelnd wandte er sich um. Unweit von ihm stand Nesterenko mit dem Feldstecher auf der Brust, finster und entschlossen. Seine weißen Schläfen stachen von dem roten Gesicht ab. Stscherbatow sah die jungen Gesichter der Soldaten, vom Morgenlicht erhellt. Er war älter als sie, nicht nur einige Jahre, sondern ein ganzes Leben, und er führte sie in den Kampf. Sie alle waren seine Söhne, er fühlte sich verantwortlich für sie wie ein Vater. Ein leidenschaftliches Feuer entbrannte in seiner Seele.

Nur der Adjutant neben ihm hörte seinen Befehl: „Vorwärts!“ Er zuckte freudig zusammen und griff zur MPi. Alle sahen, wie der General die Hand mit der Pistole hob und damit winkte. Sie krochen aus Gräben und Erdlöchern, einer schneller als der andere.

Sie bildeten eine Schützenkette und gingen im Gleichschritt durch den Weizen, der ihnen bis zur Brust reichte. Vor ihnen krepierten die letzten Granaten. Jemand reichte Stscherbatow ein Gewehr, er nahm es und steckte die Pistole in die Tasche. Als er das Gewehr in den Händen hielt – den Schaft in der linken und den Kolben in der rechten –, erwachte in ihm jenes alte, unvergessene Gefühl, das die ganzen Jahre über in ihm geschlummert hatte. Genauso wie heute waren sie damals in Schützenketten durch den Weizen gegangen mit dem Gewehr vor der Brust, und an seiner Seite waren die gegangen, die heute nicht mehr lebten.

Deutlich fühlte Stscherbatow die Gegenwart der Männer, mit denen er für immer verbunden war. Sie waren nicht erschossen, sie gingen mit ihm in der Schützenkette. Alte Kommunisten, Lebende unter Lebenden, führten sie die Jüngeren in den gerechten Kampf. Und er wußte ganz sicher: Nach den Jahren des Leidens, des Blutvergießens und der Opfer würde so gewiß, wie die Sonne aufging, der Sieg kommen und den Menschen in einem neuen, besseren Leben leuchten.

Einer der Soldaten lief voraus, unterbrach die Schützenkette, aber Nesterenko schrie ihm etwas zu. Stscherbatow begegnete seinem Blick. Und die Leidenschaft, die er selbst fühlte, spiegelte sich auch in Nesterenkos fröhlichem Blick. Sie zogen in den Kampf. Nur ein Glück hatte ihm das Schicksal vorenthalten, das Glück, den Sohn an seiner Seite zu sehen.

## 21

Troinikow erwachte gegen Abend im Wald. Durch fetten, schwarz wallenden Rauch sah er die rote Sonne. Sie hing unbeweglich zwischen kahlen Kiefernstämmen, der Rauch wälzte sich über sie hinweg und verdeckte sie. Die rote Sonne, der schwarze Rauch und dazu die Erkenntnis, daß er selbst hilflos auf der Erde lag, beunruhigten ihn. Er stützte sich auf, setzte sich, doch sofort wurde ihm übel, vor seinen Augen drehte sich alles. Schweiß brach ihm aus, das Blut stieg ihm heiß ins Gesicht und erfüllte die Ohren mit dumpfem Brausen. Lange saß er mit dem Rücken an einen Baum gelehnt und kam erst langsam zu sich.

Die Sonne hing tief am Himmel. Noch vor wenigen Stunden hatte er gesehen, wie Panzer über das Feld rollten, Kradschützen durchs Getreide rasten und die Infanterie im Artilleriefeuer zurückflutete. Jetzt stand nur noch schwarzer Rauch über dem Feld. Vor Schwäche drehte sich ihm alles im Kopf, und das von der Sonne rot beschienene Feld kreiste vor seinen Augen. Nach einer Weile hörte er durch das Sausen in den Ohren laute Stimmen, die näher kamen. „Wo ist er? Hoffentlich lebt er noch!"

Das war Nesterenkos Stimme. Er und der Korpskommandeur kamen durch den Wald auf ihn zu.

„Na, lebst du noch, Troinikow?" rief Nesterenko schon von weitem. „Was bin ich froh! Du sitzt wenigstens. Ich habe heute schon so viele liegen sehen, ich kann dir gar nicht sagen, wie mir dieser Anblick über ist!"

Er sagte noch etwas, aber Troinikow verstand nicht alles. Er schämte sich seiner Schwäche und versuchte, verlegen lächelnd, vor dem General aufzustehen.

„Bleib sitzen!" befahl ihm Stscherbatow.

„Der Boden unter mir ...", entschuldigte sich Troinikow. Seine Stimme zitterte, überschlug sich, als wolle er in Schluchzen ausbrechen, und er merkte voll Entsetzen, daß er nicht mehr richtig sprechen konnte. „Der Boden schwankt", stotterte er.

„Bleib sitzen, wenn er schwankt", sagte Nesterenko eifrig. Als er Troinikows Blick auffing, der wie bei einem Tauben nicht auf seine Augen, sondern auf seine Lippen gerichtet war, sprach er lauter. „Weißt du schon, daß sie dich ausgegraben haben wie Archäologen einen ägyptischen Pharao? Stückweise haben sie dich aus der Erde geholt!"

Nesterenkos rotbeschienenes altes Gesicht lächelte ihn zärtlich an. Troinikow aber, noch ganz erschrocken über das, was mit ihm geschehen war, wiederholte langsam und vorsichtig, um nicht wieder zu stottern, mit höchster Konzentration seinen Satz: „Der Boden schwankt unter mir ..."

Er sah die anderen an, um die Antwort von ihren Lippen zu lesen.

„Jetzt schwankt er nicht mehr, er hat sich beruhigt", sagte Nesterenko und wandte den Blick ab. „Vorhin hat er allerdings ganz schön geschwankt!"

„Wir sind also durch", sagte Troinikow langsam.

„Ja, wir sind durch. Wir haben den Deutschen einen Denkzettel verpaßt, den sie gewiß nicht so schnell vergessen werden!"

Stscherbatow sah zu ihm hinunter. „Du bist sehr klug vorgegangen, hast deine Sache gut gemacht, Oberst", sagte er.

Plötzlich nahm das Gesicht des Generals einen schmerzlichen Ausdruck an. Troinikow folgte seinem Blick, konnte aber nicht entdecken, was den Schmerz verursacht hatte. Neben ihm stand eine Sanitäterin, die Verbandzeug aus ihrer Tasche kramte.

Stscherbatow blickte sie seltsam an. Das Mädchen trug keine Mütze, das schwarze Haar fiel ihr in die Augen, während sie mit gebeugtem Kopf in ihrer Sanitätstasche wühlte. Der leinerne Umhängegurt lief ihr quer über die Brust, auf ihrem Gesicht lag der rote Abglanz der untergehenden Sonne, an der Oberlippe glänzten winzige Schweißperlen.

Einen Augenblick lang glaubte Stscherbatow, sie sei das Mädchen, mit dem Andrej an jenem Abend Hand in Hand auf ihn zugekommen war. Wäre sie es wirklich gewesen, er hätte sie geliebt wie seine eigene Tochter. Aber sie war es nicht, jene war blond und hatte Löckchen.

Flink kniete die Sanitäterin vor Troinikow nieder. Stscherbatow sah eine Weile zu, wie sie ihn verband, dann wurde sein Gesicht wieder hart und unnahbar.

Nicht sein Blut, sondern das Blut des Sohnes war zuerst geflossen, wie das Blut vieler Söhne. Es lag nicht in seiner Macht, etwas daran zu ändern. Aber vor ihm lag ein langer Krieg, und das Blut der Gefallenen mahnte die Lebenden.

Nebel braut über dem Kampffeld. Der Wald ist wie in Milch getaucht, nur die Spitzen der Sträucher ragen daraus hervor. Es riecht nicht mehr nach Rauch und Pulver, in der Luft hängt der unbesiegbare Duft der taufrischen abendlichen Erde. Viele von denen, die im rosigen Licht der Morgensonne durch den Nebel gezogen sind, liegen jetzt auf dem Feld, und der Abendnebel hüllt sie in sein großes Leichentuch.

Über dem Feld und dem Wald leuchten helle Sterne am dunklen Himmel. In ihrem blauen Licht erhebt sich die Hügelkuppe aus dem milchigen Nebelmeer, schwarz und verkohlt.

Der Nebel dämpft alle Geräusche. Lautlos stampfen die Pferdehufe über den Waldboden, lautlos rollen die gummibereiften Räder der Geschütze durchs Gras. Langsam und schwerfällig ist der Marschtritt der Infanterie auf der feuchten Erde. Das Sturmgepäck klappert leise, die Stimmen der Menschen klingen dumpf. Schattenhaft fließt der Menschenstrom zwischen den Bäumen dahin, der Wald nimmt sie auf. Von den nassen Blättern rinnen Nebeltropfen, eine aufglühende Zigarette beleuchtet sekundenlang ein Gesicht und verschwindet wieder im Rockärmel. Die frische Waldluft ist erfüllt von dem Geruch nach Schweiß, Machorka, Waffenöl und Leder.

Aus dem milchigen Dunst steigt der orangefarbene Rand des Mondes auf, und die bläuliche Oberfläche des Nebels raucht in seinem Licht. Die Schatten werden schwärzer, die Gesichter heller, die Gesichter der Marschierenden und die der Zurückbleibenden.

Zurück blieb Pristschemichin. Einer nach dem anderen waren sie zu ihm getreten, um sich zu verabschieden. Hinter ihm am Waldrand hoben seine Soldaten Schützengräben aus. Das schürfende Geräusch der Spaten und die Stimmen der Männer klangen herüber. Das Korps zog weiter, sie aber blieben. Bald würden die letzten Fahrzeuge im Wald verschwinden, bald würde die Zigarette des letzten Soldaten im Rockärmel ein letztesmal aufglimmen, sie aber würden bleiben. Am nächsten Morgen würden sie in dem verödeten Wald die einzigen sein, und der Schlag, den die Deutschen über Nacht vorbereiteten, um das Korps zu zerschlagen, würde sie treffen.

Die Kommandeure traten einer nach dem anderen zu Pristschemichin, um sich zu verabschieden. Klein und schmächtig von Gestalt, wuchs er in ihren Augen zu heldischer Größe. Sie zogen weiter, er aber blieb und opferte sich für sie. Sie wußten nicht, was sie erwartete, aber was es auch sein mochte, es lag noch vor ihnen, während sein Schicksal schon begonnen hatte.

Als erster verabschiedete sich Stabschef Sorokin.

Er reichte Pristschemichin seine kalte Greisenhand und wollte ihm etwas sagen, ein paar gute Worte, aber statt dessen brachte er nur heraus: „Also, Ihre Aufgabe ist Ihnen bekannt ..." Dann trat er beiseite und räusperte sich gerührt, vielleicht nicht einmal wegen Pristschemichin, sondern weil er fühlte, wie alt er selbst war und wie schwach.

Dann kam Nesterenko. „Na, alter Junge?" Er packte Pristschemichin an den Schultern und rieb seine graustopplige Wange an dessen Gesicht. Kuropatenko, der daneben stand, sah beide mit glänzenden Augen an. Er beneidete Pristschemichin, obwohl er wußte, daß morgen nach dem Kampf in dessen Regiment höchstens jeder Zwanzigste noch am Leben sein würde.

Als letzter verabschiedete sich Stscherbatow. „Ich weiß nicht, ob wir uns wiedersehen", sagte er und hielt Pristschemichins Hand in der seinen. „Dich erwartet eine große Aufgabe, und du sollst wissen: Ich habe keinen Würdigeren als dich, der sie übernehmen könnte!"

Pristschemichin nahm diese Worte ebenso ruhig auf, wie er den Befehl entgegengenommen hatte, der ihn zum Bleiben zwang. Er hatte bereits andere Sorgen. Am nächsten Tag erwartete ihn der Kampf, die Sommernacht war kurz, und bis zum Morgen war noch viel zu tun.

Die Davonziehenden blickten sich um, solange sie konnten. Am Waldrand im Nebel stand Pristschemichin, von weitem klein und schmächtig anzusehen wie ein Junge. So blieb er allen im Gedächtnis.

Kurz vor Sonnenaufgang hörten Stscherbatow und die anderen, die mit ihm zogen, den ersten Kanonendonner. Sie hatten viele Kilometer zurückgelegt, und die Abschüsse klangen nur gedämpft herüber, aber alle hörten sie, weil sie darauf gewartet hatten. Tausende von Menschen wandten sich um und lauschten, die Verwundeten richteten sich auf ihren Tragen auf. Für Pristschemichin und sein Regiment hatte der Kampf begonnen. Ein Kundschafter erklomm eine hohe Kiefer und sah in der Ferne einen rötlichen Schein. Er wurde heller und heller, während das Grollen der Artillerie anschwoll, und bald konnten ihn alle sehen. Die Sonne war noch nicht aufgegangen, aber das Feuer des fernen Kampfes leuchtete ihnen, das dumpfe Grollen der Geschütze begleitete sie auf ihrem Weg nach Osten.

1964